国家高新区
创新能力评价报告
2023

工业和信息化部火炬高技术产业开发中心　著
中国科学院科技战略咨询研究院

科学技术文献出版社
SCIENTIFIC AND TECHNICAL DOCUMENTATION PRESS
·北京·

图书在版编目（CIP）数据

国家高新区创新能力评价报告.2023/工业和信息化部火炬高技术产业开发中心，中国科学院科技战略咨询研究院著.—北京：科学技术文献出版社，2024.3
ISBN 978-7-5235-1227-2

Ⅰ.①国… Ⅱ.①工… ②中… Ⅲ.①高技术产业区—产业发展—研究报告—中国—2023 Ⅳ.① F127.9

中国国家版本馆 CIP 数据核字（2024）第 057937 号

国家高新区创新能力评价报告2023

策划编辑：李 蕊 刘文文　　责任编辑：赵 斌　　责任校对：张永霞　　责任出版：张志平

出 版 者	科学技术文献出版社
地　　　址	北京市复兴路15号　邮编 100038
编 务 部	（010）58882938，58882087（传真）
发 行 部	（010）58882868，58882870（传真）
邮 购 部	（010）58882873
官 方 网 址	www.stdp.com.cn
发 行 者	科学技术文献出版社发行　全国各地新华书店经销
印 刷 者	北京时尚印佳彩色印刷有限公司
版　　　次	2024 年 3 月第 1 版　2024 年 3 月第 1 次印刷
开　　　本	889×1194　1/16
字　　　数	220千
印　　　张	14.5
书　　　号	ISBN 978-7-5235-1227-2
审 图 号	GS京（2024）0622号
定　　　价	108.00元

版权所有　违法必究

购买本社图书，凡字迹不清、缺页、倒页、脱页者，本社发行部负责调换

《国家高新区创新能力评价报告2023》
编辑委员会

主　　　任：吕先志　王胜光

副　主　任：李有平　刘会武

编写组组长：周　力　刘会武　李楠林　庞鹏沙
编写组副组长：谷潇磊　杨　斌　何　燕　王　涛

编写组成员：（按姓氏拼音排序）
　　　　　　曹　方　陈宝新　郭锦海　胡一鸣
　　　　　　黄燕飞　康大臣　李婧婧　李文奇
　　　　　　李耀武　李一骢　彭嘉伟　强彬彬
　　　　　　孙乙尧　王　琪　王　熙　王晶晶
　　　　　　王凯莺　韦海洋　杨　辉　于瑞成
　　　　　　袁志彬　张　通　张冲亚　赵祚翔
　　　　　　周　航　周道韫　邹秀萍

前　言

党的二十大擘画了以中国式现代化全面推进中华民族伟大复兴的宏伟蓝图。2023年9月，习近平总书记在全国新型工业化推进大会作出重要指示，强调"新时代新征程，以中国式现代化全面推进强国建设、民族复兴伟业，实现新型工业化是关键任务"。创新是实现新型工业化的根本动力，也是我国现代化建设的核心，是实现科技强国、制造强国战略目标的必然要求。开展国家创新调查对于我国开启中国式现代化全面推进中华民族伟大复兴的新征程、建设创新型国家具有重要意义。

国家创新调查经过十来年持续完善，已经成为我国开展创新调查统计、加强创新能力监测的重要渠道。早在2012年，中共中央、国务院出台的《关于深化科技体制改革加快国家创新体系建设的意见》就提出"建立全国创新调查制度，加强国家创新体系建设监测评估"。2013年，科技部、国家统计局统筹实施国家创新调查制度，全面展开基于国家层面、区域层面、产业层面和企业层面的创新能力评价工作。2017年，科技部、国家统计局联合印发《国家创新调查制度实施办法》，对创新活动统计调查和创新能力监测评价工作提出具体要求。2020年7月，《国务院关于促进国家高新技术产业开发区高质量发展的若干意见》进一步提出"加强国家高新区数据统计、运行监测和绩效评价"。

国家高新区创新能力评价已经成为我国创新调查与评价监测制度的重要组成部分。2013年，作为国家高新区的日常管理和业务指导单位，火炬高技术产业开发中心联合中国科学院科技战略咨询研究院，研究制定了"国家高新区创新能力评价指标体系"，并持续开展国家高新区创新统计调查工作，发布《国家高新区创新能力评价报告》。《国家高新区创新能力评价报告2023》已是该系列报告的第11期。

《国家高新区创新能力评价报告》主要基于"国家高新区创新能力评价指标体系"展开，该指标体系由"产业创新绩效、科技创新生态、创新资源集聚、创新国际拓展和创新驱动发展"五大方面的25个二级指标构成。《国家高新区创新能力评价报告》以总指数形式呈现国家高新区的创新能力和创新发展水平；分项指数主要根据二级指标分别在五大方面揭示国家高新区的创新能力建设和创新发展绩效，分项指数和二级指标本身也是对国家高新区创新发展现状的动态监测。

《国家高新区创新能力评价报告》持续跟踪、监测和评价国家高新区创新能力的发展变化，已经成为社会各界了解和认识国家高新区发展的一扇窗户，为相关部门的决策和管理提供了重要的研究依据。衷心希望有更多的团队和个人加入国家高新区创新发展研究的队伍中来，提供宝贵意见和建议，共同促进国家高新区创新能力评价工作的不断完善，共同推动国家高新区建设成为创新驱动发展示范区和高质量发展先行区。

目 录

第一章 国家高新区持续以科技创新引领产业创新　　1

一、综合实力稳步提升，奠定发展坚实基础　　2

二、聚焦科技创新，助推形成新质生产力　　4

三、围绕产业创新，打造现代化产业体系　　7

四、注重治理创新，扎实推进高质量发展　　9

第二章 2022年国家高新区创新能力稳步提升　　13

一、国家高新区创新能力总指数表现　　14
  （一）总指数突破430点达到历史新高　　14
  （二）分指数保持增长态势但差距缩小　　15

二、不同区域国家高新区指数表现　　18
  （一）长三角区域创新能力增长领先重大战略区域　　18
  （二）东北地区创新能力增长领先四大地区　　20
  （三）八成省份区域创新能力得到持续提升　　21

三、不同类别国家高新区指数表现　　25
  （一）三类园区创新能力同比增速均趋于平缓　　25
  （二）新升级园区创新能力增长速度高于稳定期园区　　27
  （三）非自创区园区创新能力实现全面增长　　27

第三章　产业创新绩效表现卓越　　29

　　一、产业技术附加值持续提升　　31
　　　　（一）产业技术交易规模壮大，北京占比近四成　　32
　　　　（二）企业技术收入保持增长，转化新产品能力提升　　36
　　　　（三）知识经济持续发育，粤港澳大湾区优势明显　　39

　　二、企业及高技术制造业效益领先　　42
　　　　（一）企业净利润超全国四成，利润率波动上涨　　42
　　　　（二）高技术产业效益优于全国，细分领域形成特色优势　　45

　　三、现代化产业体系加快形成　　48
　　　　（一）高技术产业占比持续提升，粤港澳区域遥遥领先　　48
　　　　（二）高技术产业创新成果突出，制造业优势增强　　52
　　　　（三）新赛道新产业加快部署，一流园区表现最为突出　　59

　　四、高成长企业培育成效显著　　60
　　　　（一）专精特新企业达五千多家，东部高新区占六成以上　　61
　　　　（二）瞪羚企业已超两千家，一流园区优势极为明显　　63
　　　　（三）独角兽企业全球占比超13%，头部效应非常显著　　64

第四章　科技创新生态不断完善　　67

　　一、创新服务效能不断提升　　69
　　　　（一）创新服务机构数量持续增长，中部地区增长最快　　70
　　　　（二）孵化服务载体加快建设，单个园区在孵企业达900家　　74
　　　　（三）新注册企业数增长近10万家，催生经济发展新活力　　81

　　二、创新成果加速转移转化　　87
　　　　（一）知识产权环境持续优化，专利产出效率持续提升　　87
　　　　（二）产学研用协同创新加快，广东研发费用占三成　　92

　　三、科技金融赋能企业创新　　97
　　　　（一）科技金融快速发展，政府投资基金杠杆作用明显　　97
　　　　（二）企业融资能力增强，汇聚上市企业数量超2000家　　98
　　　　（三）吸纳创业风投总额达2800亿元，投资规模超美国硅谷　　100

第五章　各类创新资源加快集聚　　107

一、高端科技人才不断聚集　　109
　　（一）人才政策体系日益完善，人才吸纳能力不断增强　　110
　　（二）从业人员结构持续优化，"双高"特征显著　　111
　　（三）研发人员密度小幅增长，东北占比有所上升　　114

二、科技创新投入再创新高　　118
　　（一）企业研发投入强度持续提升，粤港澳大湾区表现突出　　119
　　（二）政策引导能力不断增强，财政科技投入力度加大　　122
　　（三）科技活动经费大幅增长，无形资产摊销增长最快　　128

三、创新主体规模不断壮大　　129
　　（一）积极布局国家重大科技基础设施，各类研发机构总数超三万家　　129
　　（二）当年认定高企超五万家，创新能力指标贡献占七成　　135

第六章　创新全球化水平持续提升　　143

一、高层次国际人才加速汇聚　　145
　　（一）海外人才引进力度加大，东部地区占比持续领先　　146
　　（二）企业国际人才占比攀升，成熟园区具有显著优势　　148

二、高水平国际合作不断深化　　152
　　（一）内资企业加速海外拓展，国际研发机构数量持续增长　　152
　　（二）国际创新合作更加频繁，委托境外研发费用保持上升　　158

三、高质量国际创新成果不断涌现　　162
　　（一）国际创新成果快速增长，境外授权专利拥有量超26万件　　162
　　（二）本土企业万人专利产出效率提升，支撑国际创新发展　　164

四、高附加值国际贸易规模快速增长　　168
　　（一）贸易出口规模达5.9亿元，利用外资金额占全国四成　　168
　　（二）高技术产品出口近全国六成，技术服务出口比重持续上升　　170

第七章　创新驱动经济社会高质量发展　　　　　175

一、经济活动效率明显提升　　　　　178
　　（一）企业经济效率明显提升，人均指标更为平稳　　　　　178
　　（二）劳动生产率是全国近三倍，黄河流域企业盈利能力领先　　　180

二、经济发展成果加快普惠共享　　　　　182
　　（一）人员薪酬水平稳步提升，上海紫竹园区表现最优　　　　　183
　　（二）初次分配更为均衡，高技术服务业表现突出　　　　　185

三、区域经济辐射带动作用持续增强　　　　　189
　　（一）经济规模总量突破17万亿，东部地区头部效应显著　　　190
　　（二）城市经济贡献持续提升，支撑作用尤为明显　　　　　193

四、绿色生产生活方式加快形成　　　　　194
　　（一）企业节能降耗效果突出，西部地区能耗下降幅度最大　　　195
　　（二）积极开展绿色发展行动，绿色生态园区群体不断壮大　　　198
　　（三）园区功能不断完善，宜居宜业宜创发展环境不断优化　　　200

附　录　评价指标体系及相关说明　　　　　201

一、指标体系　　　　　202

二、指标解释及数据来源　　　　　204
　　（一）产业创新绩效　　　　　204
　　（二）科技创新生态　　　　　205
　　（三）创新资源集聚　　　　　206
　　（四）创新国际拓展　　　　　207
　　（五）创新驱动发展　　　　　208

三、测算过程　　　　　209

四、园区分类说明　　　　　211

国家高新区创新能力评价报告2023

第一章

国家高新区持续以科技创新引领产业创新

国家高新区始终秉持"发展高科技，实现产业化"的初心使命，聚焦国家战略需求，促进科技创新和产业创新深度融合，以新技术培育新产业、引领产业升级，培育发展新动能，加速形成新质生产力，在打造现代化产业体系过程中，发挥着重要载体和引擎作用。2022年，国家高新区面对复杂严峻的经济环境和疫情形势，加强科技创新与产业创新对接，推动产业体系优化升级，培育优质企业群体，促进创新链、产业链、资金链和人才链"四链"融合，提高治理效能，优化营商环境，综合实力进一步提升，把"创新驱动发展示范区和高质量发展先行区"建设不断推向深入。

一、综合实力稳步提升，奠定发展坚实基础

一是总体经济规模和效益进一步增长。2022年，入统的177家国家高新区实现全口径增加值（相当于GDP）17.3万亿元，创造了全国14.3%的GDP，贡献了全国13.6%的税收，成为我国经济稳定增长的重要引擎。2022年，国家高新区实现工业总产值31.4万亿元，同比增长5.8%[①]；营业收入53.4万亿元，同比增长7%；进出口总额达9.8万亿元，同比增长11.1%；其中出口总额为5.9万亿元，同比增长12.9%，占我国出口总额（23.9万亿元）的24.6%；实际利用外资金额为5104.4亿元，占全国实际

---

① 为了更好地观察国家高新区增长质量，报告在测算国家高新区总量指标时，采用的是177家国家高新区的统计口径，在测算同比增长率时，则排除了2022年8家新升级高新区的规模扩张影响，按原169家国家高新区的汇总数据进行比较。

使用外商直接投资金额（12 747.3亿元）①的比例为40.0%。国家高新区经济整体顶住2022年下行压力，稳步回升，从业人员期末数达到2614.5万人，同比增长3.4%，实体经济压舱石作用明显。国家高新区在稳住经济基本盘的同时，发展质量和效益持续改善。2022年国家高新区纳入统计企业共有20.6万家，实现营业利润42 357.5亿元，营业利润同比增长4.0%；园区企业的营业收入利润率、增加值率和工业增加值率分别为7.1%、21.1%、21.4%，较上年同期基本持平。2022年国家高新区的劳动生产率为43.0万元／人，是全国全员劳动生产率（15.3万元／人）的2.8倍，成为全国经济效率的高地。

二是高科技产业主体不断壮大。2022年，177家国家高新区入统高企数量占比达到67.4%。国家高新区内高新技术企业实现营业收入、工业总产值、净利润、实际上缴税费、出口总额分别为293 906.8亿元、181 302.0亿元、22 709.5亿元、11 322.1亿元、33 424.2亿元，占国家高新区企业总体比重均超过49%。国家高新区培育第五批专精特新"小巨人"企业数量达到1653家，占全国（3671家）的45.0%；培育独角兽企业数量达到178家，占全国（316家）的56.3%②。2022年，国家高新区内共有上市企业2534家，较2021年增加243家。2022年，国家高新区从事科技活动人员合计604.5万人，占全部从业人员总数的23.1%，较2021年提高0.67个百分点；高新区企业中专业技术人员787.1万人，占全部从业人员总数的30.1%。从业人员中，本科及以上学历人员数、R&D人员、R&D人员全时人员数分别为1093.6万人、315.4万人、210.3万人，较2021年分别增长6.5%、14.0%、12.3 %。国家高新区产业持续向集群化、集约化、高端化发展，截至2022年，国家高新区支撑建设了38个国家先进制造业集群，集聚了全国1/3的高新技术企业、2/3的科创板上市企业。2022年，高技术制造业中以电子及通信设备制造业为主导产业的国家高新区最多，共有81家；高技术服务业中以信息服务业为主导产业的国家高新区最多，共有32家。国家高新区通过培育壮大先进产业集群，成为保障产业链供应链安全的重要基石。中关村新一代信息技术、武汉东湖光电子、上海张江集成电路产业的规模分别占全国的17%、50%和35%。

---

① 根据《中国统计年鉴2023》，2022年全国外商直接投资额为1891.3亿美元，当年汇率1美元=6.74元人民币。
② 独角兽企业数来源于胡润研究院《2023全球独角兽企业500强发展报告》。

三是辐射带动作用进一步增强。2022年，国家高新区成为落实国家区域重大战略的主要阵地，重大战略区域①集聚了全国70%的国家高新区，四大地区国家高新区覆盖了东部地区71%的地级市，中部地区59%的地级市。城市经济贡献持续提升，区域辐射带动作用更加明显，2022年，177家国家高新区全口径增加值（相当于GDP）占其所在城市GDP比例达到18.4%，高新区园区生产总值占所在城市GDP比重达到30%以上的为38家，较上年增加4家；比重达到20%以上的为65家，较上年增长4家。

二、聚焦科技创新，助推形成新质生产力

科技是产业竞争力的关键。各国产业发展史表明，科技强则企业强，企业强则产业强。以新一代信息技术、新能源、新材料、生物医药、绿色低碳等交叉融合为特征的新一轮科技革命和产业变革蓬勃发展，引领科技产业发展方向，开辟出新的巨大增长空间。2023年9月，习近平总书记在推动东北全面振兴座谈会上强调，要整合科技创新资源，引领发展战略性新兴产业和未来产业，加快形成新质生产力。国家高新区诞生以来就肩负着"发展高科技，实现产业化"的初心使命，在形成新质生产力方面具有重要优势。

一是强化企业科技创新主体地位。2022年，占国家高新区企业总数67.4%的高新技术企业，其创新投入和创新产出主要指标占园区企业总体的比重均超过75%，多个指标占比超过80%。国家高新区进一步发挥企业作为出题人、答题人和阅卷人的作用，构建以企业为主体、市场为导向、产学研用深度融合的技术创新体系。高新区通过"揭榜挂帅"，支持企业联合高校、科研院所、产业链上中下游企业组建体系化、任务型的创新联合体，建设高水平新型研发机构等方式，让更多的企业牵头开展基础研究、技术创新、成果转化和产业化。苏州工业园首发核酸药物需求榜单，吸引169家国内知名高校、科研院所、医院的创新团队揭榜。杭州高新区积极推动海康威视等链主企业联合产业链上下游优势企业、高校院所组建"芯海计划""大华数字安防"等创新联合体，聚焦"卡脖子"问题进行联合攻关。截至2023年，国家高新区"企业

---

① 指京津冀、长江经济带、长三角、粤港澳大湾区、黄河流域。

创新积分制"试点单位已覆盖133家高新区，积分企业超过11万家，支持包括中国银行等在内的10多家重点金融机构开发上线"创新积分贷"产品，为积分企业提供授信达千亿元级规模。

二是强化创新策源和关键核心技术突破。截至2022年底，177家国家高新区内共有各类大学1320所，研究院所4804家，其中国家或行业归口的研究院所1137家。从基地平台看，国家高新区聚集了近80%的全国重点实验室、70%的国家制造业创新中心、78%的国家技术创新中心。2022年，国家高新区拥有新型产业技术研发机构3255家、国家认定的企业技术中心1085家、各类研究院所4804家。从研发投入看，2022年国家高新区企业R&D经费内部支出超万亿元，达到11 213.2亿元，占全国企业研发经费投入近一半；R&D人员全时人员数达210.3万人，同比增长12.3%。从成果产出看，2022年国家高新区专利申请数114.3万项，授权发明专利28.1万项，形成国际标准708项，形成国家或行业标准12 113项，技术收入达到73 954.7亿元，新产品销售收入达到108 168.5亿元，高新技术产品收入达到215 538.0亿元。中关村实施基础研究领先行动，从创新源头和技术底层深入开展重大科学问题研究，涌现出新一代量子计算云平台、国内首个自主可控软硬件技术体系"长安链"等一批世界级重大原创成果。西安高新区涌现出了填补国内空白的12英寸电子级硅抛光片、"启明920"AI加速芯片，全球领先的可折叠人工晶状体等158项"西高新"硬核技术和产品。

三是开辟更多新领域新赛道，塑造发展新动能。国家高新区用好新型生产工具，赋能发展新兴产业，着力推动人工智能、大数据、云计算、区块链和元宇宙等新产业新业态蓬勃发展。国家高新区面向前沿科技和产业变革领域，丰富完善应用场景，培育产业生态，前瞻部署一批未来产业，抢占未来竞争制高点。深化企业与高等院校、科研院所等在基础前沿领域的研发合作，强化未来产业技术源头供给。高新区开放一批重大应用场景，以场景为牵引促进新技术迭代应用，加速培育孵化未来产业。中关村白创区聚焦未来信息、未来健康、未来制造、未来能源、未来材料、未来空间等领域，前瞻布局细胞与基因治疗、人形机器人、6G、商业航天等未来产业，加快形成新质生产力，抢占未来产业竞争制高点。合肥高新区中国声谷助力合肥智能语音入选国家先进制造业集群，中国安全谷成为首批国家网络安全教育技术产业融合发展试验区，获批国家安全应急产业示范基地。

四是推动数字技术和实体经济深度融合。国家高新区产业数字化转型成效明显，通过大力推进产业数字化，利用互联网新技术对传统产业进行全方位、全链条的改造，推动企业上云用数赋智，支持建设智能工厂、数字化车间，大力培育数字化转型解决方案供应商。2022年，国家高新区数字化相关产业营业收入超过13万亿元，占国家高新区总营业收入的比重超过1/4，占全国数字经济总量近三成，其中，电子及通信设备制造等电子信息类产业营业收入占全国比重超过40%。国家高新区数字化园区建设持续推进，总体上呈现"5678"的特征，即约50%的国家高新区部署数字园区、智慧城市建设，设立数字产业促进机构等推动数字经济发展，超过60%的高新区已经建成城市级数据中心，近70%的高新区建设了大数据平台和政务信息共享平台，超过80%的高新区建设了城市级云计算平台。2022年，杭州高新区为深入实施数字经济创新体制"三个一号工程"，推动经济高质量发展。成都高新区数字服务业实现营收1431.4亿元、同比增长8.9%。

五是着力提高科技成果产业化水平。2022年，177家国家高新区企业新产品产值达到103 518.7亿元，新产品实现销售收入108 168.5亿元。新产品产值和新产品实现销售收入较2021年同比分别上升4.1%、4.3%，新产品销售收入占产品销售收入的29.4%。2022年，国家高新区当年完成技术合同成交额达到14 523.9亿元。促进科技成果高效转移转化，企业家与科学家深度合作，加快科技成果工程化产业化。高新区围绕重点产业链，建设一批科技成果产业化基地、中试熟化基地等，引进和培育一批市场化、专业化科技服务机构，完善成果转化和产业化服务体系，推动更多科技成果从"实验室"走向"生产线"。杭州高新区加速建设创新发展策源地和成果转化首选地，首批包括北航杭州创新研究院智能无人系统概念验证中心和德诺高端医疗器械概念验证中心。高新区完善创业孵化体系，打造高能级孵化载体，以高水平科技创业带动更多科技成果产业化。众创空间已经成为国家高新区发展新经济、培育新动能、紧密对接实体经济的重要力量。截至2022年底，国家高新区内纳入统计的众创空间共计4322家，为高新区内3万家企业和团队提供了技术支持服务。

三、围绕产业创新，打造现代化产业体系

2022年，国家高新区进一步做实做好"高""新"两篇大文章，加强科技创新和产业创新深度融合，发挥国家自主创新示范区、高新技术产业开发区和高新技术企业的作用，加快创新成果应用及产业化，加快改造升级传统产业，巩固提升特色优势产业，培育壮大新兴产业，布局建设未来产业，建设以科技创新为引领、以先进制造业为骨干的现代化产业体系。

一是加快改造升级传统产业。2022年，国家高新区高技术制造业企业为25 600家，占国家高新区企业总数的12.4%，占比与2021年持平；属于高技术服务业企业共计90 953家，占国家高新区企业总数的44.2%，占比较2021年上升2.1个百分点；高技术服务业企业数量为高技术制造业企业数量的3倍多。国家高新区大力推进企业设备更新和技术改造，推动钢铁等重点行业加快兼并重组，提高产业集中度，提升传统产业在全球分工中的地位和竞争力。上海张江高新区在国际形势严峻复杂、全球硅周期下行等挑战中，加快核心技术攻关和储备，积极布局芯粒、人工智能生态、汽车芯片等重点领域，临港300毫米大硅片突破无缺陷硅单晶生长技术，通过存储工艺验证并实现批量销售，化合物半导体量产线顺利通线并投入工艺流片。西安高新区加快传统产业升级，培育出汽车产业、电子信息2个千亿级以上产业集群，并已发展成为全球规模最大的新能源整车生产基地及全球规模最大的闪存芯片生产基地。

二是巩固提升特色优势产业。国家高新区聚焦特色优势产业，深入推进强链延链补链，提升全产业链竞争优势。2022年，177家国家高新区均制定了明确的产业规划，且大多数高新区都建立了形式多样、功能各异的产业促进机构，省级及以上各类创新服务机构达到7504家，同比增长7.6%。国家高新区在新能源汽车、光伏、移动通信、电力装备等领域，打造更多中国制造名片。如中关村自创区着力构建现代化产业体系，不断提升高精尖产业发展能级，持续打造新一代信息技术和医药健康产业"双引擎"，培育形成新一代信息技术和科技服务业2个万亿级产业集群，人工智能、医药健康、集成电路等5个千亿级产业集群；人工智能大模型数量占全国一半以上，大数据、信息安全市场占有率全国第一；2022年创新医疗器械、AI三类医疗器械上市品种和数量均居全国第一。杭州高新区坚持走"主导产业突出、高新特色鲜明"的产业

发展道路，已形成一条完整的数字经济产业链，2022年，全区数字经济核心产业增加值1723亿元，占地区生产总值比重78.9%，其中数字安防、网络通信、生命健康产业分别实现营收1740亿元、2086亿元、336亿元。

三是培育壮大新兴产业。国家高新区聚焦新一代信息技术、新能源、新材料等重点领域，加快实施一批应用示范工程、实施一批引领型重大项目、完善新兴产业配套设施，引导新兴产业有序发展，加快新技术新产品新业态规模化发展。深圳高新区2022年战略性新兴产业增加值达到4758.54亿元，占全市约36%，其中高新区半导体与集成电路、智能传感器、软件与信息服务、精密仪器设备、高端医疗器械、生物医药等战略性新兴产业增加值占比全市超过50%。上海张江高新区编制国家未来产业创新试验区建设方案，推进上海市未来产业先导区建设，争创国家级未来产业先导区，重点打造张江、闵行、临港等未来产业先导区，着力构筑未来芯片战略支撑、未来健康前瞻引领、未来智能融合赋能的未来产业发展格局。杭州高新区聚焦未来网络（6G）、元宇宙、人工智能、区块链、量子信息等未来产业领域，未来网络产业入选首批浙江省级未来产业先导区。以瞪羚企业为代表的高成长企业逐渐成为推动国家高新区创新发展的重要引擎，2022年，国家高新区企业中有2283家高成长企业入选国家高新区瞪羚企业。

四是始终坚持生态优先，绿色发展。国家高新区绿色发展成效突出，工业企业万元增加值综合能耗为0.423吨标准煤，优于全国平均水平。国家高新区开展绿色发展专项行动，编制绿色发展五年行动方案，对国家高新区的碳排放和相关绿色指标进行统计、监测和评价，着力打造一批绿色低碳示范工厂和园区，有60家国家高新区创建了国家级绿色工业园区，26家获批国家绿色低碳示范园区，4家获批碳达峰试点园区，9家获批循环化改造示范试点园区，17家获批建设国家生态工业示范园。2022年，177家国家高新区平均绿化覆盖率达到40.8%，有74.0%的园区在绿色低碳、人工智能等重点领域开展应用示范和场景创新情况，有80.2%的园区出台了环境保护和绿色发展政策，有69.4%的园区采用数字技术赋能产业绿色低碳转型，有57家高新区建立了碳排放数据收集和核算系统。

四、注重治理创新，扎实推进高质量发展

2023年7月，习近平总书记在苏州工业园考察时指出，高科技园区在科技自立自强中承担着重大而光荣的历史使命，要加强科技创新和产业创新对接，不断以新技术培育新产业、引领产业升级。2022年，国家高新区坚持需求导向和目标导向，深化企业主导的产学研深度融合机制，提高科技成果转化和产业化水平，不断探索产业发展与科技创新、现代金融、人力资源高效协同的新模式、新路径、新机制。

一是以制度创新为核心，加快重点领域改革，提升政府管理效率。国家高新区是我国治理水平现代化的标杆，坚持有效市场和有为政府更好结合，突出管战略、管规划、管政策、管标准，加强行业指导，加强企业服务，健全园区治理体系，参与优化我国重大生产力布局。成都高新区明确为四川省政府派出机构，按照"大部制设置"机构，优化精简机构设置，厘清部门职能，形成18个工作机构和1个纪检监察机构的部门设置。西安高新区作为西部地区科技创新的主阵地，围绕企业科技成果项目"技术挖掘—供需对接—产业化落地"纵向链条，探索形成了科技成果项目落地"五全"服务模式，即全流程服务科技项目申报，全方面促进成果供需对接，全过程开展知识产权创造、运用与保护，全方位推进科技成果产业化，全周期做好落地项目要素保障，不断推进科技创新"关键变量"成为经济高质量发展"最大增量"。

二是积极探索服务模式创新，推动科技产业金融一体化发展，提升科技产业融通效率。国家高新区积极吸纳和培育各类金融机构，打造科技金融全产业链，为区内企业提供多元化融资渠道，催化和完善高新区资本市场，加速推进科技与资本的深度融合。国家高新区实施"科技产业金融一体化"专项试点，支持园区搭建产融合作平台，举办科技产业金融一体化专项路演、项目对接等活动。高新区构建和完善种子基金、创业投资、银行信贷、上市融资等金融支持体系。截至2022年底，国家高新区内共有创业风险投资机构7934家、科技支行944家、科技金融服务机构7104家，各类金融服务机构发展卓有成效。高新区发挥政府引导基金的作用，推动各类投资基金投早、投小、投硬科技，2022年，国家高新区产业投资基金规模为30 489.6亿元，同比增长13.3%，产业投资基金杠杆作用更为显著。深圳高新区加快建设具有卓越竞争力的世界领先科技园区，首次设立高新区发展专项资金，制定《深圳市高新技术产业园

区发展专项计划管理办法》，2022年高新区专项发展计划共下达市区两级财政资金超16亿元，获批火炬中心科技金融创新服务"十百千万"专项行动首批实施单位。

三是加强区域协同模式创新，提升区域共建共享共赢水平。国家高新区主动融入国家区域重大战略，充分发挥示范引领和辐射带动作用，成为落实区域协调发展战略的主要阵地。京津冀7家国家高新区围绕电子信息和生物医药等产业领域共同打造一批万亿级产业集群，长三角36家国家高新区生物医药产业规模超过全国一半，粤港澳大湾区9家国家高新区催生了先进材料等一批万亿级产业集群。国家高新区通过园区共建、异地孵化、产业链协同等方式，强化东西合作、南北互动，推动解决区域不平衡问题，在促进区域协调发展中发挥了重要作用。京津冀国家高新区联盟成立，在氢能、生物医药、智能网联汽车等领域，共同培育打造先进制造业集群，推动雄安新区中关村科技园、天津滨海中关村科技园、保定中关村创新中心等合作园区建设，推动创新链产业链深度融合。深圳与哈尔滨高新区通过整体委托"飞地"模式共建深哈产业园区，"带土移植"深圳政策，实现南北共赢。

四是深化创新领域国际开放合作，全面提升发展国际化水平。国家高新区积极构建双循环发展格局，加快形成以国内大循环为主体、国内国际双循环相互促进的新发展格局。据国家高新区2022年调查问卷显示，83.6%的国家高新区出台了国际化发展政策，已经开启国际化战略布局，较上年增加了17家。国家高新区作为我国对外开放的窗口，2022年实际利用外资金额5104.4亿元，高新技术产品出口总额34 871.5亿元，技术服务出口3497.0亿元。国家高新区通过集聚、整合和利用全球创新资源，持续加强科技开放合作，国际一流研发机构和海外高层次创新人才云集国家高新区。截至2022年底，国家高新区内共有外资研发机构4847家，外资研发机构成为高新区有效配置国际创新资源的重要平台。国家高新区吸纳大量海外高层次人才创办、经营企业，截至2022年底，国家高新区企业从业人员中留学归国人员、外籍常驻人员、引进外籍专家、留学生创办企业分别为27.3万人、7.2万人、1.3万人、6.0万家。苏州工业园引进一批国际一流科研机构及院校，设立海外离岸创新中心22家，开放创新和国际竞争力居全国高新区首位。

作为改革开放的产物，国家高新区经过30多年发展，走出了一条具有中国特色的高新技术产业化道路，成功探索了科技与经济紧密结合的有效途径，积累了促进高新技术产业发展的宝贵经验，在转变发展方式、优化产业结构、增强国际竞争力等方面发挥了重要作用，取得了显著成就。站在新的历史起点，国家高新区作为我国实施创新驱动发展战略的重要载体，要坚持以习近平新时代中国特色社会主义思想为指导，全面贯彻党的二十大精神和习近平总书记关于科技创新重要论述，深入学习和领会习近平总书记关于国家高新区发展一系列指示和重要论述，坚持又"高"又"新"的发展方向，深入推动科技创新与经济社会融合发展，加快推进现代化经济体系建设，为实现第二个百年奋斗目标作出更大贡献。

国家高新区创新能力评价报告2023

第二章

2022年国家高新区创新能力稳步提升

一、国家高新区创新能力总指数表现

（一）总指数突破 430 点达到历史新高

从基期2010年到2022年，国家高新区总数达到177家，较2010年（84家）增加93家；园区经济规模不断扩大，全口径增加值（相当于GDP）达到17.3万亿元，是2010年（3.17万亿元）的5.5倍；创新能力总指数持续增长，从100.0点提升至433.1点，12年内增长333.1点，年均约增长27.8点，表明国家高新区整体创新发展水平不断提升并呈快速增长态势（图2-1）。

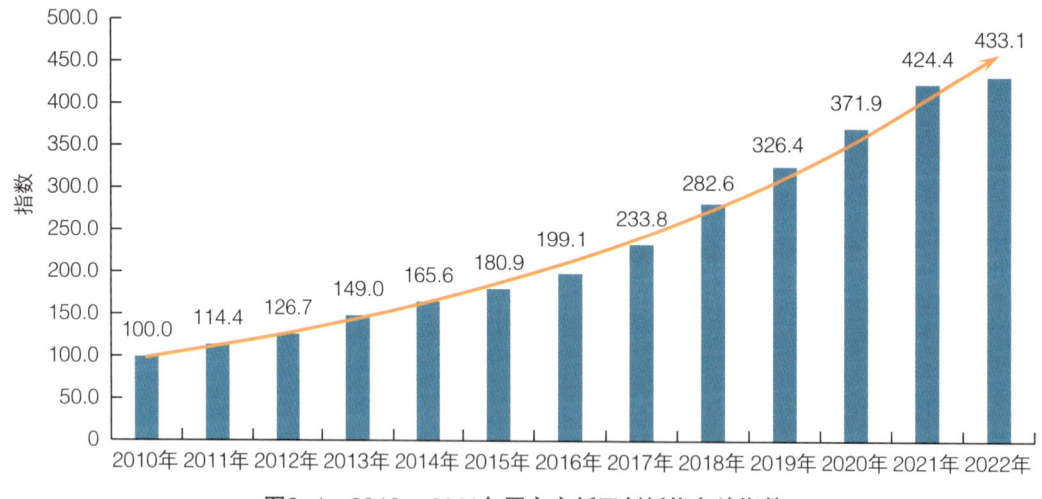

图2-1 2010—2022年国家高新区创新能力总指数

从指数的增长幅度和速度来看，2011—2021年，国家高新区创新能力总指数历年的增长幅度均在12点以上，除2015年外增长率均在10%以上；2022年，国家高新区创新能力总指数增长8.7点，同比增速为2.1%，实现了低速增长（图2-2）。2022年，全球范围内疫情带来的劳动力短缺、供应链尚未恢复顺畅等情况仍旧持续，全球经济衰退迹象仍旧明显，国家高新区面临的国内外发展形势更为严峻，不稳定性、不确定性明显增强，国家高新区创新能力提升速度放缓。

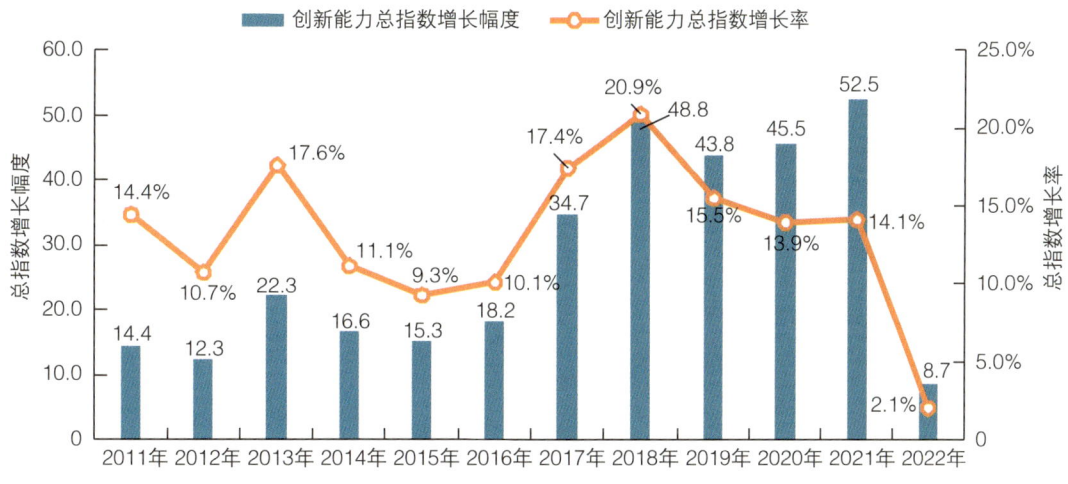

图2-2　2011—2022年国家高新区创新能力总指数增长情况

（二）分指数保持增长态势但差距缩小

观察国家高新区创新能力5个分项指数的整体变化趋势，2010—2022年，5个分项指数总体呈增长态势。其中，科技创新生态指数增长最为显著，增长幅度也最大；其次是创新国际拓展指数，增长较为显著，但近三年增速有所放缓；创新资源集聚指数增长较为平稳；产业创新绩效指数增长相对缓慢，但近四年有加快增长态势；创新驱动发展指数增长最为缓慢（图2-3）。

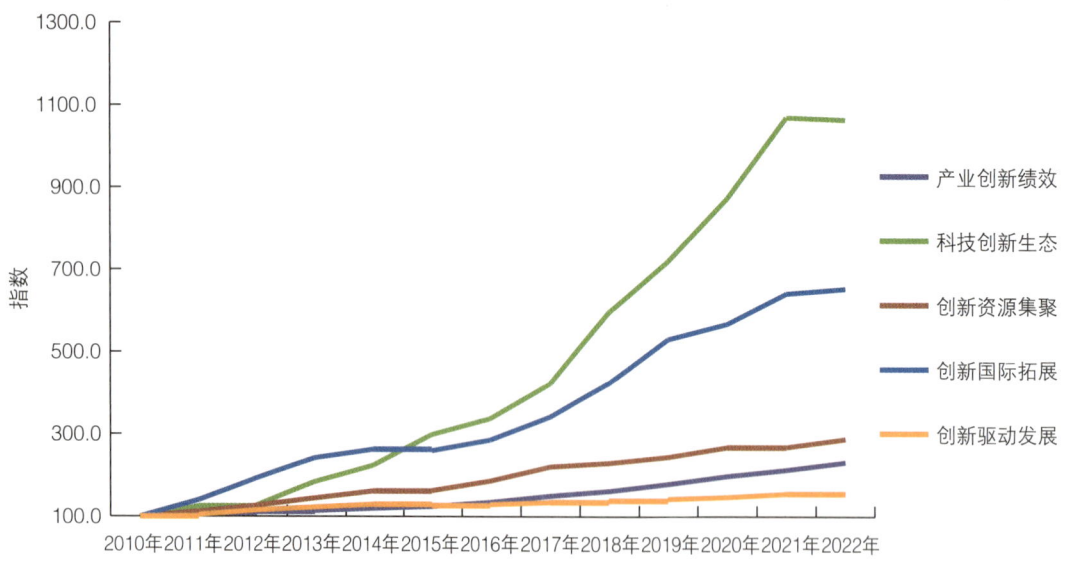

图2-3　2010—2022年国家高新区创新能力分项指数变化趋势

从分项指数的具体数值来看，2022年，国家高新区创新能力5个分项指数中科技创新生态指数最高，达到1064.8点；其次为创新国际拓展指数，为654.0点；接下来是创新资源集聚指数（288.6点）、产业创新绩效指数（232.2点）；最后是创新驱动发展指数（156.3点）（表2-1）。

表2-1　2010—2022年国家高新区创新能力分项指数

分项指数	2010年	2011年	2012年	2013年	2014年	2015年	2016年	2017年	2018年	2019年	2020年	2021年	2022年
产业创新绩效	100.0	109.0	111.6	113.8	119.6	124.3	134.4	149.8	161.7	179.0	198.6	213.8	232.2
科技创新生态	100.0	124.5	127.3	184.4	224.0	298.8	337.3	422.5	596.6	720.0	874.2	1070.3	1064.8
创新资源集聚	100.0	111.2	126.2	144.3	161.5	162.6	186.0	220.5	229.6	244.5	268.2	268.9	288.6
创新国际拓展	100.0	140.1	193.0	241.9	262.6	259.5	285.4	341.9	424.0	530.7	568.5	642.2	654.0
创新驱动发展	100.0	104.1	115.1	122.4	129.2	126.4	129.3	134.4	138.4	142.9	147.9	155.8	156.3

从分项指数的同比变化来看，2022年，国家高新区创新能力5个分项指数除科技创新生态出现小幅下滑外，其余4个分项指数均有不同程度的增长，增长幅度由大到小排名分别是创新资源集聚指数（增长19.7）、产业创新绩效指数（增长18.4）、创新国际拓展指数（增长11.8）、创新驱动发展指数（增长0.5）、科技创新生态指数（下滑5.5）。从增速来看，创新资源集聚指数和产业创新绩效指数增速均高于2021

年，其中产业创新绩效指数增速达到8.6%，增长最快；而科技创新生态、创新国际拓展和创新驱动发展指数增速均所有放缓（图2-4）。

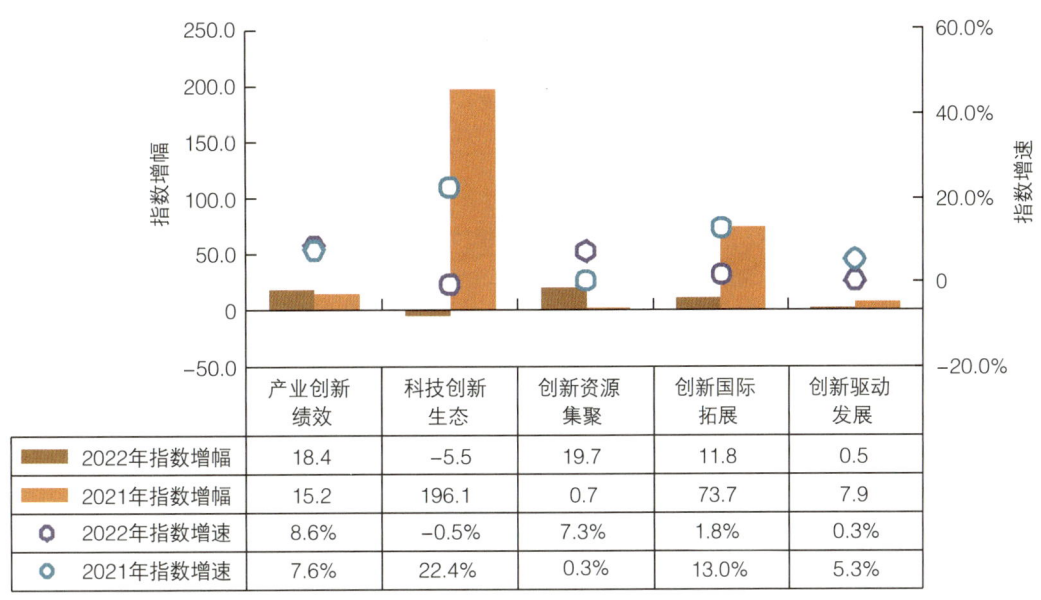

图2-4 2021—2022年国家高新区创新能力分项指数变化情况

从分项指数对总指数增长的贡献情况来看，自2013年起，科技创新生态指数对国家高新区创新能力总指数的贡献基本居于高位，其余4个分项指数的贡献率处在交替变化中，创新国际拓展指数近三年贡献率处于上升周期。2022年，国家高新区创新能力总指数较上一年度增长8.7点，其中，创新资源集聚指数和产业创新绩效指数对总指数增长贡献较大，贡献率均在30%以上；其次为创新国际拓展指数，贡献率为21.1%（图2-5）。

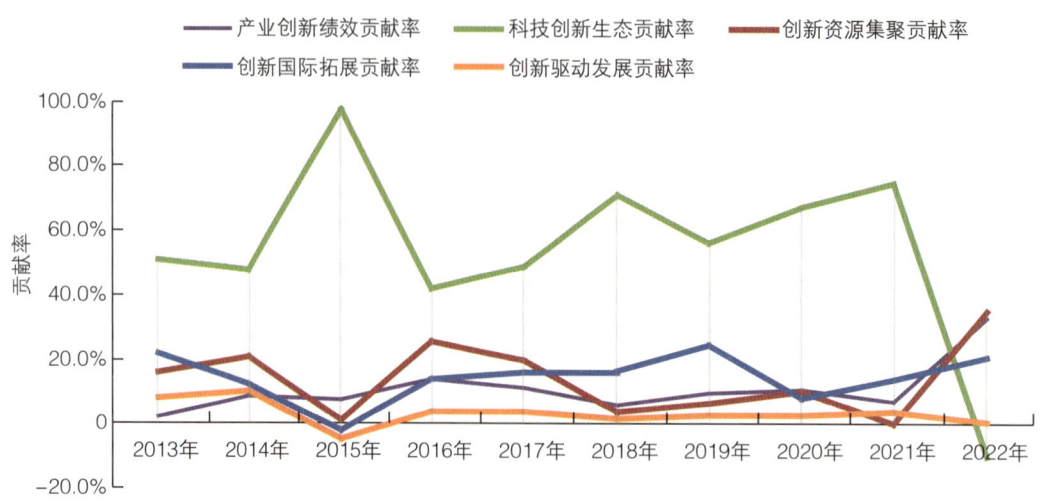

图2-5 2013—2022年国家高新区创新能力分项指数增长贡献率对比

二、不同区域国家高新区指数表现

按照园区所处地区或省份的不同对国家高新区群体进行划分[①]，从创新能力总指标和5个一级指标角度对不同区域国家高新区的加权增长率进行对比，来观察不同区域国家高新区在2022年的创新能力表现。

（一）长三角区域创新能力增长领先重大战略区域

党的十八大以来，党中央实施了京津冀协同发展、长江经济带发展、粤港澳大湾区建设、长三角一体化、黄河流域生态保护和高质量发展等若干区域发展战略。党的二十大报告中，将区域重大战略的实施作为我国优化重大生产力布局，构建优势互补、高质量发展的区域经济布局和国土空间体系的重要举措之一。对比2022年重大战略区域国家高新区的创新能力总指标加权增长率，可以看到：除粤港澳大湾区创新能力有所放缓，京津冀、长江经济带、长三角和黄河流域国家高新区的创新能力均有不同程度的提升，其中创新能力总指标加权增长率从高到低依次为长三角、黄河流域、长江经济带、京津冀、粤港澳大湾区（图2-6）。

---

① 不同地区和省份的国家高新区群体分类，参见附件"四、园区分类说明"。

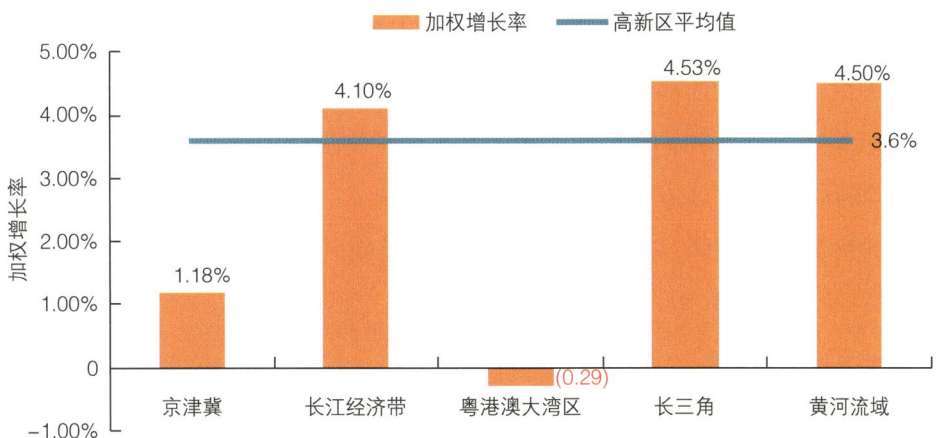

图2-6　2022年重大战略区域国家高新区创新能力总指标加权增长率对比

将构成国家高新区创新能力的5个一级指标进行分解，通过对其加权增长率的分析，观察重大战略区域国家高新区创新发展表现，可以看到：带动重大战略区域国家高新区创新能力提升的关键指标不尽相同。京津冀区域主要由产业创新绩效和创新国际拓展2个指标带动；粤港澳大湾区主要由产业创新绩效、创新资源集聚和创新国际拓展3个指标带动；黄河流域主要由产业创新绩效、科技创新生态和创新驱动发展3个指标带动；长江经济带和长三角区域则相对均衡，产业创新绩效、科技创新生态、创新资源集聚和创新国际拓展4个指标均实现增长（图2-7）。

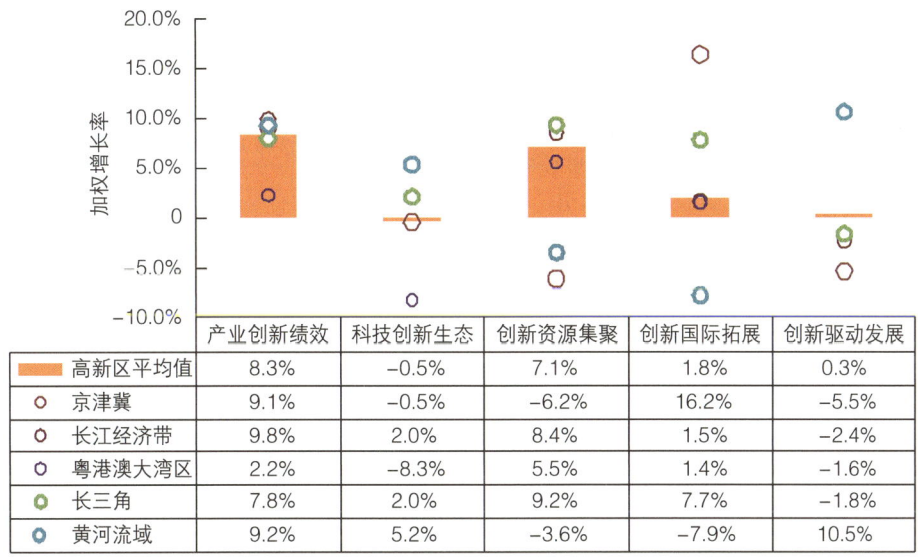

图2-7　2022年重大战略区域国家高新区创新能力一级指标加权增长率对比

（二）东北地区创新能力增长领先四大地区

对比东北、东部、西部和中部地区国家高新区群体2021—2022年的创新能力总指标加权增长率，可以看到：一是四大地区高新区平均加权增长率有所下降，从2021年的8.4%下降到2022年的3.6%，下降约4.8个百分点；二是创新能力总指标增长较快的仍是东北地区和中部地区，东部、西部地区国家高新区增长相对稳定（图2-8）。

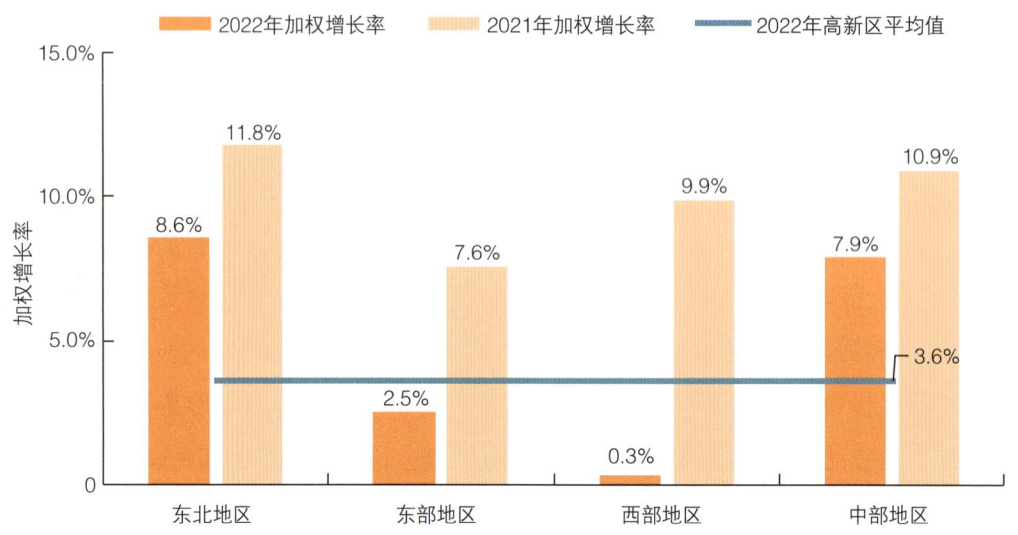

图2-8　2021—2022年四大地区国家高新区创新能力总指标加权增长率对比

将国家高新区创新能力5个一级指标进行分解，通过对其加权增长率的分析，观察不同区域国家高新区创新发展表现，可以看到：2022年，中部地区国家高新区实现了创新能力的全面增长，特别是产业创新绩效，提升显著；西部地区国家高新区创新国际拓展进展缓慢，具有较大的增长空间（图2-9）。

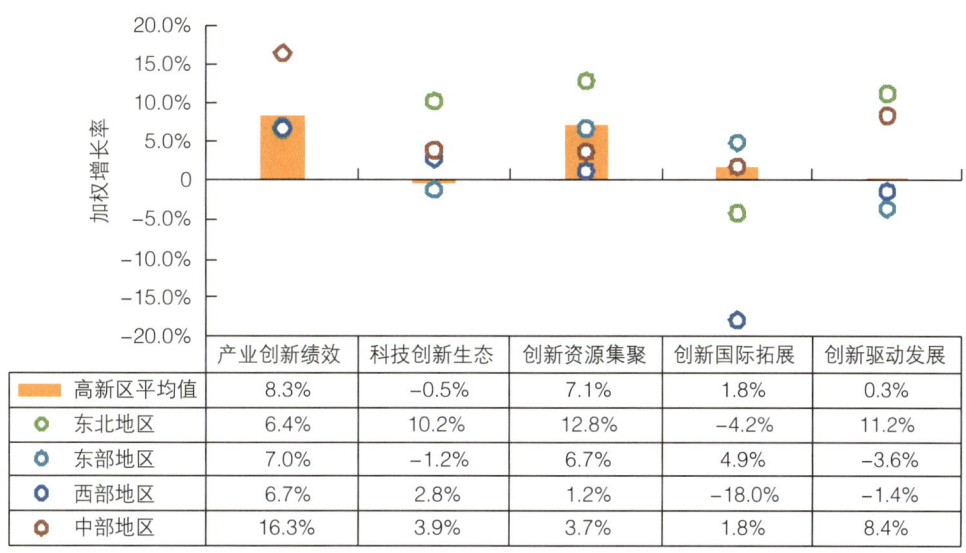

图2-9　2022年四大地区国家高新区创新能力一级指标加权增长率对比

（三）八成省份区域创新能力得到持续提升

按照园区所属省级行政区（以下简称"省份"）对国家高新区群体进行划分，观察其创新能力总指标的加权增长率的不同表现（表2-2）。

表2-2　2022年国家高新区创新能力总指标加权增长率的省份表现

省份	创新能力总指标加权增长率	省份	创新能力总指标加权增长率
云南	27.2%	湖北	5.5%
宁夏	19.0%	贵州	5.1%
湖南	14.4%	陕西	4.8%
新疆	11.9%	江西	4.5%
海南	10.8%	上海	1.5%
浙江	8.7%	广东	1.3%
甘肃	8.6%	北京	0.5%
内蒙古	7.4%	吉林	0.4%
重庆	7.3%	河南	0.1%
辽宁	6.9%	广西	-2.3%
福建	6.9%	山西	-2.4%
安徽	6.8%	四川	-2.5%
河北	6.6%	黑龙江	-3.4%
江苏	5.9%	天津	-6.7%
山东	5.8%	青海	-11.2%

2022年，在30个①有国家高新区分布的省份中，有80%的省份区域创新能力得到持续提升。按各省份国家高新区创新能力总指标加权增长率的不同，将国家高新区划分为4个等级（图2-10），可以看到：一是超过15%的省份共有2个，分别为云南（27.2%）、宁夏（19.0%），创新能力的提升最为显著；二是10%～15%（含）的省份共有3个，分别为湖南（14.4%）、新疆（11.9%）、海南（10.8%），创新能力的提升十分突出；三是0～10%（含）的省份共有19个，较2021年增加2个，创新能力的提升相对明显；四是出现负增长（小于0）的省份共有6个，分别为广西（-2.3%）、山西（-2.4%）、四川（-2.5%）、黑龙江（-3.4%）、天津（-6.7%）、青海

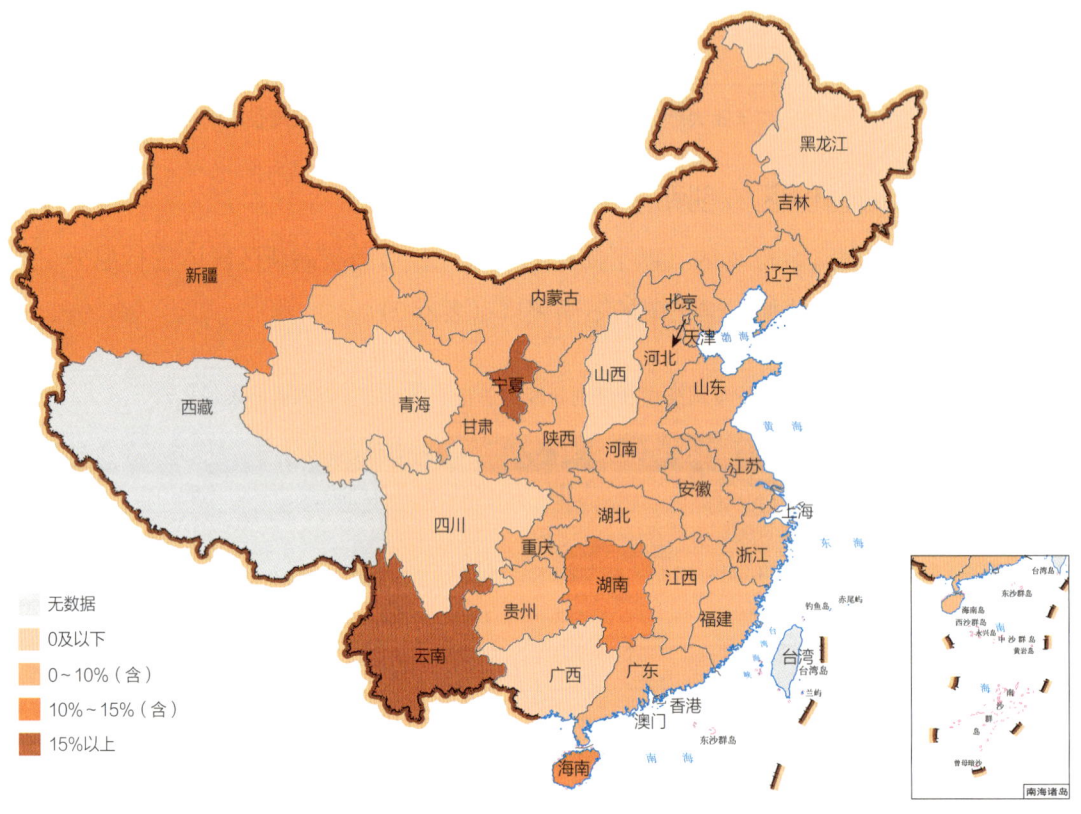

图2-10　2022年国家高新区创新能力总指标加权增长率的省份分布

---

① 截至2022年底，177家国家高新区分布在全国31个省份；其中，2022年新批复的拉萨高新区为西藏自治区首家国家高新区，考虑到数据可比性，此处仅为30个省份创新能力同比增长分析。

（−11.2%），这6个省份的国家高新区创新能力有不同程度的下降，增长稳定性有待提升。

对国家高新区创新能力5个一级指标进行分解，得出各省份国家高新区一级指标的加权增长率（表2-3、图2-11）。

表2-3　2022年国家高新区创新能力一级指标加权增长率省份分布

省份	产业创新绩效	科技创新生态	创新资源集聚	创新国际拓展	创新驱动发展
黑龙江	−9.3%	−23.2%	16.6%	14.0%	−4.6%
吉林	12.6%	−9.3%	−0.2%	−3.8%	−1.7%
辽宁	8.0%	23.7%	14.2%	−23.6%	−1.3%
北京	9.7%	−0.1%	−28.2%	13.0%	9.6%
福建	4.6%	13.5%	2.4%	8.0%	7.0%
广东	2.3%	−5.7%	6.7%	1.8%	1.4%
海南	39.6%	10.2%	28.2%	−26.5%	−16.7%
河北	11.0%	7.7%	−11.2%	31.5%	5.7%
江苏	5.9%	5.3%	6.5%	12.9%	3.2%
山东	8.8%	14.7%	2.5%	−1.3%	1.0%
上海	5.8%	−1.5%	6.0%	−5.1%	−1.3%
天津	−2.0%	−20.1%	−1.0%	−3.6%	−6.4%
浙江	13.0%	1.5%	22.3%	8.5%	−0.5%
甘肃	−7.5%	28.5%	2.2%	50.2%	−2.8%
广西	10.5%	−16.0%	−0.4%	−7.7%	−3.3%
贵州	6.8%	19.0%	1.9%	10.7%	−7.3%
内蒙古	−3.9%	28.4%	16.7%	−6.2%	−0.3%
宁夏	13.3%	55.8%	15.8%	3.2%	4.2%
青海	0.7%	−57.5%	28.5%	−39.8%	−6.3%
陕西	7.3%	12.8%	−2.3%	−8.9%	7.0%
四川	5.7%	−17.8%	3.0%	−17.3%	3.1%
新疆	42.9%	34.4%	16.8%	−77.3%	−5.5%
云南	33.8%	54.4%	4.3%	40.1%	12.0%
重庆	8.9%	−1.5%	−1.4%	−2.4%	23.8%
安徽	13.0%	11.9%	−7.9%	10.2%	7.0%
河南	17.3%	−1.3%	−10.4%	−5.0%	−5.6%
湖北	15.2%	5.0%	8.3%	−8.0%	−0.5%
湖南	21.1%	21.1%	14.0%	16.2%	1.8%
江西	17.2%	−19.5%	2.3%	26.5%	3.9%
山西	11.6%	24.3%	−35.0%	19.7%	−20.4%

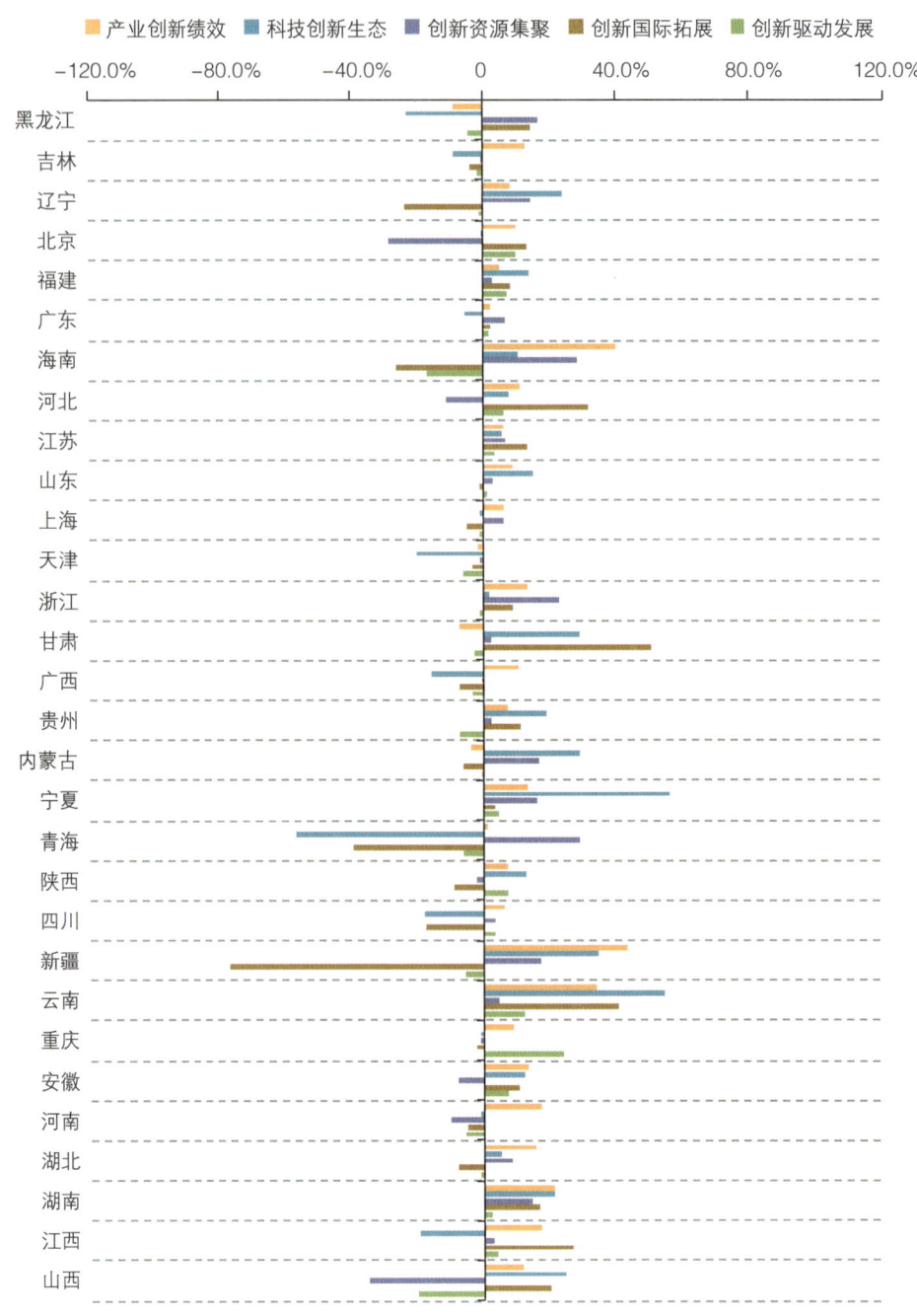

图2-11　2022年国家高新区创新能力一级指标加权增长率省份分布

对2022年各省份国家高新区创新能力5个一级指标的加权增长率进行比较，有以下几个特点：一是各省份国家高新区在创新国际拓展、科技创新生态的表现差距最为明显。从极差来看，5个一级指标的加权增长率按极差由大到小排列分别为创新国际拓展（相差127.5个百分点）＞科技创新生态（相差113.3个百分点）＞创新资源集聚（相差63.5个百分点）＞产业创新绩效（相差52.2个百分点）＞创新驱动发展（相差44.1个百分点）。其中，创新国际拓展加权增长率最高、最低的省份分别是甘肃（50.2%）、新疆（-77.3%）；科技创新生态加权增长率最高、最低的省份分别是宁夏（55.8%）、青海（-57.5%）。二是从单项一级指标来看，2022年，八成以上省份的国家高新区产业创新绩效得到一定程度的提升；另外，六成及以上省份的国家高新区科技创新生态、创新资源集聚有所提升；而创新国际拓展、创新驱动发展指标有所提升的省份仅占五成或不足五成。三是从国家高新区创新能力5个一级指标增长的均衡性来看，2022年，5个一级指标均正向增长的省份共5个，分别是湖南、江苏、宁夏、福建、云南。

三、不同类别国家高新区指数表现

按照不同类别的国家高新区群体分别计算创新能力总指标和5个一级指标的加权增长率，以此来观察不同类别国家高新区群体在2022年创新能力提升过程中的差异和特征。以下将从三类园区（世界一流高科技园区、创新型科技园区、创新型特色园区）和非三类园区（以下简称"其他园区"）、稳定期高新区和新升级高新区、国家自主创新示范区园区（以下简称"自创区园区"）和非国家自主创新示范区园区（以下简称"非自创区园区"）几个维度进行对比分析。

（一）三类园区创新能力同比增速均趋于平缓

根据此前火炬中心对国家高新区的分类指导情况，可将国家高新区群体分为世界一流高科技园区、创新型科技园区、创新型特色园区及其他园区。比较三类园区及其他园区创新能力总指标加权增长率，可以看到：一是2022年各类园区及其他园区创新能力均有不同幅度的提升，其中：创新型科技园区增长最快，为7.6%，其次是其他园区，为6.0%，创新型特色园区为4.3%，世界一流高科技园区为1.8%；二是从增长率的两年变化情况来看，各类园区增速均有所放缓（图2-12）。结合近三年创新能力增长趋势来看，世界一流高科技园区创新基础较好，创新综合实力较强，增长态势较为平稳；创新型科技园区创新提升更快，对所在城市的反哺能力更强。

国家高新区创新能力评价报告 2023

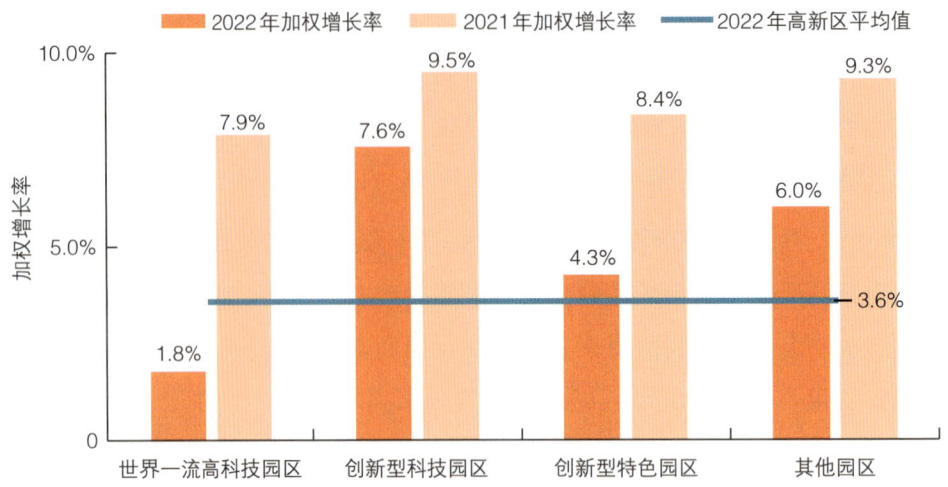

图2-12　2021—2022年三类园区及其他园区创新能力总指标的加权增长率

对构成国家高新区创新能力的5个一级指标进行分解（图2-13），通过对其加权增长率的分析可以发现：2022年，创新型科技园区、创新型特色园区和其他园区在创新能力的5个方面均实现同比增长，改善明显；其中，创新型科技园区在产业创新绩效方面、其他园区在创新国际拓展方面更为突出，加权增长率均在10%以上。

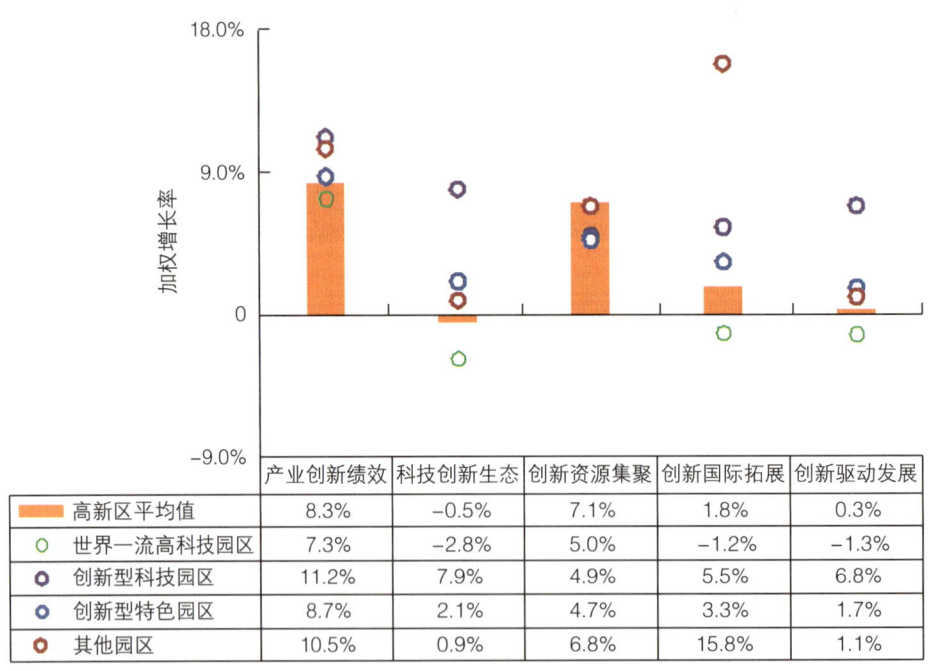

	产业创新绩效	科技创新生态	创新资源集聚	创新国际拓展	创新驱动发展
高新区平均值	8.3%	−0.5%	7.1%	1.8%	0.3%
○ 世界一流高科技园区	7.3%	−2.8%	5.0%	−1.2%	−1.3%
○ 创新型科技园区	11.2%	7.9%	4.9%	5.5%	6.8%
○ 创新型特色园区	8.7%	2.1%	4.7%	3.3%	1.7%
○ 其他园区	10.5%	0.9%	6.8%	15.8%	1.1%

图2-13　2022年三类园区及其他园区创新能力一级指标加权增长率对比

（二）新升级园区创新能力增长速度高于稳定期园区

以2006年为界，将2006年及以前升级为国家高新区的园区视为稳定期高新区，共54家；2007年至2022年升级为国家高新区的园区为新升级高新区，共123家。比较两类园区创新能力总指标加权增长率，可以看到：2022年，稳定期高新区、新升级高新区的加权增长率分别为2.4%、9.0%，两类园区创新能力均有不同幅度的提升；与2022年相比，新升级高新区创新能力增速提升，提升速度优于稳定期高新区。

对构成国家高新区创新能力的5个一级指标进行分解，通过对加权增长率的分析，可以发现：新升级高新区的5个一级指标的加权增长率均高于稳定期高新区，且实现了正向增长，在创新能力的5个方面均有明显的提升，说明新升级高新区正在加快追赶稳定期高新区（图2-14）。

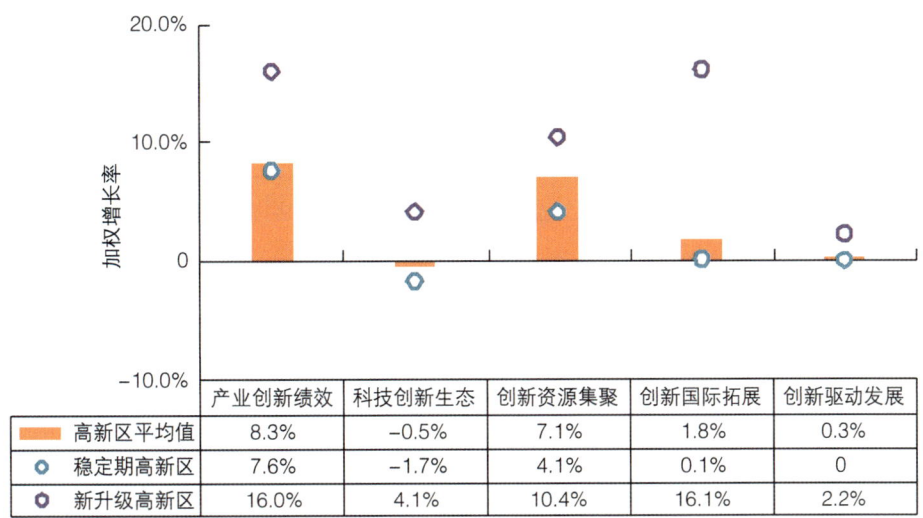

图2-14　2022年新升级和稳定期高新区创新能力一级指标加权增长率对比

（三）非自创区园区创新能力实现全面增长

以是否纳入国家自主创新示范区范畴作为自创区园区与非自创区园区的划分标准，将纳入国家自主创新示范区范畴的高新区视为自创区园区，尚未纳入国家自主创新示范区范畴的高新区视为非自创区园区。截至2022年底，两类园区的高新区数量分别为66家、111家。比较两类园区创新能力总指标加权增长率，可以看到：2022年，自创区园区的创新能力总指标加权增长率为2.4%，非自创区园区为9.5%，与2021年相比，非自创区园区创新能力与自创区的差距在不断缩小。

对构成国家高新区创新能力的5个一级指标进行分解，从各指标加权增长率可以看到：2022年，自创区园区在科技创新生态和创新驱动发展两个方面增长放慢，而非自创区园区在科技创新生态建设和创新国际拓展方面提升较快（图2-15）。

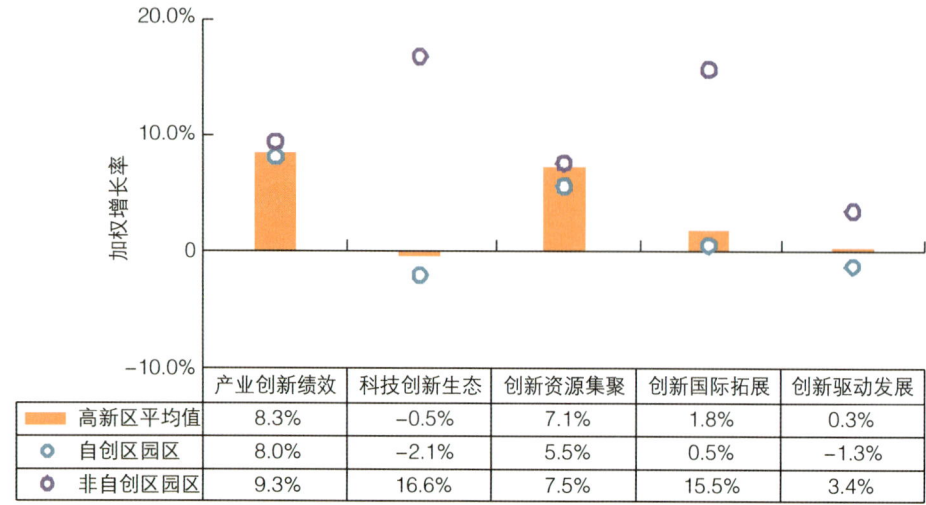

图2-15 2022年自创区园区、非自创区园区创新能力一级指标加权增长率对比

国家高新区创新能力评价报告2023

产业创新

第三章

绩效表现卓越

产业创新绩效反映产业创新的经济价值实现，重点体现国家高新区各类创新成果转化为经济价值的成果、方式及效率，是维持长期竞争优势的动力源泉。国家高新区创新能力指数测算结果显示，2010—2022年，国家高新区产业创新绩效指数从100.0点上升到232.2点，年均增长7.2%；2022年较2021年增长18.4点，同比增速为8.6%。

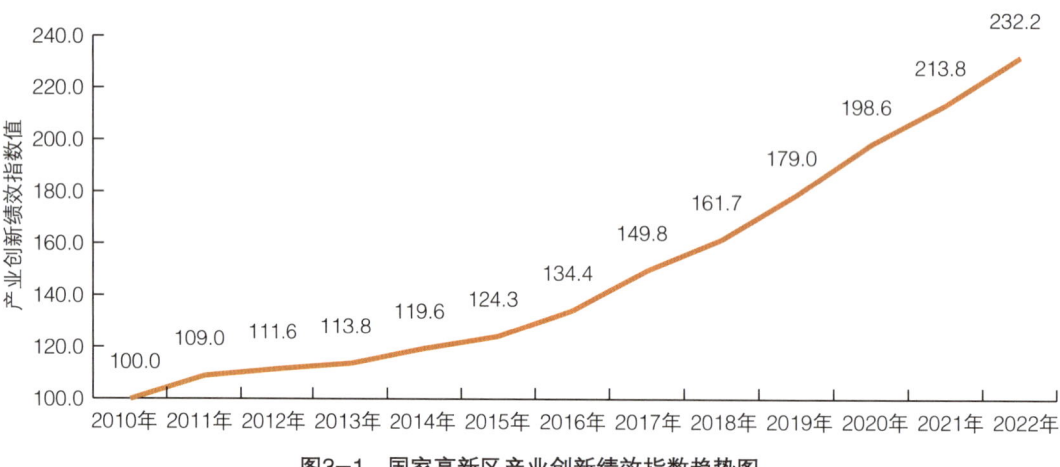

图3-1 国家高新区产业创新绩效指数趋势图

产业创新绩效指标下设5个二级指标，分别为高技术产业营业收入占营业收入比例、企业100亿元增加值拥有知识产权数量和各类标准数量、企业当年完成的技术合同成交额、高技术服务业从业人员占从业人员比例、企业营业收入利润率。2022年，5个二级指标数值分别为36.8%、7631件、14523.9亿元、24.3%、7.1%，相较2021

年,高技术产业营业收入占营业收入比例、企业100亿元增加值拥有知识产权数量和各类标准数量、企业当年完成的技术合同成交额、高技术服务业从业人员占从业人员比例延续增长态势,尤其是企业当年完成的技术合同成交额,指标增速较2021年提升12.8个百分点,说明国家高新区在技术成果转移转化活动中取得显著进步;企业营业收入利润率有所下降,下降2.0%,企业盈利能力有所弱化(图3-2)。

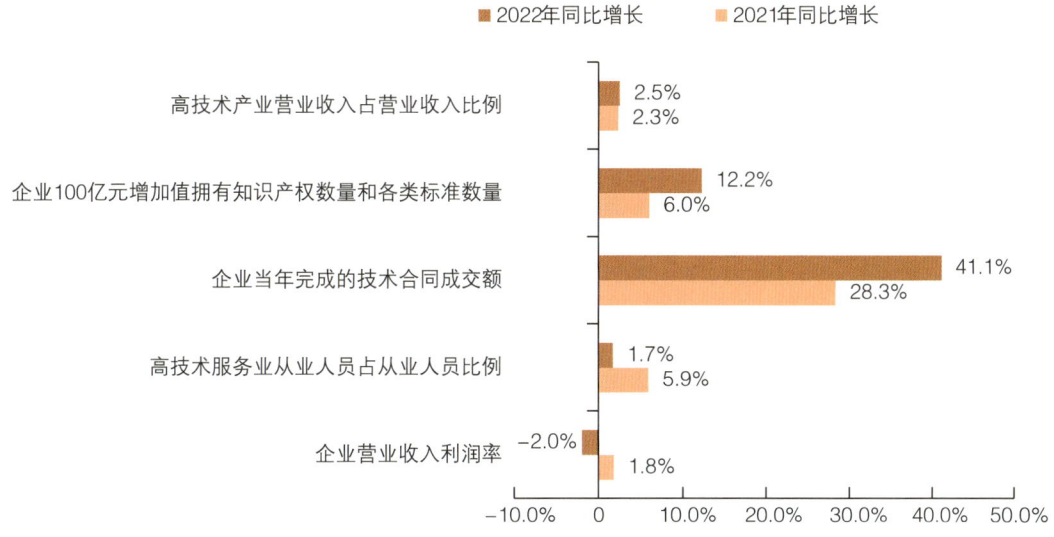

图3-2　2022年国家高新区产业创新绩效二级指标的增长率对比

从增速贡献来看,"企业当年完成的技术合同成交额"指标对产业创新绩效指数增长的贡献最大,对产业创新绩效指标加权增长率的贡献为66%;其次是"企业100亿元增加值拥有知识产权数量和各类标准数量",贡献为28%。

围绕5个二级指标,并结合相关指标和资料,分别从产业技术附加值提升、企业及高技术制造业效益、现代化产业体系、高成长企业培育4个方面,对国家高新区产业创新绩效情况进行详细分析和阐述。

一、产业技术附加值持续提升

国家高新区大力提升产业技术要素含量、知识成果供给效率和优质企业扶持力度,致力于打造以科技创新驱动经济社会发展的知识型园区。国家高新区产业创新绩效评价中，体现技术要素方面的指标为企业当年完成的技术合同成交额和技术性收入相关指标。

（一）产业技术交易规模壮大，北京占比近四成

国家高新区高度重视科技成果和先进技术的转移转化，通过组织、宣传和培训等方式推进技术交易，提高技术市场活跃度。此外，国家高新区创新技术交易模式，以线上与线下融合、资本与技术融合的方式，促进技术交易规模与质量同步提升。

国家高新区企业技术交易非常活跃，2010—2022年，国家高新区企业当年完成技术合同成交额整体呈增长态势，2022年为14 523.9亿元，同比增长41.2%，是2010年的13.1倍，同时也是2010年以来技术合同成交额增长幅度最大的一年（图3-3）。国家高新区企业2022年完成的技术合同成交额占全国技术合同成交额（47 791.0亿元）的比重为30.4%；企业从业人员人均技术合同成交额为41 022.2元，是全国就业人员人均技术合同成交额（6515.4元[①]）的6.3倍。

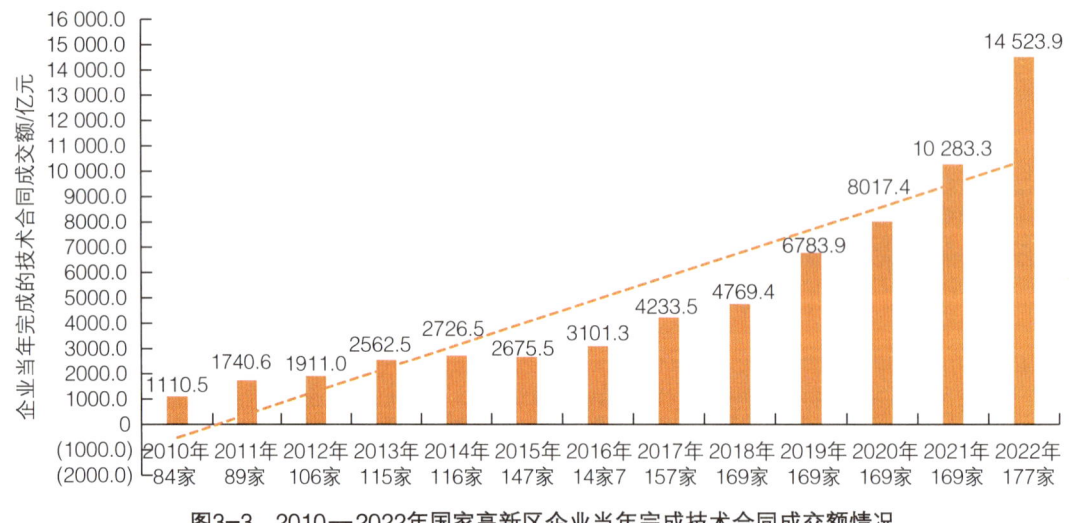

图3-3　2010—2022年国家高新区企业当年完成技术合同成交额情况

分区域来看，2022年，国家高新区企业当年完成的技术合同成交额最高的是京津冀区域，为5551.1亿元，占国家高新区整体的比重分别为38.2%；其次是长江经济

---

① 数据来源：国家统计局。

带，为5018.3亿元，占比为34.6%；长三角、粤港澳大湾区、黄河流域分别为3136.2亿元、1878.9亿元、1434.3亿元，占比分别为21.6%、12.9%、9.9%（图3-4）。

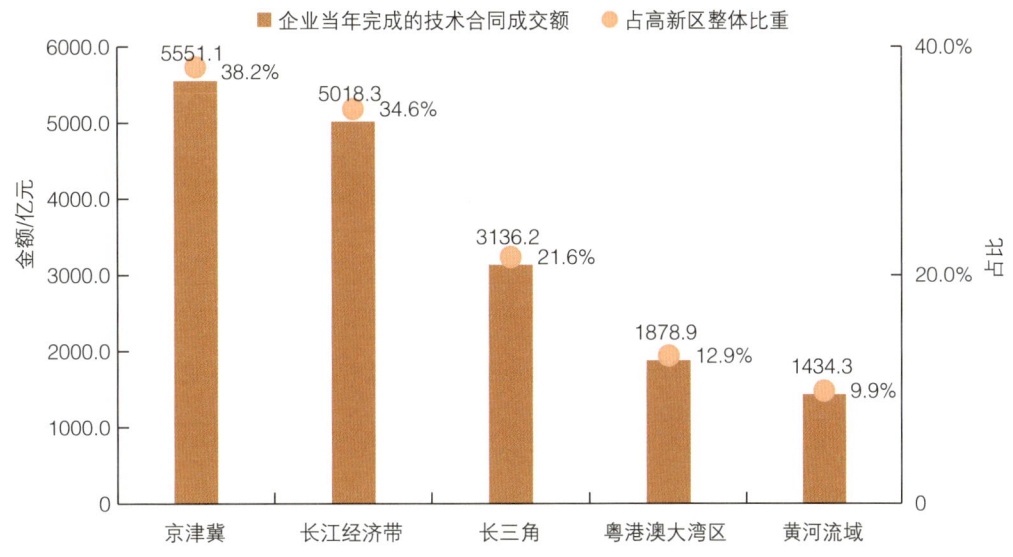

图3-4　2022年重大战略区域国家高新区企业当年完成的技术合同成交额的分布情况

分地区来看，2022年，国家高新区企业当年完成的技术合同成交额最高的是东部地区，为10 738.3亿元，占国家高新区整体的比重为73.9%，较上年提高0.8个百分点；其次是中部地区，为1990.6亿元，占比为13.7%，较上年增加1.5个百分点；西部地区为1491.0亿元，占比为10.3%，较上年下降1.9个百分点；东北地区最低，为304.0亿元，占比仅为2.1%，较上年下降0.5个百分点（图3-5）。东部地区高新区仍是技术交易的高地，东北地区的技术市场正在逐步完善。

从不同类型国家高新区来看，2022年，平均每家世界一流高科技园区的企业技术合同成交额为1086.3亿元，是技术交易最为活跃的园区群体，创新型科技园区、创新型特色园区和其他园区平均每家园区的企业技术合同成交额分别为71.5亿元、42.3亿元和9.8亿元，均低于高新区平均值；稳定期园区、自创区园区平均每家企业技术合同成交额分别为246.2亿元、206.9亿元，分别是国家高新区平均值的3.0倍和2.5倍，而新升级园区、非自创区园区分别仅为10.0亿元、7.8亿元（图3-6）。世界一流高科技园区的技术市场发育程度和技术交易规模更高。

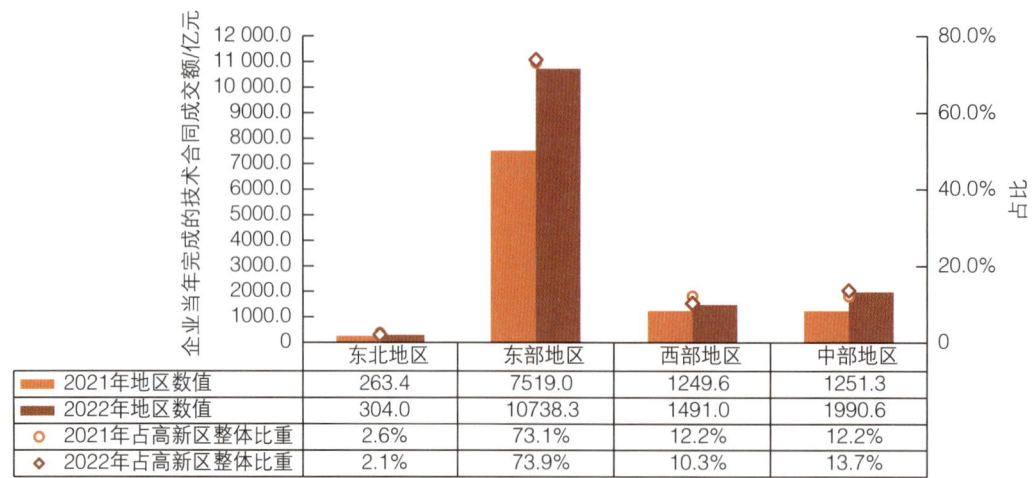

图3-5　2021—2022年国家高新区企业当年完成的技术合同成交额的地区分布

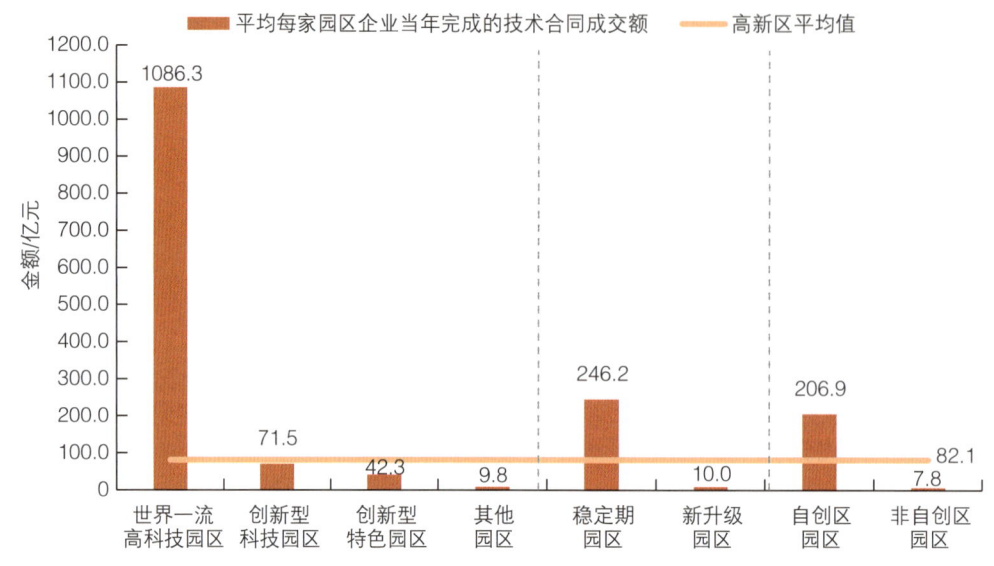

图3-6　2022年不同类别国家高新区平均企业当年完成的技术合同成交额

分省份来看，2022年，国家高新区企业当年完成的技术合同成交额在100亿元以上的有北京、广东、上海、江苏、陕西、湖北、浙江、湖南、四川、山东、安徽、河南、辽宁和天津14个省份，其中北京高达5341.4亿元，占国家高新区整体的36.8%；海南、新疆、青海、宁夏和西藏5个省份技术交易规模较低，均在10亿元以下，其中，西藏地区的高新区技术合同成交额不足1亿元（表3-1）。

表3-1 2022年不同省份国家高新区企业当年完成的技术合同成交额

省份	高新区企业当年完成的技术合同成交额/亿元	占高新区整体比例	省份	高新区企业当年完成的技术合同成交额/亿元	占高新区整体比例
北京	5341.4	36.8%	贵州	78.3	0.5%
广东	1890.6	13.0%	河北	75.0	0.5%
上海	1318.8	9.1%	广西	54.2	0.4%
江苏	929.8	6.4%	黑龙江	30.7	0.2%
陕西	907.8	6.3%	重庆	29.8	0.2%
湖北	727.6	5.0%	山西	17.5	0.1%
浙江	590.9	4.1%	云南	15.9	0.1%
湖南	558.6	3.8%	吉林	11.0	0.1%
四川	374.4	2.6%	甘肃	10.4	0.1%
山东	351.6	2.4%	内蒙古	10.0	0.1%
安徽	296.7	2.0%	海南	7.7	0.1%
河南	292.6	2.0%	新疆	6.9	0.0%
辽宁	262.3	1.8%	青海	1.9	0.0%
天津	134.8	0.9%	宁夏	1.2	0.0%
福建	97.7	0.7%	西藏	0.4	0.0%
江西	97.6	0.7%			

具体到园区层面，2022年，企业当年完成的技术合同成交额超过50亿元的国家高新区有29家，分别为中关村、上海张江、深圳、西安、广州、武汉、杭州、南京、成都、苏州工业园、长沙、合肥、郑州、济南、天津、大连、株洲、湘潭、沈阳、宁波、惠州、东莞、青岛、芜湖、贵阳、厦门、淄博、无锡和南昌高新区，共计13 162.9亿元，占国家高新区整体的90.6%；其中，中关村科技园区企业技术合同成交额高达5341.4亿元，稳居全国首位，占国家高新区整体的36.8%（图3-7）。

图3-7　2022年企业当年完成的技术合同成交超50亿元的国家高新区

（二）企业技术收入保持增长，转化新产品能力提升

2022年，国家高新区企业营业收入、技术收入、产品销售收入、商品销售收入和其他营业收入分别为53.4万亿元、7.4万亿元、36.7万亿元、5.0万亿元和4.2万亿元，增速分别为7.0%、6.8%、6.6%、6.6%和11.8%。国家高新区企业营业收入、技术收入、产品销售收入、商品销售收入均衡增长，增速相差在0.4%以内（图3-8）。

具体从营业收入的构成来看，2022年，产品销售收入占营业收入的比例为68.9%，占比最高；其次是国家高新区企业技术收入，占营业收入的比例为13.9%，其他类别的营业收入占比均低于10%。相较2021年，除其他营业收入外，主要类别的营业收入占比均有所下降（图3-9）。

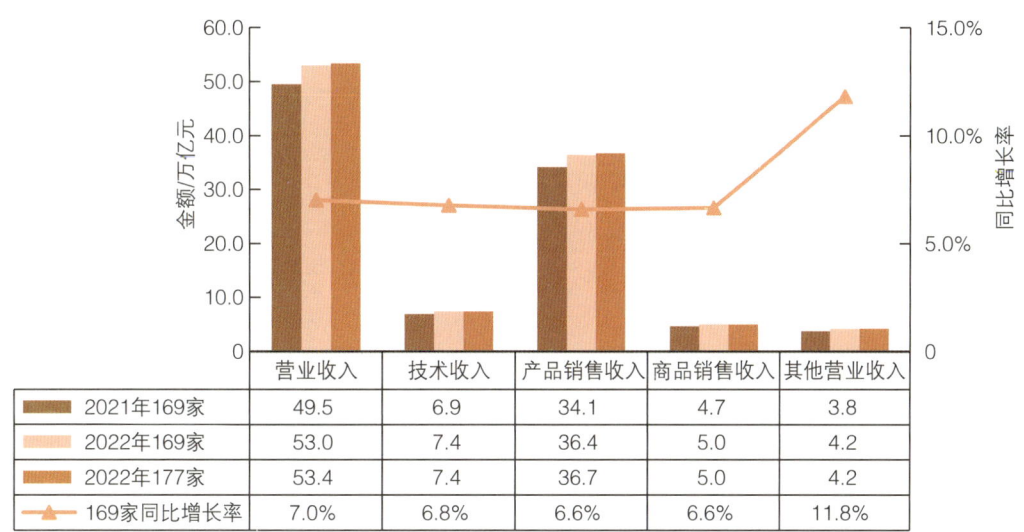

图3-8　2021—2022年国家高新区营业收入及细分指标增长情况

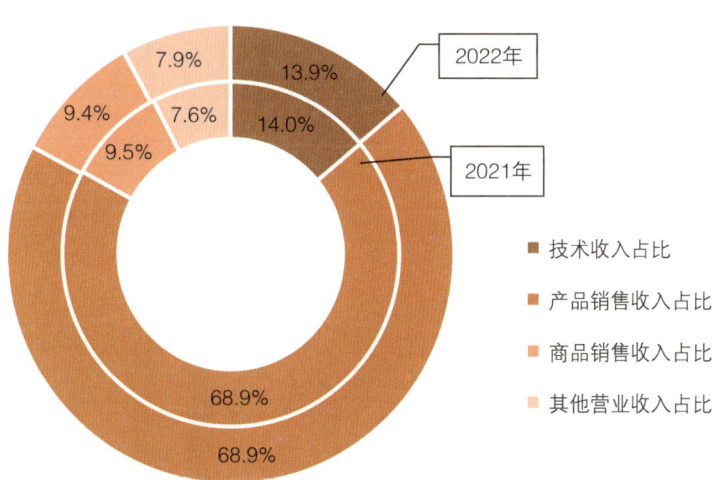

图3-9　2021—2022年国家高新区营业收入构成情况

从高新区企业技术收入内部结构上看，2022年，占技术收入的比重最大的是技术咨询与服务收入，总额为48 393.7亿元，占比为65.4%；其次是技术承包收入，为8922.2亿元，占比为12.1%；接受委托研究开发收入、技术转让收入占比分别为5.3%、2.8%，比例较小（图3-10）。

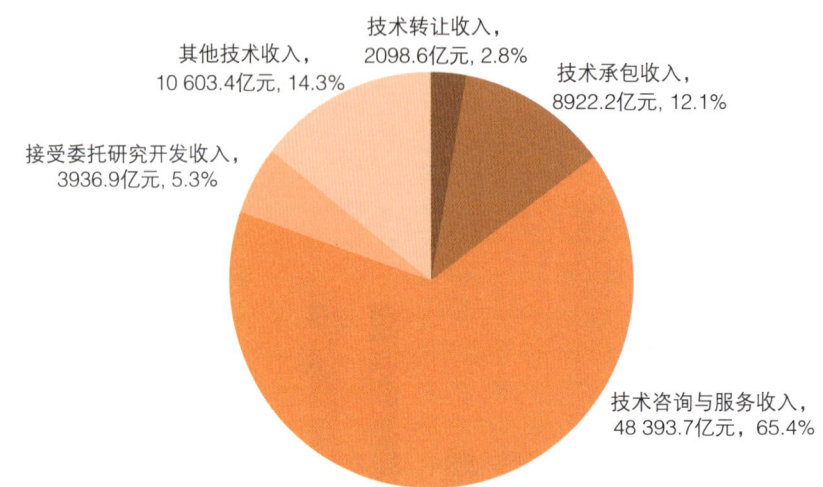

图3-10　2022年国家高新区企业技术收入构成情况

国家高新区新产品规模和高新技术产品规模持续扩大。2022年，高新区企业新产品产值为103 518.7亿元，新产品销售收入108 168.5亿元，新产品出口额为20 146.5亿元，同比增长分别为4.1%、4.3%、3.4%；高新技术产品销售收入215 538.0亿元，高新技术产品出口额为34 871.5亿元，同比增长分别为8.3%　7.7%（图3-11）。2022年，高新区高新技术产品销售收入占产品销售收入比重为58.7%，比去年提高了1个百分点。

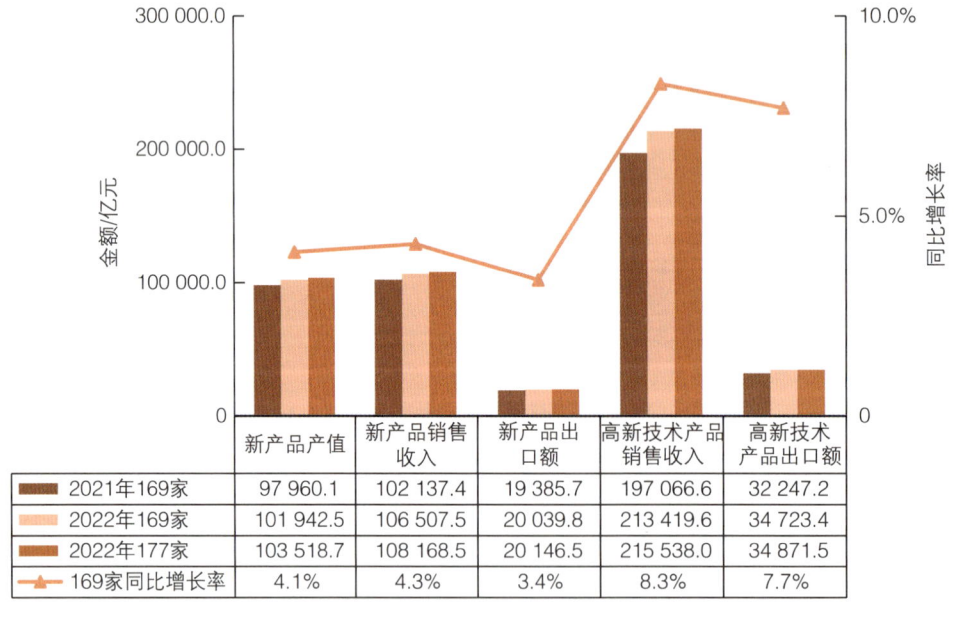

	新产品产值	新产品销售收入	新产品出口额	高新技术产品销售收入	高新技术产品出口额
2021年169家	97 960.1	102 137.4	19 385.7	197 066.6	32 247.2
2022年169家	101 942.5	106 507.5	20 039.8	213 419.6	34 723.4
2022年177家	103 518.7	108 168.5	20 146.5	215 538.0	34 871.5
169家同比增长率	4.1%	4.3%	3.4%	8.3%	7.7%

图3-11　2021—2022年国家高新区企业新产品、高新技术产品的规模情况

（三）知识经济持续发育，粤港澳大湾区优势明显

国家高新区单位经济价值中的知识和技术含量，可以在一定程度上反映高新区知识经济的发育程度，体现经济发展的"含金量"。2010—2022年，国家高新区企业100亿元增加值拥有知识产权数量和各类标准数量呈现逐年增长态势，2022年为7630.6件，同比增长12.1%，是2010年的4.4倍，国家高新区知识经济持续发育、态势良好（图3-12）。

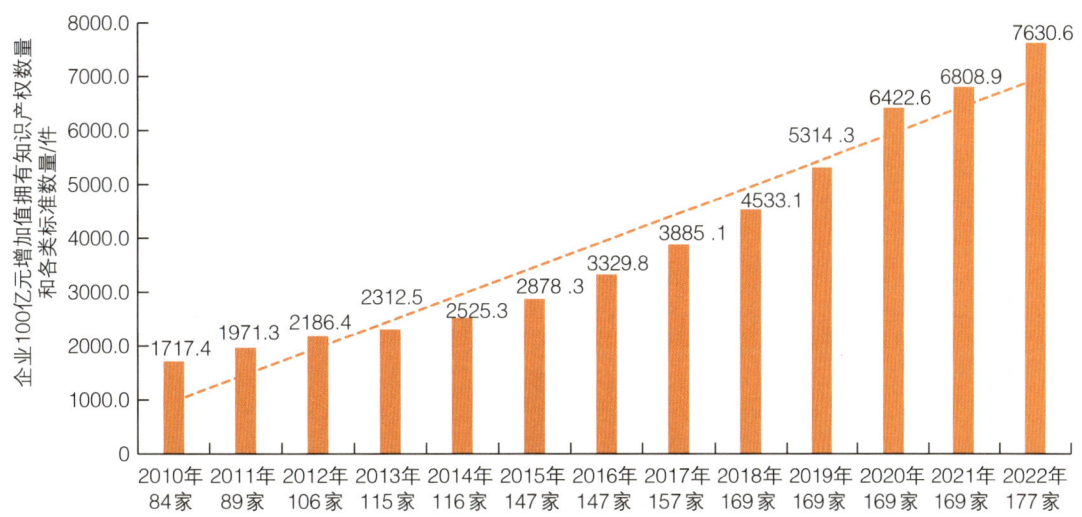

图3-12　2010—2022年国家高新区企业100亿元增加值拥有知识产权数量和各类标准数量

分区域来看，2022年，国家高新区企业100亿元增加值拥有知识产权数量和各类标准数量由高到低分别是粤港澳大湾区、长三角、京津冀、长江经济带、黄河流域，其中粤港澳大湾区为12 276.9件，在重大战略区域中一枝独秀，分别是长三角、京津冀、长江经济带、黄河流域的1.6倍、1.6倍、1.7倍、2.2倍（图3-13）。

分地区来看，2022年，国家高新区企业100亿元增加值拥有知识产权数量和各类标准数量由高到低分别是东部地区、中部地区、东北地区、西部地区，其中东部地区高达8785.8件，分别是东北地区、西部地区、中部地区的1.7倍、1.8倍和1.4倍。从两年变化来看，四大地区高新区较上年均有不同幅度的提升，其中东部地区较上年增长999.6件，位居四大地区之首（图3-14），东部地区高新区单位经济价值中的科技含量绝对值远超出其他地区。

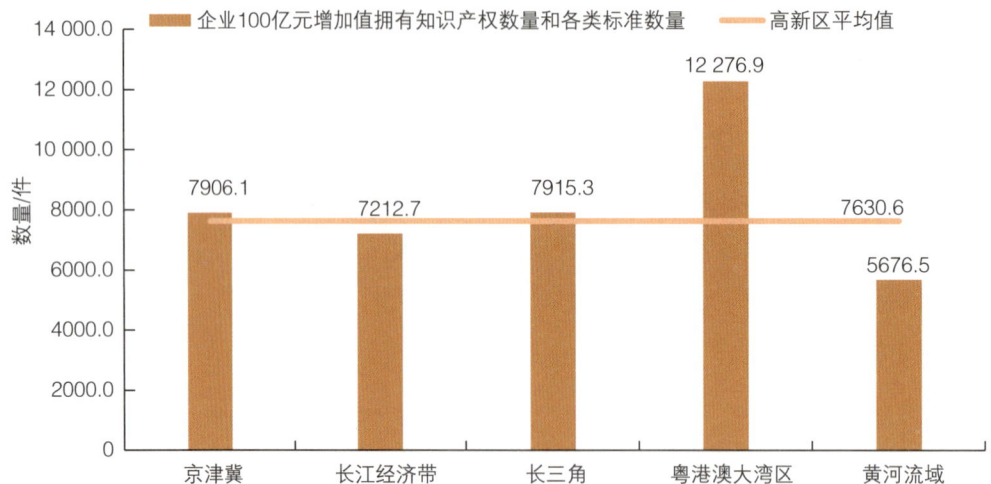

图3-13 2022年重大战略区域国家高新区企业100亿元增加值拥有知识产权数量和各类标准数量分布情况

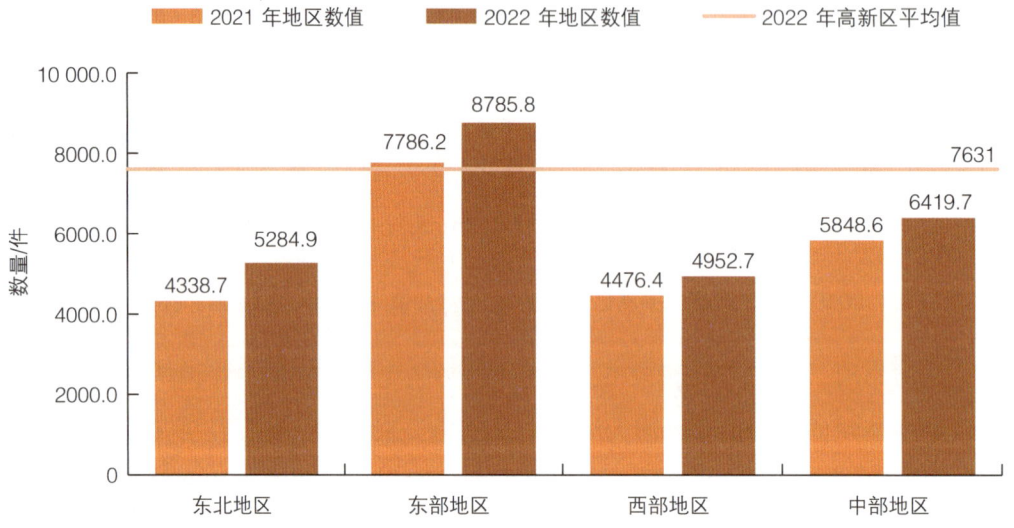

图3-14 2022年四大地区国家高新区企业100亿元增加值拥有知识产权数量和各类标准数量分布情况

从不同类别国家高新区情况看，2022年，世界一流高科技园区企业100亿元增加值拥有知识产权数量和各类标准数量为8703.5件，分别是创新型科技园区、创新型特色园区和其他园区的1.1倍、1.2倍和1.5倍；稳定期园区为8474.9件，是新升级园区的1.7倍；自创区园区为8564.6件，是非自创区园区的1.9倍（图3-15）。世界一流高科技园区、稳定期园区和自创区园区的知识产权服务能力和发展环境更为完善，聚焦了更多的知识产权优质企业，知识经济发育程度明显更高。

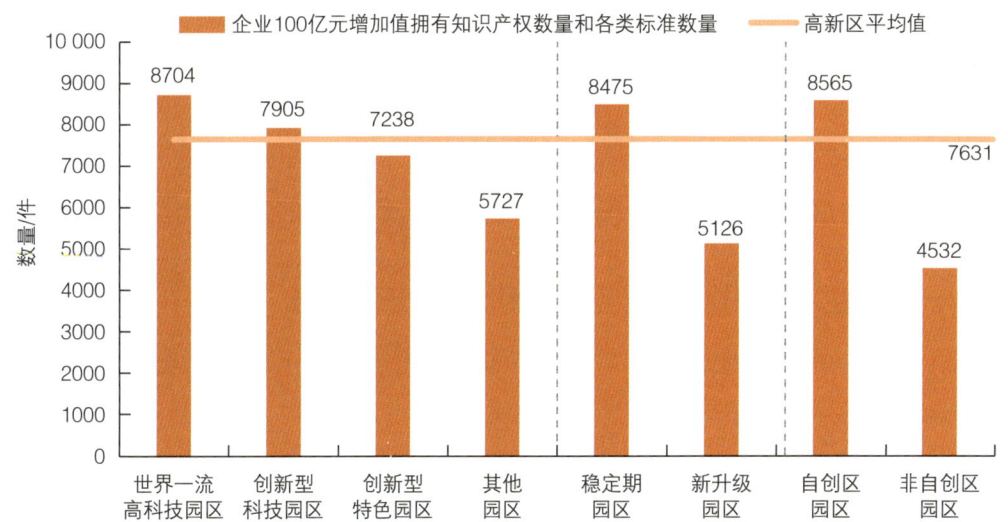

图3-15 2022年不同类别国家高新区企业100亿元增加值拥有知识产权数量和各类标准数量

具体看10家世界一流高科技园区的情况，近年来，深圳、广州和武汉东湖高新区牢固树立以打造知识产权强国建设高地为目标，在知识产权创造、保护、运用、管理和服务等方面取得重大突破，已经形成全国知识产权发展的领先优势。2022年，深圳高新区企业100亿元增加值拥有知识产权数量和各类标准数量以14 038件位居第一，其次是广州和武汉东湖高新区，分别为10 541件和10 464件。此外，上海张江、苏州工业园、杭州、成都、中关村、西安和合肥7家高新区均在5000件以上（图3-16）。

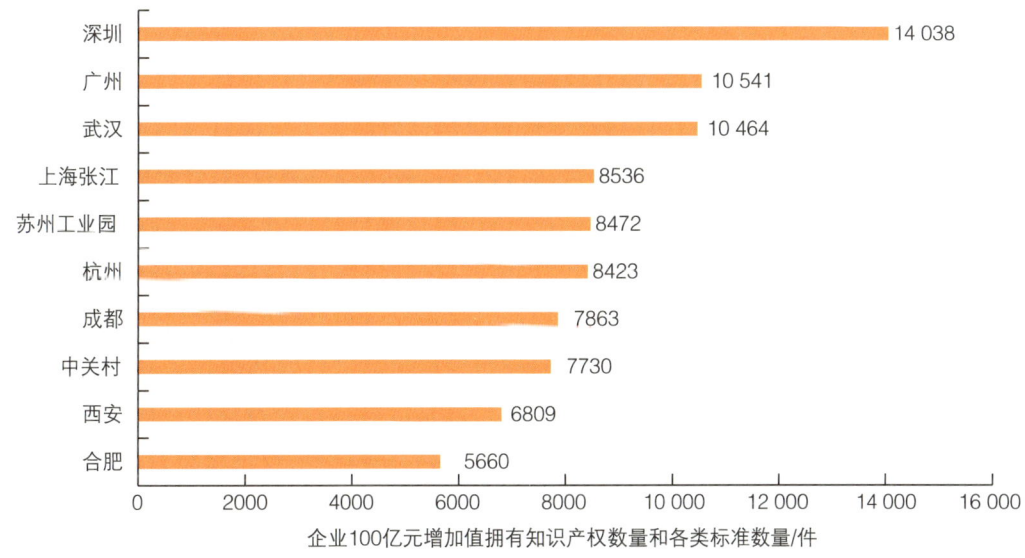

图3-16 2022年10家世界一流高科技园区企业100亿元增加值拥有知识产权数量和各类标准数量情况

第三章 产业创新绩效表现卓越 41

二、企业及高技术制造业效益领先

企业是创新的主体，是推动创新创造的生力军，承载着国家高新区实现"科技自立自强"发展目标的重任，企业创新是为了发展、为了盈利。国家高新区产业创新绩效评价中，体现企业盈利能力方面的指标为企业营业收入利润率及各个细分行业的利润率。

（一）企业净利润超全国四成，利润率波动上涨

国家高新区形成了大、中、小、微型企业比例相对稳定的企业规模布局。2022年，国家高新区大、中、小、微型企业占比分别为3.0%、11.4%、55.7%、30.0%，小型企业占据半壁江山。从各类企业数量增长来看，国家高新区大型企业数量较2021年同比上升1.0%，[①]中型企业、小型企业、微型企业数量同比增长分别为4.6%、11.0%、20.6%（图3-17）。

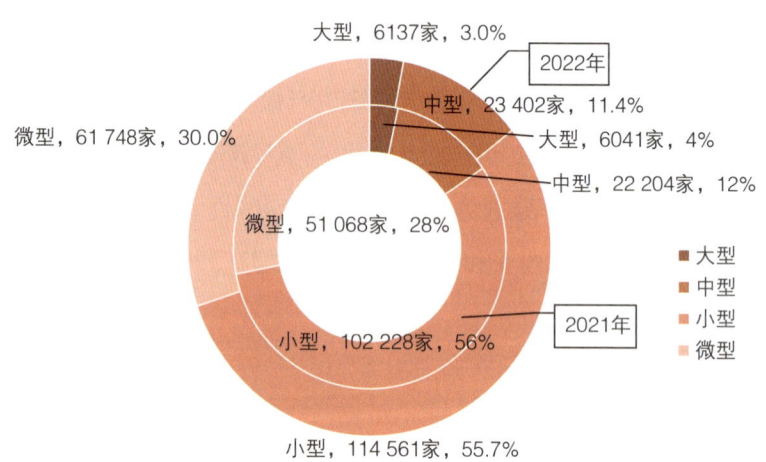

图3-17　2021—2022年国家高新区大、中、小、微型企业数量和占比分布情况

企业效益的不断提升，是企业和园区经济健康持续发展的根本。国家高新区通过多种措施加快促进企业竞争力提升，企业净利润总额不断增长。2022年，国家高新区企业实现净利润37 845.5亿元（图3-18），同比增长5.5%，占我国全年规模以上工业企业利润总额（84 038.5亿元）的45.0%。

具体到园区层面，2022年，企业净利润排名前十的国家高新区分别为中关村、上

---

① 此处"同比"增速剔除了2022年新升级8家国家高新区影响，按原169家国家高新区增速测算。

海张江、深圳、西安、成都、广州、武汉、合肥、杭州和苏州工业园,企业净利润共计17 881.4亿元,占国家高新区总额的49.9%;其中,中关村、上海张江、深圳等7家高新区的企业净利润均在千亿元以上(图3-19)。

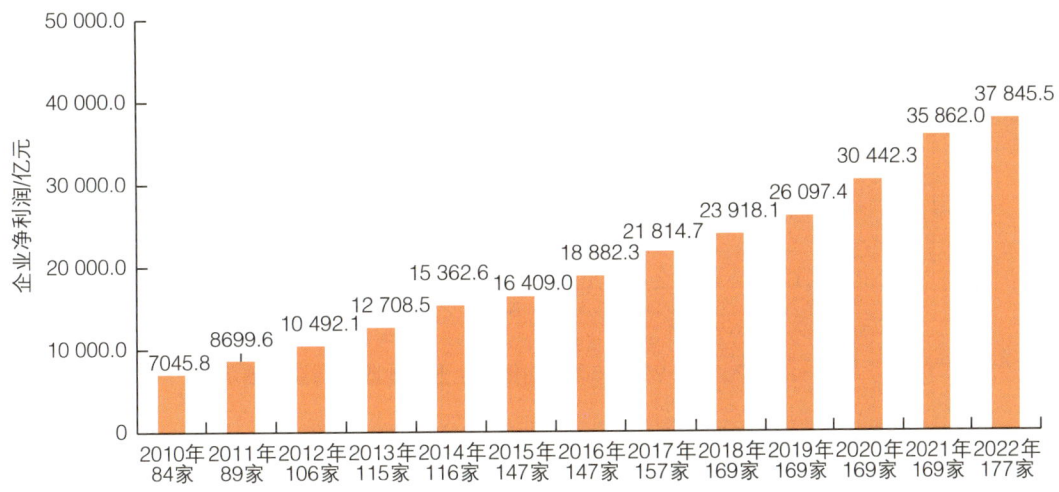

图3-18 2010—2022年国家高新区企业净利润情况

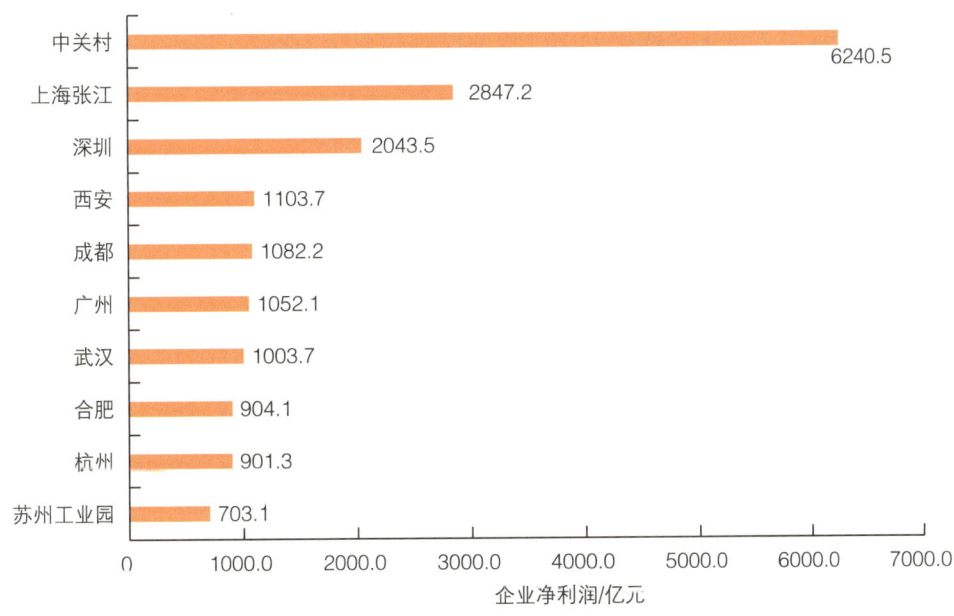

图3-19 2022年企业净利润排名前十的国家高新区

从高新区企业利润率的情况来看,2010—2022年,国家高新区企业营业收入利润率整体在6%~7%之间波动,2022年为7.1%,同比略有下降(图3-20)。

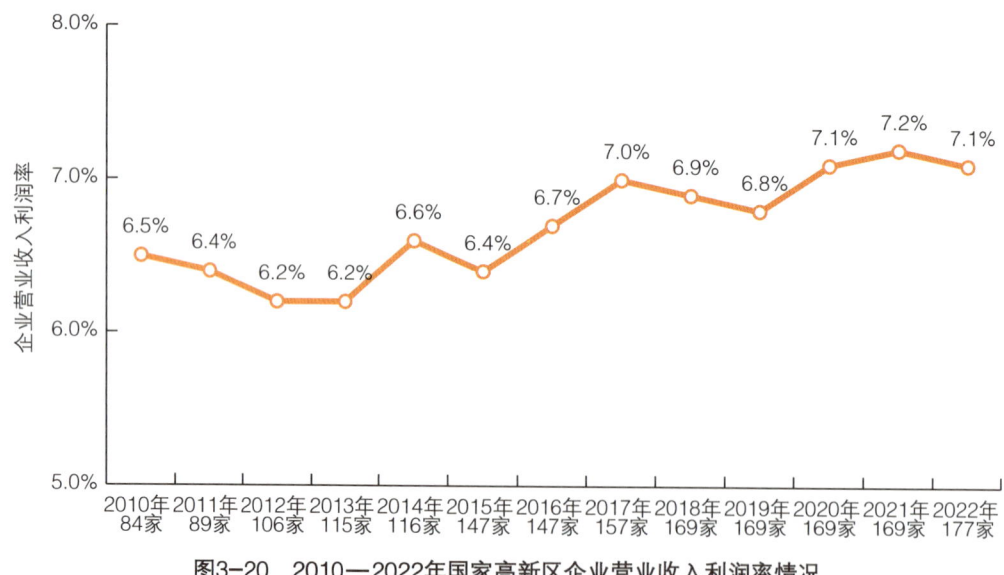

图3-20　2010—2022年国家高新区企业营业收入利润率情况

从重大战略区域来看，2022年，粤港澳大湾区和黄河流域高新区的企业营业收入利润率均为7.5%，高于高新区平均值；京津冀和长江经济带高新区的企业营业收入利润率为7.1%，与高新区平均值持平；长三角为6.9%，略低于高新区平均值（图3-21）。整体来看，重大战略区域国家高新区利润率较为均衡。

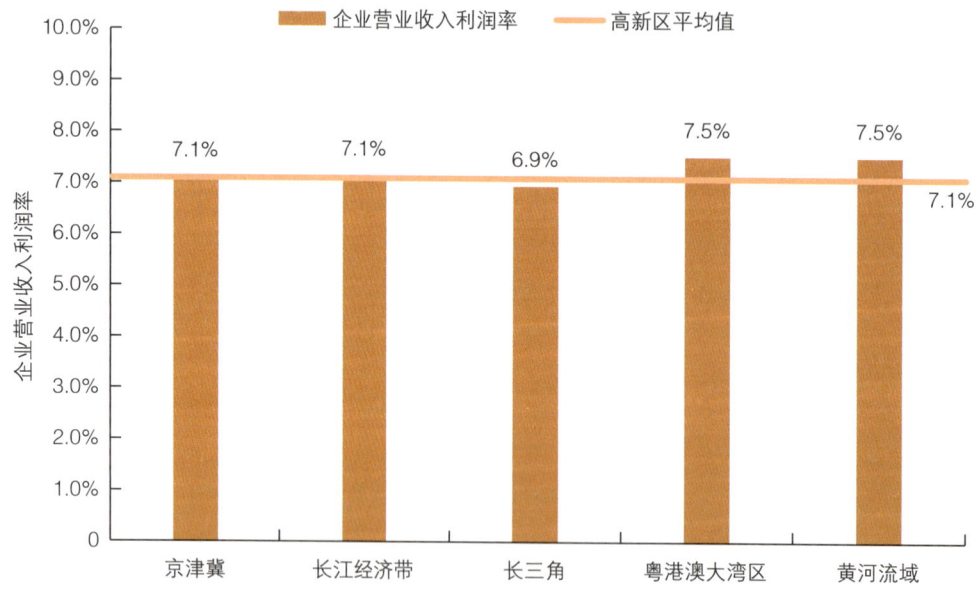

图3-21　2022年重大战略区域国家高新区企业营业收入利润率对比情况

从不同类别国家高新区来看，2022年，世界一流高科技园区的企业营业收入利润率为7.7%，高于高新区平均值；创新型科技园区、创新型特色园区和其他园区分别为6.5%、6.3%、6.9%，均低于高新区平均值；稳定期园区的企业利润率为7.0，新升级园区则反超稳定期园区0.4个百分点；自创区园区和非自创区园区的企业利润率为7.1%，与高新区平均值持平（图3-22）。

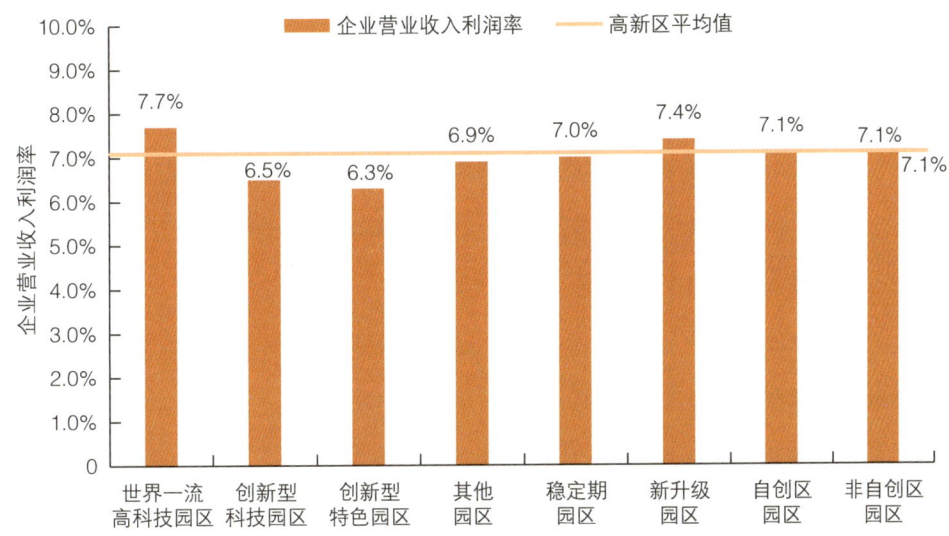

图3-22　2022年不同类别国家高新区企业营业收入利润率

（二）高技术产业效益优于全国，细分领域形成特色优势

观察高技术产业及其细分领域企业的营业收入利润率情况，2022年，国家高新区高技术产业的营业收入利润率为8.0%，高出国家高新区整体水平0.9个百分点。其中，属于高技术制造业的企业平均营业收入利润率为7.3%，高出国家高新区整体水平0.2个百分点；属于高技术服务业的企业平均营业收入利润率为8.8%，高出国家高新区整体水平1.7个百分点。

具体来看，在6类高技术制造业中，医药制造业、信息化学品制造业、医疗仪器设备及仪器仪表制造业企业的营业收入利润率较高，分别为15.3%、15.3%、12.5%，分别高出国家高新区整体水平8.2个百分点、8.2个百分点、5.4个百分点；在8类高技术服务业中，营业收入利润率高出国家高新区整体水平的有3个类别，分别为信息服务业（10.5%）、检验检测服务业（14.3%）、专业技术服务业的高技术服务业

（7.4%），知识产权及相关法律服务业（11.6%），其中检验检测服务业领域企业的营业收入利润率最高（图3-23）。

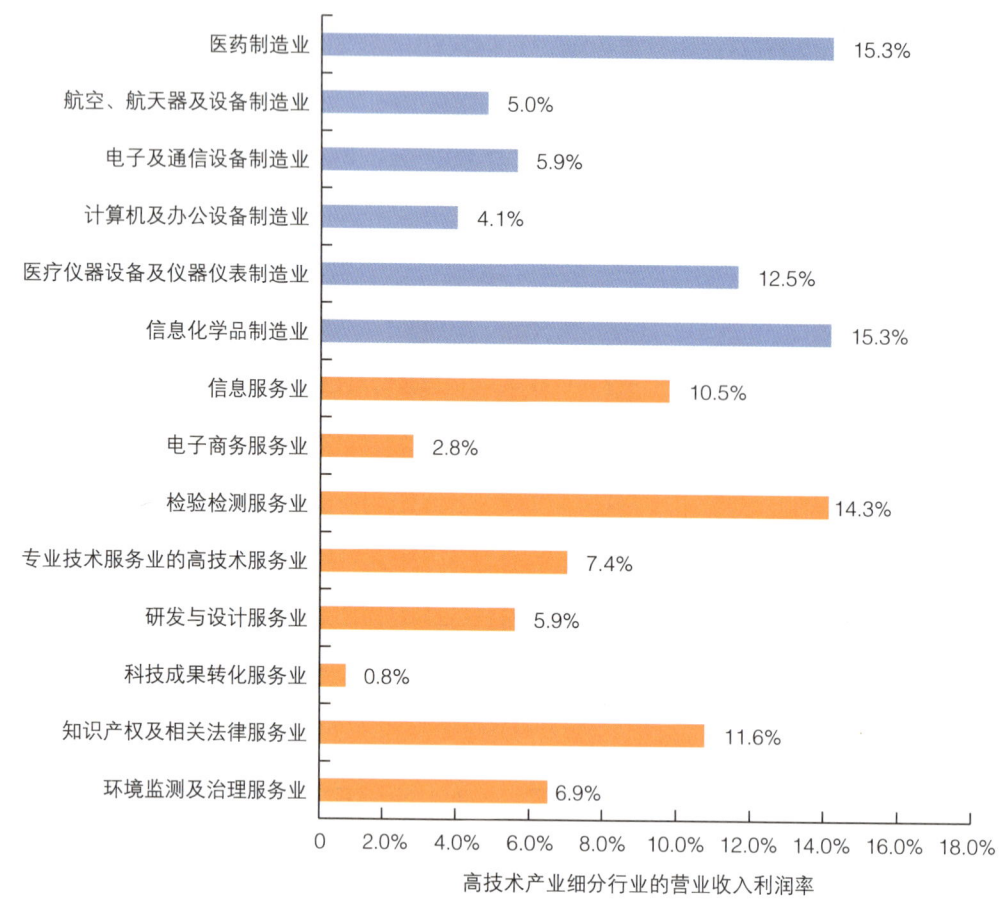

图3-23　2022年国家高新区高技术制造业、服务业细分领域的营业收入利润率

观察高技术产业细分领域的营业收入规模和结构，2022年，属于高技术制造业的企业实现营业收入107 226.5亿元，其中，电子及通信设备制造业营业收入规模最大，达67 384.4亿元，占高技术制造业的比重为62.8%；其次是计算机及办公设备制造业，为14 924.5亿元，占比为13.9%；医药制造业紧随其后，为11 923.8亿元，占比为11.1%；其余细分领域占比均不到9.0%（图3-24）。

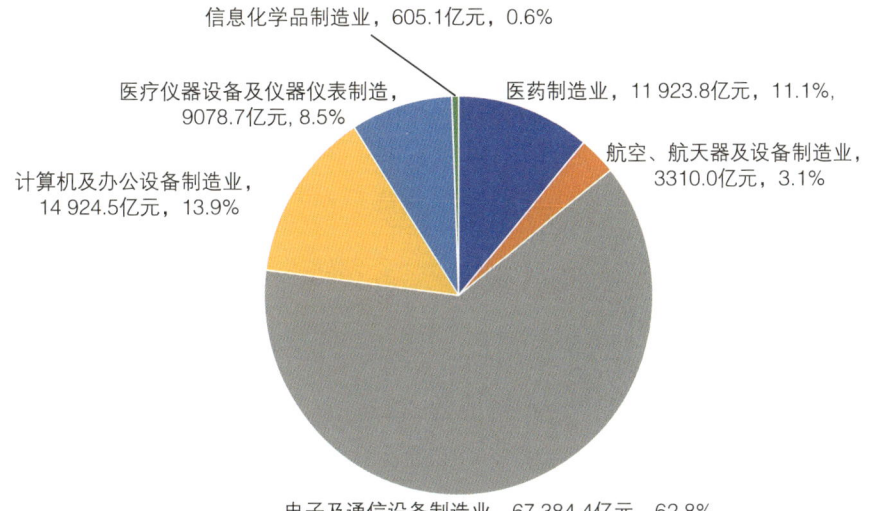

图3-24 2022年国家高新区高技术制造业细分领域企业的营业收入分布情况

2022年，属于高技术服务业的企业共实现营业收入87 710.5亿元，其中信息服务业营业收入规模最大，达57 596.9亿元，占高技术服务业的比重高达65.7%；其次为专业技术服务业的高技术服务，规模为12 298.3亿元，占比为14.0%；其余细分领域占比均在8.0%以下（图3-25）。

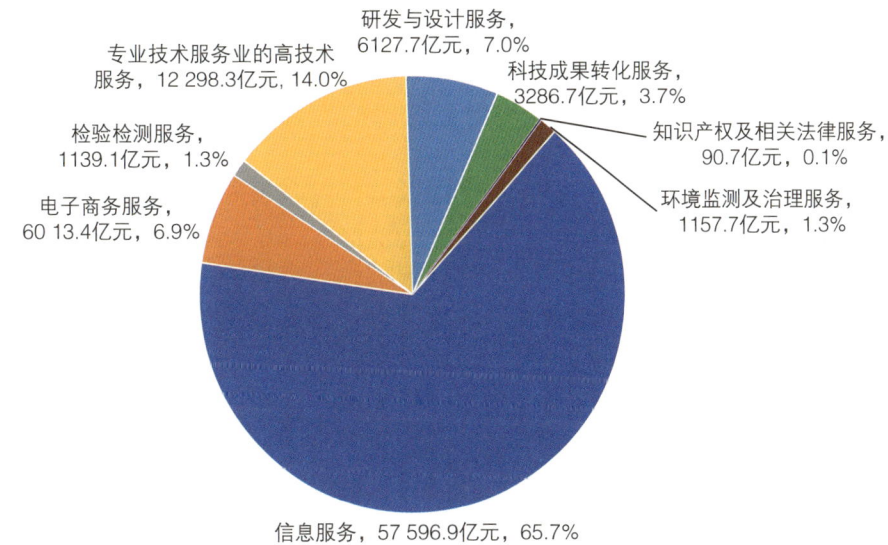

图3-25 2022年国家高新区高技术服务业细分领域企业的营业收入分布情况

三、现代化产业体系加快形成

国家高新区不忘"发展高科技，实现产业化"的初心，坚持不懈培育壮大高技术产业，不断推动经济结构优化和产业价值链提升。国家高新区产业创新绩效评价中，体现高技术产业发展方面的指标为高技术产业营业收入占营业收入比例、高技术服务业从业人员占从业人员比例。

（一）高技术产业占比持续提升，粤港澳区域遥遥领先

2022年，国家高新区高技术产业营业收入占营业收入比例为36.5%。按不同战略区域国家高新区、不同地区国家高新区、不同省份国家高新区、不同类别国家高新区对评价指标"高技术产业营业收入占营业收入比例"进行分析，以观察不同高新区群体的产业结构情况。

高技术产业营业收入占营业收入比例对应国家高新区打造高新技术产业核心载体的发展定位，该指标反映国家高新区高新技术产业总体规模及所占园区整体的份额。2014—2022年，国家高新区高技术产业营业收入占营业收入比例整体呈上升趋势，尤其是2017年以后快速增长，2022年达到36.5%，与2014年相比增加了4.7个百分点（图3-26），表明国家高新区高技术产业培育良好，已成为我国高技术产业发展的重要载体。

图3-26　2014—2022年国家高新区高技术产业营业收入占营业收入比例情况

分区域来看，2022年，粤港澳大湾区高新区的高技术产业营业收入占营业收入比例最高，为58.5%，高于国家高新区该指标平均值22个百分点，京津冀和长三角略高于高新区平均值，长江经济带和黄河流域低于高新区平均值（图3-27）。

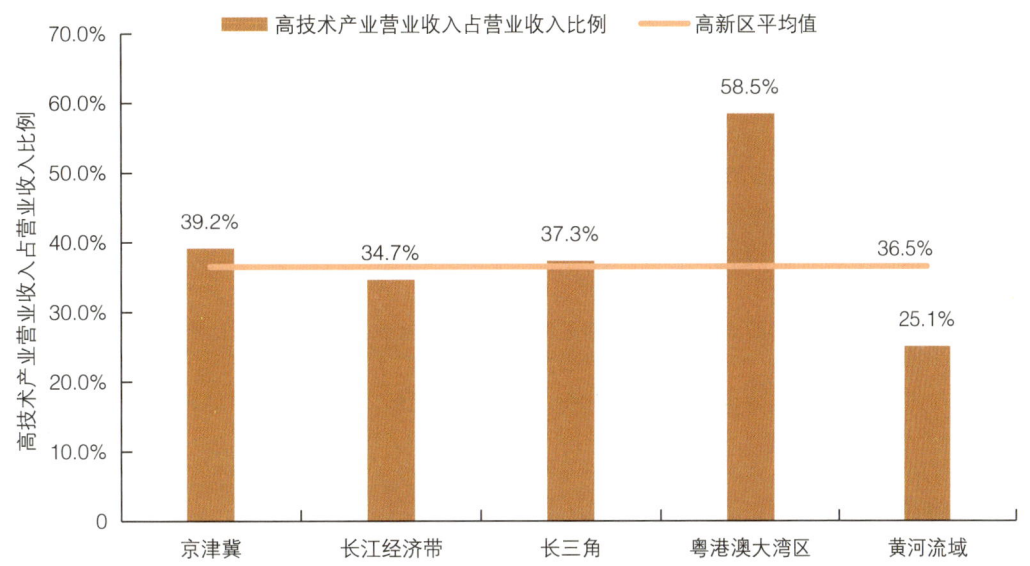

图3-27 2022年重大战略区域国家高新区高技术产业营业收入占营业收入比例的分布情况

分地区来看，2022年，东部地区高新区的高技术产业营业收入占营业收入比例最高，为41.7%，直接拉高国家高新区该指标的均值，而其他3个地区均低于高新区平均值。西部地区高新区表现优于中部地区，东北地区高新区该指标最低，为18.5%。从两年变化来看，除西部地区外各地区较上年均有所提升，其中中部地区增长幅度最大，占比较上年增长2.9个百分点（图3-28）。

从不同类别国家高新区来看，2022年，世界一流高科技园区的高技术产业营业收入占营业收入比例为47.9%，分别高出创新型科技园区、创新型特色园区和其他园区12.1%个百分点、22.2%个百分点和23.6%个百分点；稳定期园区为41.8%，比新升级园区高出20.4个百分点；自创区园区为41.9%，是非自创区园区的2.2倍（图3-29）。世界一流高科技园区、稳定期园区和自创区园区群体的高技术产业营业收入占营业收入比例均高于高新区平均值，且远高于其他类别园区。国家高新区产业结构优化和转型升级成果得到充分体现。

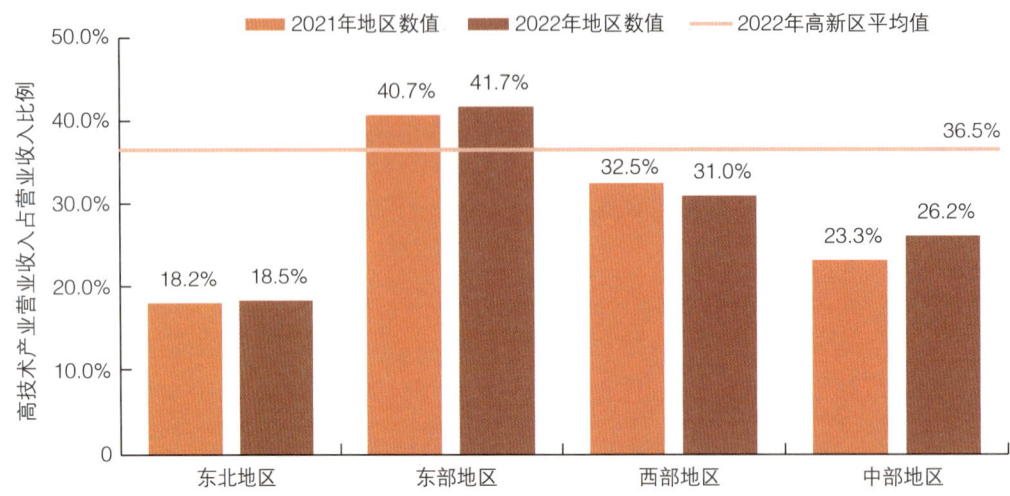

图3-28 2022年四大地区国家高新区高技术产业营业收入占营业收入比例分布情况

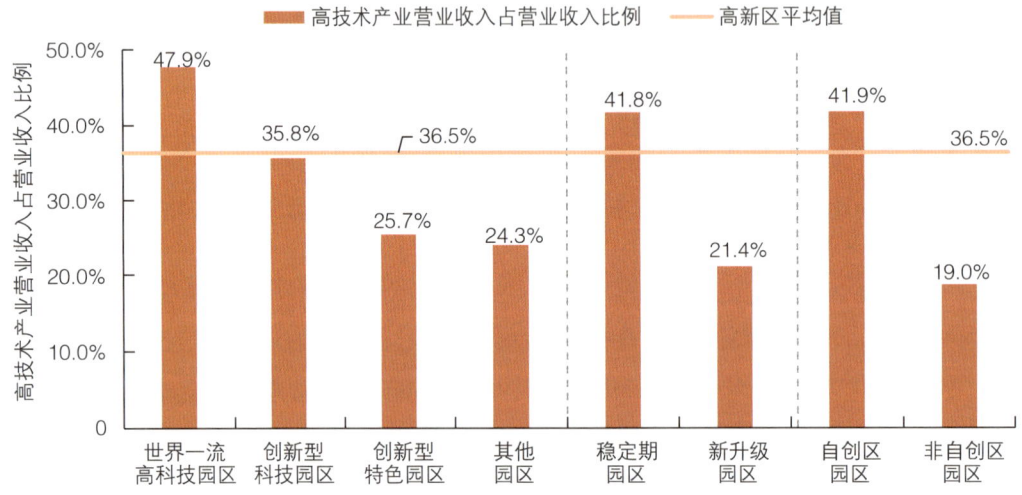

图3-29 2021年不同类别国家高新区的高技术产业营业收入占营业收入比例情况

分省份来看，国家高新区高技术产业营业收入占营业收入比例高于国家高新区均值（36.5%）的共9个省份，分别为广东、海南、四川、福建、北京、上海、西藏、青海、江苏；而吉林、黑龙江、新疆和甘肃均低于10%。从两年变化来看，31个省份中有21个省份的国家高新区该比例较上年有所提升（表3-2）。

表3-2　2021—2022年国家高新区高技术产业营业收入占营业收入比例的省份分布情况

省份	2022年高新区高技术产业营业收入占营业收入比例	2021年高新区高技术产业营业收入占营业收入比例	省份	2022年高新区高技术产业营业收入占营业收入比例	2021年高新区高技术产业营业收入占营业收入比例
广东	55.1%	53.5%	广西	32.0%	29.8%
海南	53.9%	29.0%	重庆	30.2%	31.9%
四川	50.4%	54.0%	辽宁	28.6%	28.4%
福建	49.6%	49.0%	河北	26.4%	28.5%
北京	40.5%	41.0%	湖北	25.1%	21.8%
上海	40.0%	37.6%	河南	22.3%	19.6%
西藏	38.7%	0	湖南	20.7%	17.8%
青海	38.1%	41.5%	云南	17.0%	14.0%
江苏	37.9%	37.4%	山西	16.6%	14.9%
陕西	36.1%	35.7%	内蒙古	13.9%	14.2%
天津	35.0%	36.6%	宁夏	12.4%	11.4%
山东	34.2%	30.7%	吉林	9.7%	9.7%
浙江	33.9%	33.0%	黑龙江	9.6%	10.4%
安徽	33.8%	33.3%	新疆	7.4%	5.0%
贵州	33.7%	33.1%	甘肃	6.8%	9.9%
江西	32.5%	28.6%			

具体到10家世界一流高科技园区，2022年，高技术产业营业收入占营业收入比例最高的是深圳高新区，达80.6%；其次是成都高新区，为71.2%；第三是苏州工业园，为56.9%；杭州、西安高新区都在50%以上；合肥、武汉、广州、中关村和上海张江高新区的比例在40%和50%之间（图3-30）。

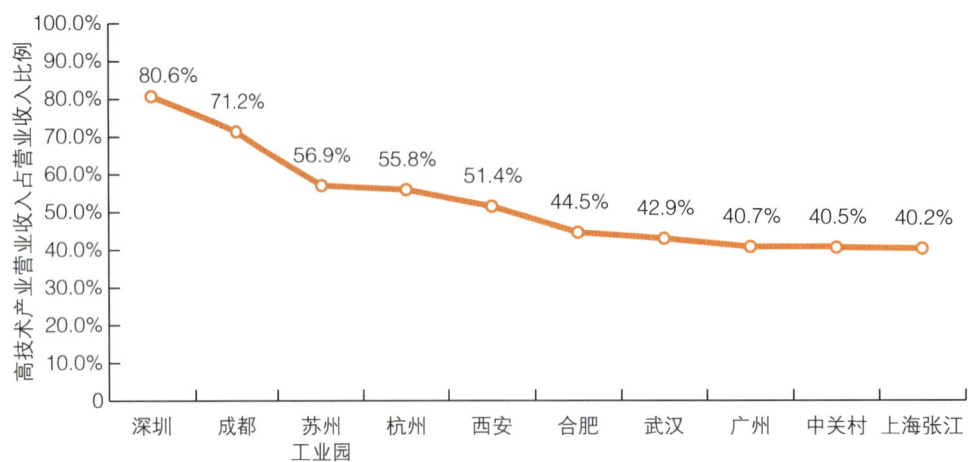

图3-30　2022年10家世界一流高科技园区的高技术产业营业收入占营业收入比例情况

（二）高技术产业创新成果突出，制造业优势增强

由高技术制造业和高技术服务业共同构成的高技术产业成为国家高新区现代化产业体系的重要组成部分。2022年，国家高新区中属于高技术产业（高技术制造业、高技术服务业）的企业达116 553家，同比增长15.1%；从业人员达1224.1万人，同比增长6.4%，占高新区从业人员总数的46.8%，较上年上升0.9个百分点。

2022年，国家高新区高技术产业主要经济指标均有不同幅度的增长，其创造的营业收入、工业总产值、产业增加值和上缴税额分别为194 937.0亿元、105 196.1亿元、52 367.6亿元和7332.7亿元，分别同比增长10.1%、8.8%、10.1%、9.2%。净利润同比下降6.7%，2022年为15 549.6亿元。从对国家高新区整体经济的贡献来看，高技术产业主要经济指标占高新区整体的比例均超出30.0%，尤其产业增加值占比高达46.8%，除净利润外，其他指标占高新区整体的比例较2021年均实现提升（图3-31）。

从国家高新区高技术产业领域的创新指标来看，2022年国家高新区创新投入和创新产出都有明显提升，成为高新区产业发展的重要支撑。

从主要创新投入指标来看，2022年，国家高新区中属于高技术产业的企业R&D经费内部支出额为6908.2亿元，同比增长9.6%，占高新区整体的比例为61.6%，同比提高0.8个百分点；企业R&D人员折合全时当量为131.2万人年，同比提高14.6%，占高新区整体的比例为62.4%，较上年提高1.0个百分点。

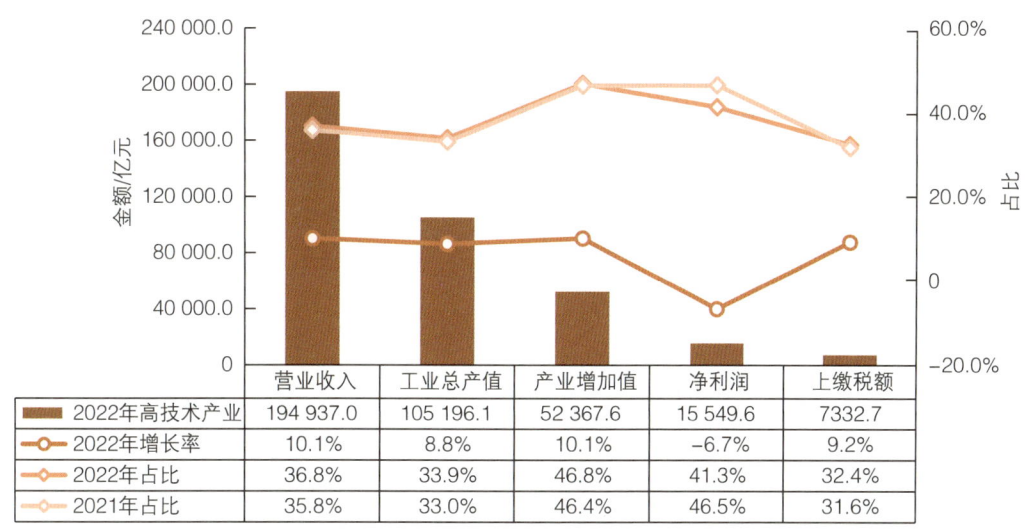

图3-31 2022年国家高新区高技术产业主要经济指标情况

从主要创新成果产出来看，2022年，国家高新区中属于高技术产业领域的企业共申请专利65.7万件，其中申请发明专利41.1万件，分别同比增长10.5%、12.7%，占国家高新区整体的比例分别为57.9%、69.3%，较上年分别提升1.1、0.6个百分点；授权专利43.5万件，其中发明专利19.8万件，同比增长分别为10.5%、17.7%，占国家高新区整体的比例分别为52.1%、70.6%，该比例较上年分别提升0.4个百分点和下降0.2个百分点；拥有有效专利144.3万件，其中发明专利104.6万件，比2021年分别下降24.5%和增长23.6%，占国家高新区整体的比例分别为32.3%、70.5%，该比例较上年分别下降19.3个百分点、提升1.1个百分点（图3-32）。此外，2022年，高技术产业领域授权欧美日专利、拥有欧美日专利分别为2.22万件和14.79万件，占国家高新区整体的比例分别高达88.5%和90.3%。国家高新区高技术产业领域的各类专利成果除有效专利外基本实现快速增长，增长率在10.0%以上，且占国家高新区整体的比例均在30.0%以上。

国家高新区高技术制造业企业数量快速增长，2022年，国家高新区高技术制造业企业为25 600家，同比增长11.4%，占国家高新区企业的12.4%。从主要经济指标看，

2022年，国家高新区高技术制造业营业收入、产业增加值、上缴税额和出口总额分别为107 226.5亿元、23 851.5亿元、3704.2亿元和34 189.0亿元，同比增长率分别为9.0%、1.7%、7.7%和12.8%，净利润为7800.1亿元，同比有所下降（图3-33）。相对高技术服务业来说，虽然高技术制造业企业数量和从业人员较少（高技术服务业的企业90 953家），但具有营业收入高、净利润高、上缴税费多和出口总额多等众多特点。

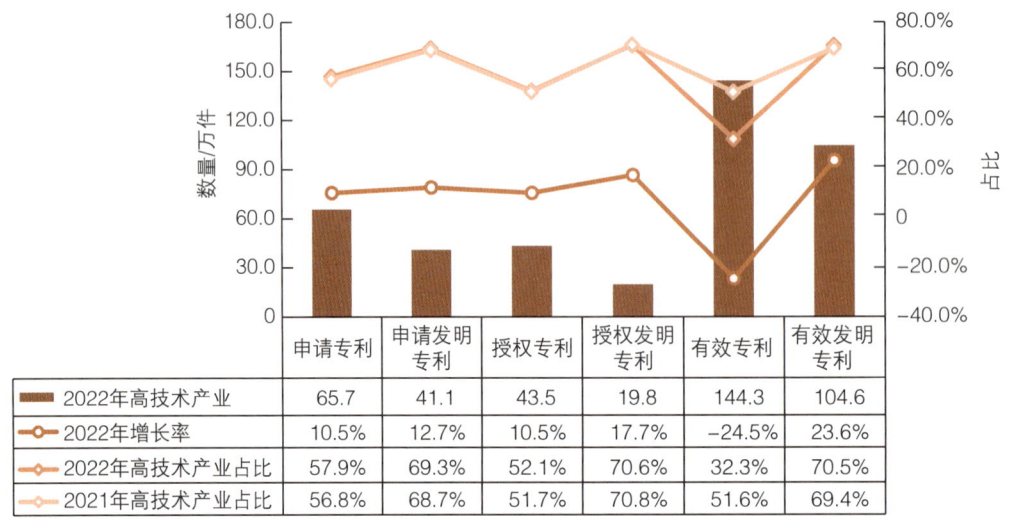

图3-32　2021—2022年国家高新区高技术产业主要专利成果指标情况

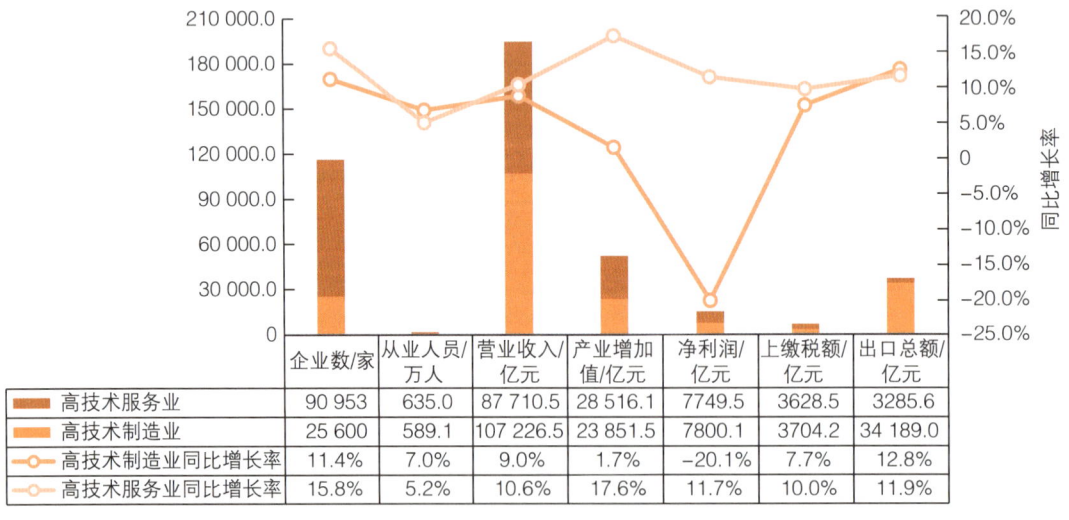

图3-33　2022年国家高新区高技术制造业、高技术服务业主要经济指标情况

从国家高新区高技术产业增长贡献度情况可以看出，2022年，高技术制造业对高技术产业增长的贡献主要体现在出口增长上，出口总额贡献度为91.8%（图3-34）。

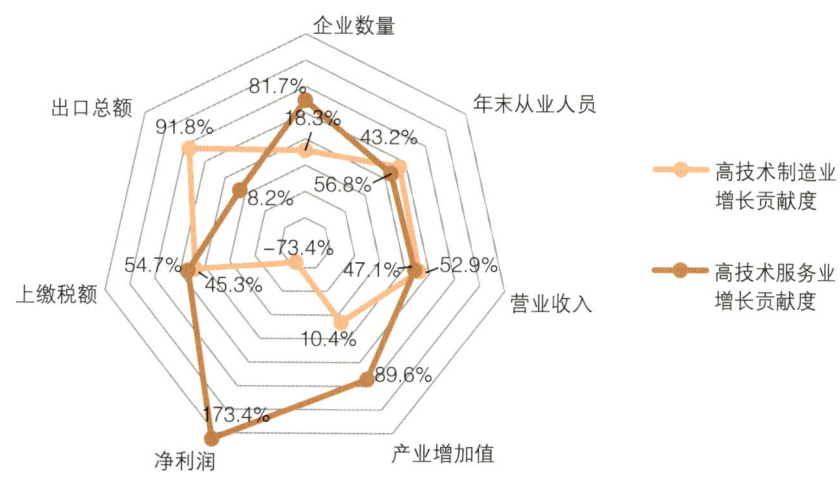

图3-34　2022年国家高新区高技术制造业和服务业对高技术产业增长贡献度情况

高技术服务业从业人员占从业人员比例可以在一定程度上反映国家高新区高技术服务业的现状和发展高端产业的人才支撑环境，映射出国家高新区转方式、调结构及产业优化升级的成效。2010—2022年高技术服务业从业人员占从业人员比例呈现持续增长态势，2022年为24.3%，较上年提高0.2个百分点，与2010年相比累计提高9.2个百分点（图3-35）。

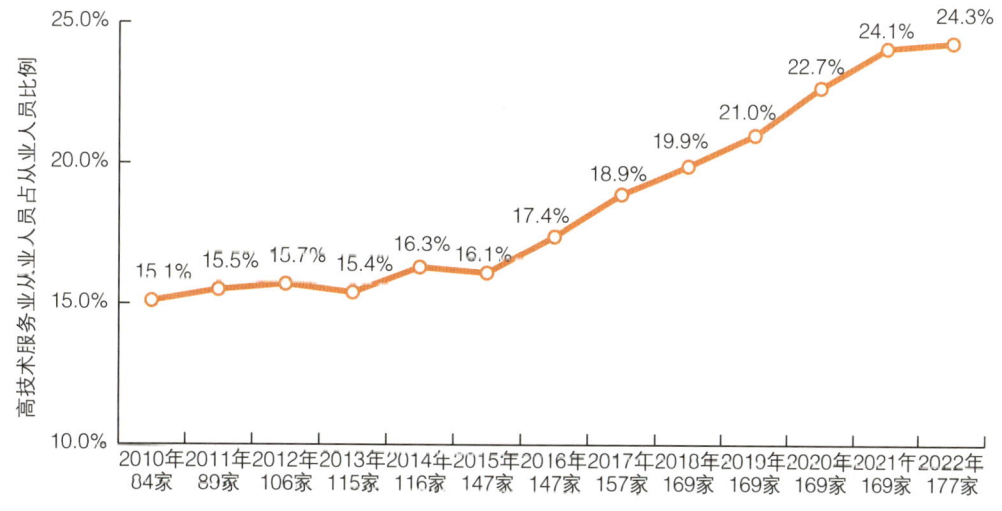

图3-35　2010—2022年国家高新区高技术服务业从业人员占从业人员比例情况

分区域来看，2022年，京津冀区域高新区的高技术服务业从业人员占从业人员比例最高，为49.2%，高出国家高新区平均水平24.9个百分点；其次是长三角区域，高新区的高技术服务业从业人员占比为26.3%，高出国家高新区平均水平2.0个百分点；而长江经济带、粤港澳大湾区和黄河流域高新区的高技术服务业从业人员占比基本在20%左右（图3-36）。

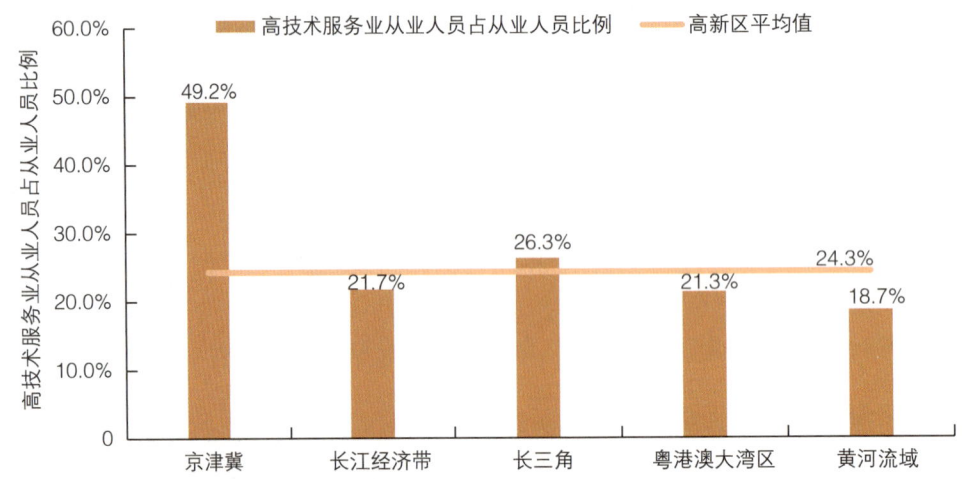

图3-36　2022年重大战略区域国家高新区高技术服务业从业人员占从业人员比例分布情况

分地区来看，2022年，东部地区、西部地区、中部地区国家高新区的高技术服务业从业人员占从业人员比例较2021年均有所提升。四大地区中，东部地区高新区的高技术服务业从业人员占从业人员比例最高，为28.5%，高出国家高新区平均水平4.2个百分点；东北地区高新区的高技术服务业从业人员占比为25.3%，高出国家高新区平均水平1.0个百分点；中部地区、西部地区高新区则低于国家高新区平均水平（图3-37）。

分不同类别国家高新区来看，2022年，世界一流高科技园区高技术服务业从业人员占从业人员比例高达42.5%，分别是创新型科技园区、创新型特色园区和其他园区的2.4倍、2.6倍和4.9倍，世界一流高科技园区在发展高技术服务业方面更具优势。稳定期园区高技术服务业从业人员占从业人员比例为31.5%，是新升级园区的5.1倍；自创区园区高技术服务业从业人员占从业人员比例是30.0%，是非自创区园区的3.9倍。而其他园区、新升级园区、非自创区园区的高技术服务业从业人员占从业人员比例均不到10%，需要加快培育高技术服务业，吸引高端就业人才，促进产业结构和人才结构不断优化（图3-38）。

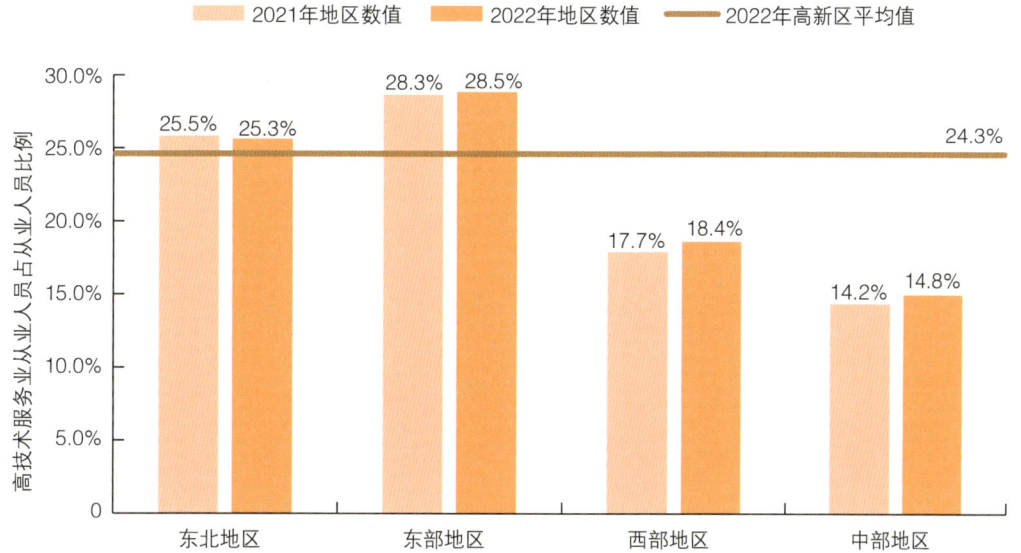

图3-37　2021—2022年国家高新区高技术服务业从业人员占从业人员比例的地区分布情况

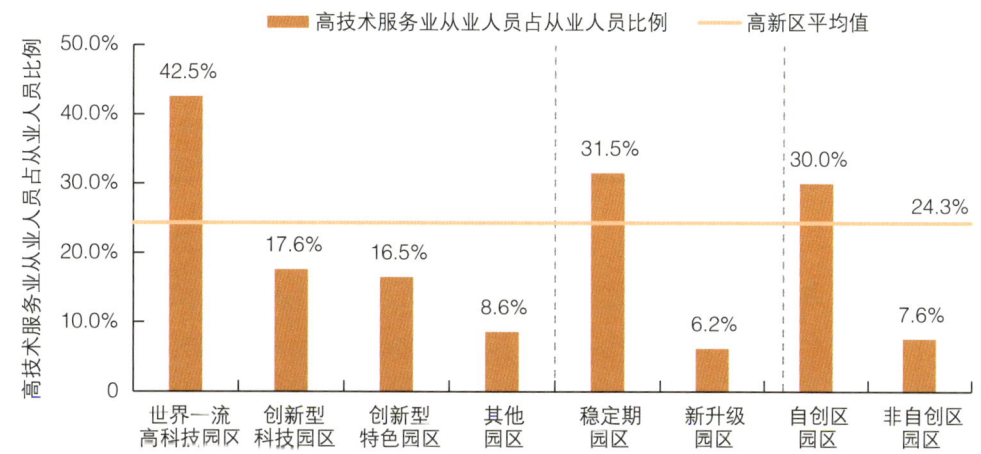

图3-38　2022年不同类别国家高新区高技术产业从业人员占从业人员比例情况

分省份来看，2022年，国家高新区高技术服务业从业人员占从业人员比例最高的为西藏、北京和上海，分别高达62.8%、54.4%和44.9%；天津、辽宁、陕西、四川、安徽、河北、广东和浙江8个省份的高新区均在20%以上，高技术服务业发展势头较好（表3-3）。

表3-3 2022年国家高新区高技术服务业从业人员占从业人员比例的省份分布

省份	高技术服务业从业人员占从业人员比例	省份	高技术服务业从业人员占从业人员比例
西藏	62.8%	山东	15.1%
北京	54.4%	云南	14.8%
上海	44.9%	湖北	14.8%
天津	36.4%	河南	14.5%
辽宁	33.6%	贵州	13.8%
陕西	27.3%	吉林	13.1%
四川	26.2%	湖南	12.6%
安徽	22.6%	宁夏	11.7%
河北	22.5%	甘肃	11.0%
广东	20.5%	青海	8.9%
浙江	20.4%	重庆	8.1%
福建	18.8%	新疆	7.9%
江苏	17.9%	江西	7.4%
山西	17.0%	海南	6.7%
黑龙江	16.8%	内蒙古	3.6%
广西	15.2%		

具体到高新区个体，2022年，高技术服务业从业人员占从业人员比例排名前十的国家高新区分别为拉萨、上海紫竹、中关村、杭州、大连、成都、上海张江、南京、长春净月和西安高新区，均在38%以上。其中，拉萨高新区表现最好，为62.8%；上海紫竹和中关村均在50%以上（图3-39）。

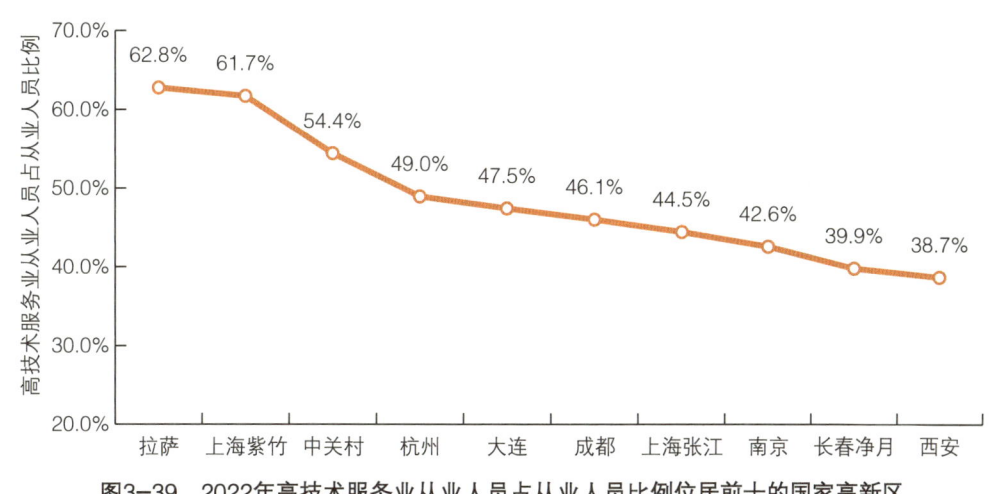

图3-39 2022年高技术服务业从业人员占从业人员比例位居前十的国家高新区

（三）新赛道新产业加快部署，一流园区表现最为突出

国家高新区深入推进强链延链补链，提升产业科技创新能力，加快改造提升传统产业，巩固提升优势产业，培育壮大新兴产业，面向前沿科技和产业变革领域前瞻部署一批未来产业，成为突破关键核心技术的重要力量。

国家高新区加快培育新兴产业，围绕产业链部署创新链，围绕创新链布局产业链，提升全产业链竞争优势，形成一批具有国际竞争力的特色产业集群。上海张江高新区推动重点产业创新发展，在集成电路产业积极布局芯粒、人工智能生态、汽车芯片等重点领域，推动生物医药产业协同发展，三个Ⅰ类创新药获批上市，14款进口研发用物品纳入进口便利化"白名单"试点。苏州工业园聚焦产业创新集群，推动新兴产业快速发展。2022年生物医药、纳米技术应用、人工智能三大新兴产业完成产值超3600亿元，增长20%以上，围绕新药研发、纳米新材料、集成电路设计、IT+BT等重点领域，新引进科技招商项目超1000个。生物医药及高端医疗器械集群入选国家工信部先进制造业集群，生物药创新型产业集群入选首批江苏省创新型产业集群，纳米技术应用产业集聚企业超过1100家。合肥高新区产业培育取得突破，中国声谷助力合肥智能语音入选国家先进制造业集群，中国安全谷成为国家首批网络安全教育技术产业融合发展试验区、获批国家安全应急产业示范基地，美的洗衣机入选全球"灯塔工厂"。

国家高新区紧密跟踪前沿技术发展方向，前瞻布局未来产业，加强关键核心技术攻关、颠覆性技术攻关，尤其是一流园区表现突出，涌现出许多重大科技创新成果。中关村科技园强化基础研究和应用基础研究，统筹推进集成电路、通用型关键零部件、关键新材料、高端仪器设备等研发突破，重大科技创新成果不断涌现。在量子信息领域，涌现出新一代量子计算云平台等重大成果，首创量子密钥分发开放式新架构，采用光频梳技术实现615公里光纤量子通信；在区块链领域，建成全球最大区块链开源存储引擎"泓"，自主可控"长安链"在国内市场占比27%，超过国外区块链底层平台在国内的应用占比，跃居第一；在人工智能领域，形成超大规模智能模型"悟道2.0"、九鼎智算平台等创新成果。在生命科学领域，取得基因测序技术、干细胞制备技术等一系列先进成果。武汉东湖高新区在光通信、激光、集成电路、新型显示、生物医药等领域突破了一批"卡脖子"技术，形成一批光谷原创重大技术成果。光通信领域，"三超"光传输，传输容量跃升至P比特级，居于世界领先，成功研制国内首款800G硅光模块和首款1.6T硅光互联芯片；激光领域，成功研发万瓦级光纤激光器，打破国外技术垄断；集成电路领域，自主研发的232层闪存芯片成功跻身全球前沿技术队列，全球首颗北斗精度AI控制芯片、全国首款百万像素级双色双波段红外探测器芯片等一批首创成果不断涌现；新型显示领域，涌现全球首款8英寸无偏光片360°折叠屏、全国首台新型显示喷墨打印技术与装备，长江存储成功研发三维闪存芯片，实现了国内高端存储芯片"零"的突破；光迅科技研发的硅基相干光收发芯片和器件，填补了国内商用硅光芯片和光传输器件空白。西安高新区聚焦未来科技和产业发展，实施重大科技项目、关键核心技术攻关"揭榜挂帅"制度，鼓励高校院所、新型研发机构等创新主体开展关键核心技术攻关，在多个领域突破了一批制约产业发展的技术难题，涌现了填补国内空白的12英寸电子级硅抛光片、"启明920"AI加速芯片，全球领先的可折叠人工晶状体等158项"西高新"硬核技术和产品，累计获国家科技奖励35项，拥有近40项具有全球影响力的国际标准，国家标准和行业标准已超过800项。

四、高成长企业培育成效显著

"高成长企业"，指的是在较长时间内，发展速度快，能带来高效益，具有高增值、高投资回报，能引起当代生产领域的变革并处于当代经济前沿的企业。新发展格局下，高成长企业作为新技术、新业态的代表，已成为推动区域经济高质量发展的重要力量。国家高新区构建全周期企业梯次培育体系，持续优化创新生态，支持企业提档升级、发展壮大，从落户投资、研发创新、金融扶持等方面，助力中小企业做专、做精、做大、做强，不断提升创新能力和专业化水平。

多家国家高新区在培育支持高成长企业方面亮点纷呈，各有特色。中关村着力构建"大企业强、独角兽企业多、中小企业活"的创新企业矩阵，连续五年每年新设立科技型企业2.5万家以上，涌现了一批硬核头部企业。合肥高新区实施源头技术"淘金"计划，招引前沿性、颠覆性强的项目，打通科技成果转化"最后一公里"和在区创办企业"最初一公里"，从而让更多科技创新成果转化为新质生产力。深圳高新区精准施策，高效配置高新区创新型产业用房，以市场价30%至70%的优惠租金用于支持科技创新主体发展。成都高新区创设金熊猫"积分贷"并发布积分贷"百亿千企"行动，发放信用贷款逾100亿元，为全国高新区之冠。广州高新区认定瞪羚企业（含瞪羚培育）541家，增长31%，创历史新高；新增国家级专精特新"小巨人"企业29家。

（一）专精特新企业达五千多家，东部高新区占六成以上

为加快提升中小企业专业化、精细化、特色化及创新水平，在工业和信息化部持续组织地方培育"专精特新"中小企业的基础上，2018年起，财政部会同工业和信息化部、科技部支持实体经济开发区打造创新创业特色载体，促进中小企业创新发展，成长为专精特新"小巨人"企业。数据显示，在177家国家高新区中，有170家培育了专精特新"小巨人"企业，全国国家高新区专精特新"小巨人"企业达到5548家，其中中关村科技园、上海张江和深圳高新区分列前三位，分别拥有787家、491家和279家，前二十位高新区合计占比58.9%，头部效应明显。[①]

从专精特新企业的地区分布来看，2022年，东部地区国家高新区专精特新企业最多，为3562家，占高新区整体比重为64.2%；其次为中部地区和西部地区，分别为1173家和635家，占高新区整体比重为21.1%和11.4%；东北地区为178家（图3-40）。

---

① 资料来源：火炬统计。

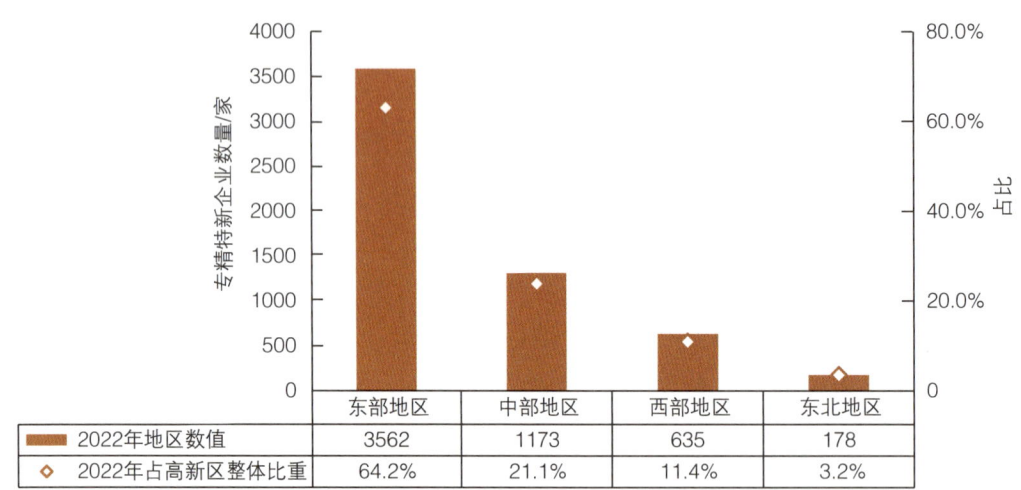

图3-40　2022年国家高新区专精特新企业数量的地区分布情况

从不同类别国家高新区来看，2022年，世界一流高科技园区的专精特新企业最高，平均为230.0家，创新型科技园区平均为55.9家，专精特新企业均高于其他园区，而世界一流高科技园区的优势最为明显。同样，稳定期园区、自创区园区的专精特新企业平均数量分别为74.4家、65.8家，均高于国家高新区平均水平，分别是新升级园区、非自创区园区的6.0倍和6.0倍（图3-41）。

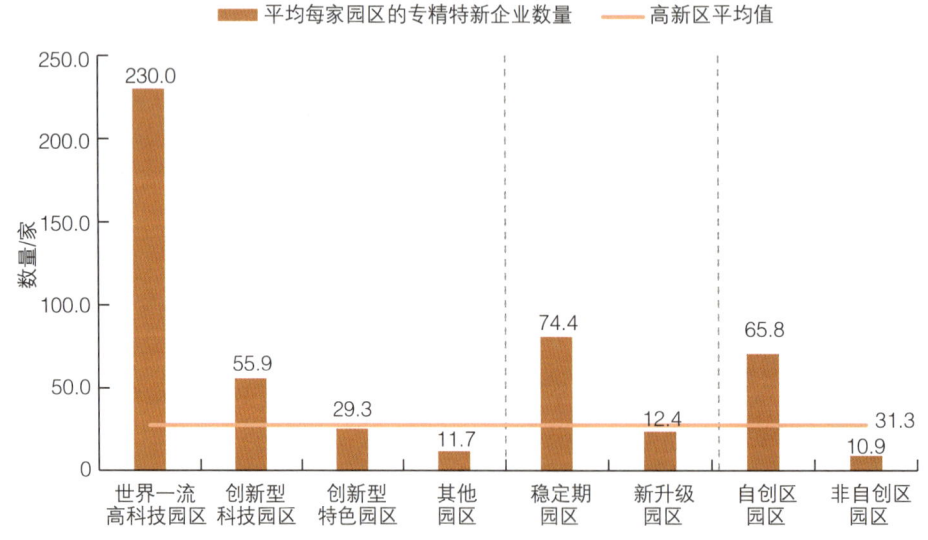

图3-41　2022年各类别国家高新区平均每家园区的专精特新企业数量分布情况

（二）瞪羚企业已超两千家，一流园区优势极为明显

"瞪羚企业"是指创业后跨过死亡谷，以科技创新或商业模式创新为支撑进入高成长期的中小企业。按照硅谷的解释，"瞪羚企业"就是高成长型企业，它们具有与"瞪羚"共同的特征——个头不大、跑得快、跳得高。这些企业不仅年增长速度能轻易超越一倍、十倍、百倍、千倍以上，还能迅速实现IPO。一个地区的瞪羚企业数量越多，表明这一地区的创新活力越强，发展速度越快。数据显示，2022年在177家国家高新区中，有155家培育了瞪羚企业，全国国家高新区瞪羚企业数量达到2283家，其中中关村科技园239家，占全国高新区10.5%；深圳、上海张江、南京、苏州工业园和武汉东湖高新区瞪羚企业数量均达到100家以上，分别为184家、152家、131家、127家和115家，前二十位高新区合计占比68.6%，头部效应非常明显。

从瞪羚企业的地区分布来看，2022年，东部地区国家高新区瞪羚企业最多，为1605家，占高新区整体比重为70.3%；其次为中部地区和西部地区，分别为422家和204家，占高新区整体比重为18.5%和8.9%；东北地区为52家（图3-42）。

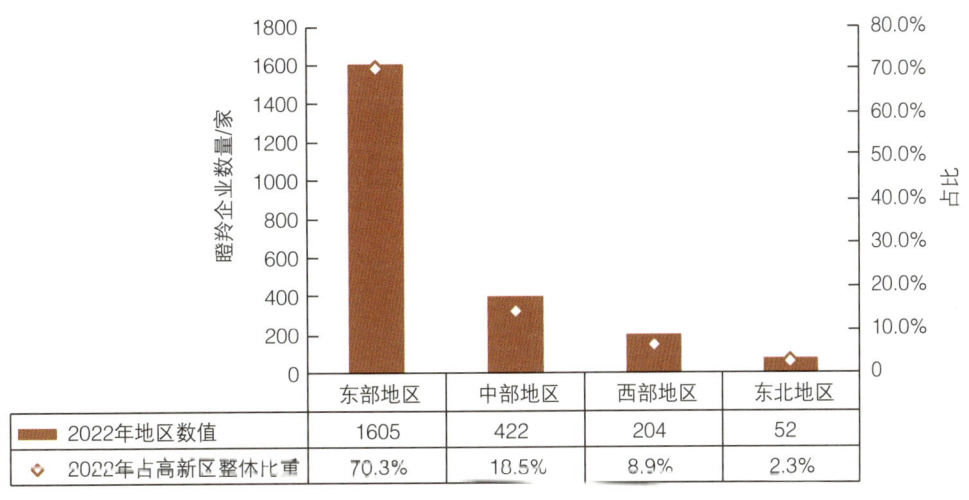

图3-42　2022年国家高新区瞪羚企业数量的地区分布情况

从不同类别国家高新区来看，2022年，世界一流高科技园区的瞪羚企业最高，平均为109家，创新型科技园区为21家，创新型特色园区和高新区平均值持平，其他园区为3家，而世界一流高科技园区的优势非常明显。同样，稳定期园区、自创区园区的瞪羚企业平均数量分别为34家、29家，均高于国家高新区平均水平，分别是新升级

园区、非自创区园区的8.5倍和9.7倍（图3-43）。

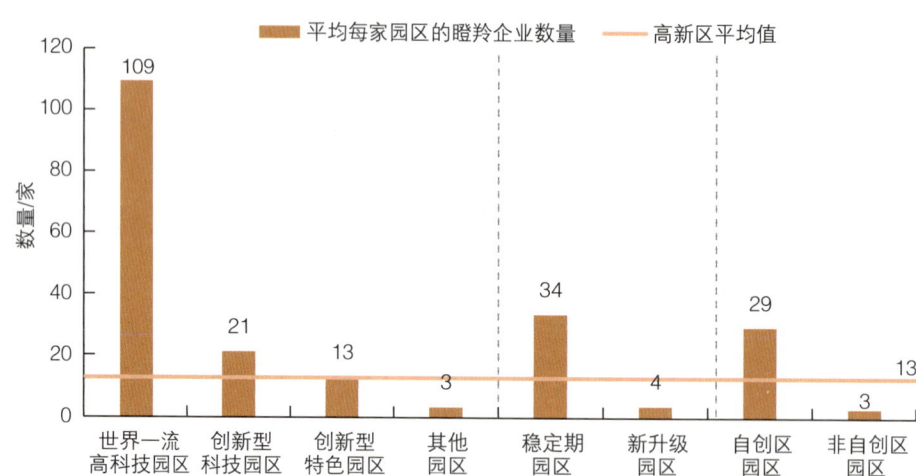

图3-43 2022年不同类别国家高新区平均每家园区的瞪羚企业数量的分布情况

（三）独角兽企业全球占比超13%，头部效应非常显著

独角兽企业一般指创立时间短、核心技术强、增长速度快、商业估值超过10亿美元的企业，具有强大的科技创新实力和发展潜力。《2023全球独角兽榜》显示，全球有1361家独角兽企业，总估值4.3万亿美元（约合人民币30万亿元），分布在48个国家，271座城市。美国以666家独角兽企业位居榜首，中国以316家独角兽企业排名第二，比一年前增加了15家[①]。数据显示，在177家国家高新区中，有23家培育了独角兽企业，全国国家高新区独角兽企业达到178家，占全球比重为13.1%。其中中关村科技园、上海张江高新区、深圳高新区和杭州分列前四位，分别拥有74家、43家、11家和10家，合计占比77.5%，远远领先于国内其他国家高新区。[②]

从独角兽企业的地区分布来看，2022年，东部地区国家高新区独角兽企业最多，为167家，占高新区整体比重为93.8%，遥遥领先于其他地区高新区；其次为西部地区和中部地区，分别为6家和5家；东北地区暂时为0（图3-44）。

---

① 根据胡润研究院《2023全球独角兽企业500强发展报告》梳理。
② 资料来源：火炬统计。

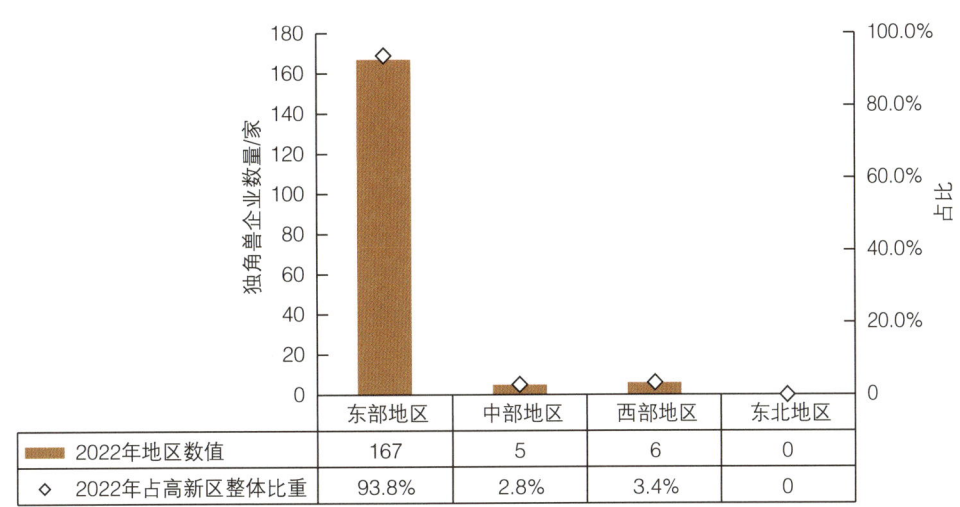

图3-44　2022年国家高新区独角兽企业数量的地区分布情况

从不同类别国家高新区来看，2022年，世界一流高科技园区的独角兽企业最高，平均为16家，创新型科技园区为1家，世界一流高科技园区具有非常显著的优势。同样，稳定期园区、自创区园区的独角兽企业平均数量均为3家，高于国家高新区平均水平（图3-45）。

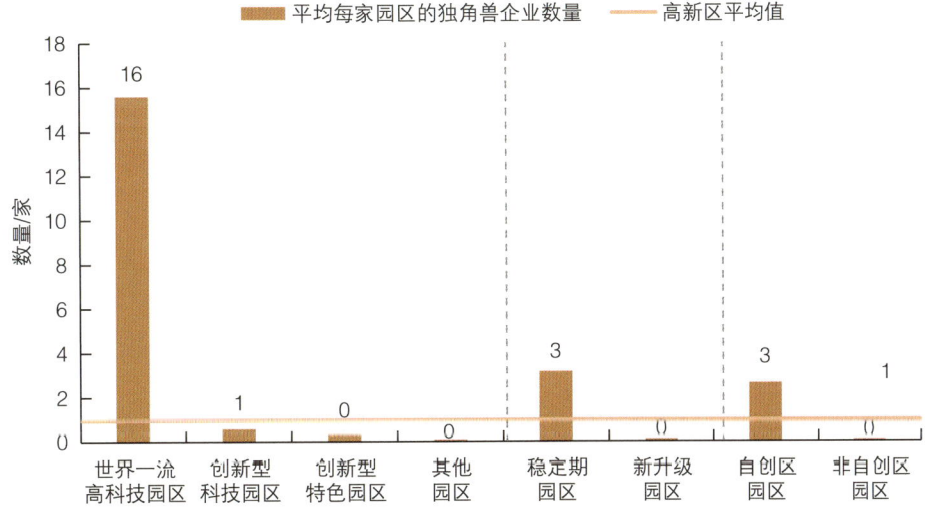

图3-45　2022年不同类别国家高新区平均每家园区的独角兽企业数量的分布情况

第三章　产业创新绩效表现卓越　65

国家高新区创新能力评价报告2023

第四章 科技创新生态不断完善

习近平总书记强调"中国式现代化关键在科技现代化""创新是引领发展的第一动力"。创新力量源自创新生态。国家高新区是我国创新资源最富集、创业生态最优越的区域。科技创新生态是深度影响创新实力与成果的外部要素，良好的创新环境有助于吸引更多优秀人才，提升竞争力。国家高新区科技创新生态的构建，一方面源自高新区对企业直接或间接提供的资金支持和创新服务；另一方面取决于高新区内各类主体共同营造的创新氛围与相互支撑。前者可通过高新区搭建的平台载体及金融环境表现来度量，后者可以从创新的活跃情况中得到间接反映。国家高新区创新能力指数测算结果显示，2010—2022年国家高新区科技创新生态指数稳步上升，年均增长21.8%，2022年为1064.8点，是2010年的十倍多（图4-1）。

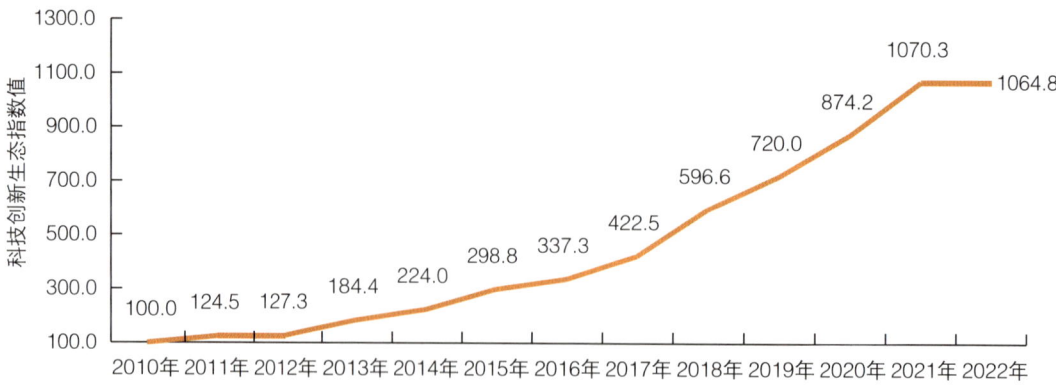

图4-1　国家高新区科技创新生态指数趋势

科技创新生态指标下设5个二级指标，分别为当年新注册企业数占工商注册企业总数比例、省级及以上各类创新服务机构数量、企业开展产学研合作研发费用支出、科技企业孵化器及加速器内企业数量、创投机构当年对企业的风险投资总额。2022年，5个二级指标分别为19.1%、7504家、2815.4亿元、160 388家和2847.6亿元，从同比增长来看，省级及以上各类创新服务机构数量、企业开展产学研合作研发费用支出、科技企业孵化器及加速器内企业数量3个指标均实现增长，同比增长率分别为7.3%、17.9%和6.5%（图4-2）。

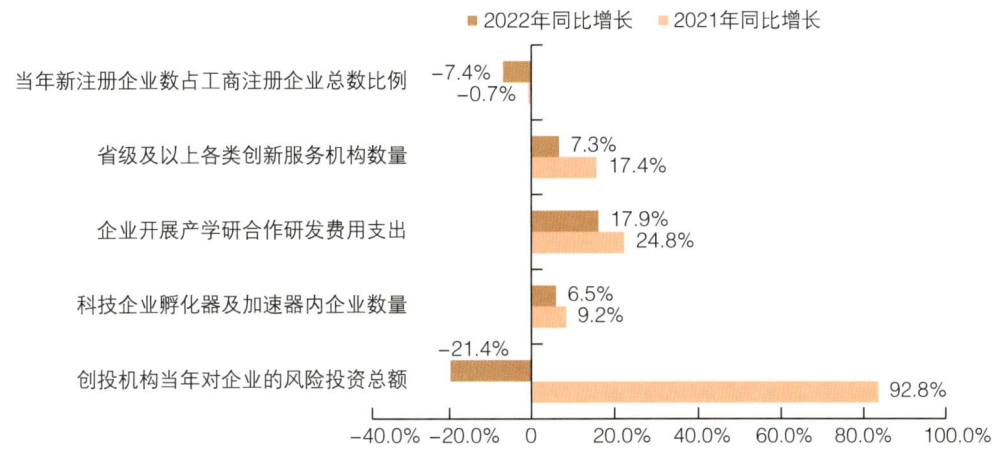

图4-2　2021年、2022年国家高新区科技创新生态二级指标的增长率对比

围绕5个二级指标，分别从创新服务效能、成果转移转化成效、科技金融赋能企业创新3个方面对国家高新区科技创新生态情况进行详细分析和阐述。

一、创新服务效能不断提升

国家高新区在新型工业化的推进过程中，把增强自主创新能力作为产业结构调整和转变增长方式的中心环节，通过营造良好的创新创业环境来集聚创新资源，激发市场主体活力，促进"创新链、产业链、资金链、人才链"深度融合，加快形成新质生产力。在国家高新区科技创新生态评价中，采用"省级及以上各类创新服务机构数量"指标来体现创新服务机构提供科技服务的能力，采用"科技企业孵化器及加速器内企业数量""当年新注册企业数占工商注册企业总数比例"指标来体现科技服务的成效。

（一）创新服务机构数量持续增长，中部地区增长最快

自2013年开始，国家高新区省级及以上各类创新服务机构数量[①]持续增长，2022年为7504家，以原169家国家高新区进行比较，同比增长7.6%（图4-3）。具体包括：省级及以上生产力促进中心309家，其中国家级114家；省级及以上技术转移机构1075家，其中国家级318家；省级及以上资质产品检验检测机构5118家，其中国家级1495家（图4-4）。

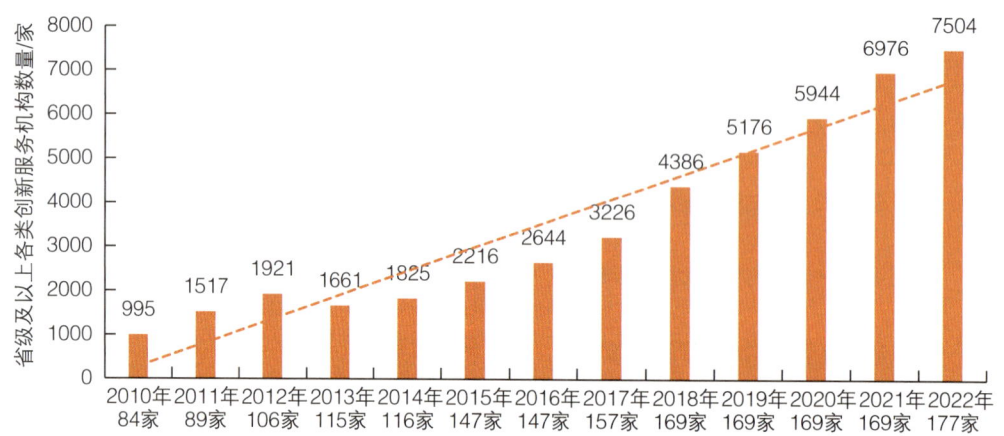

图4-3　2010—2022年国家高新区省级及以上各类创新服务机构数量情况

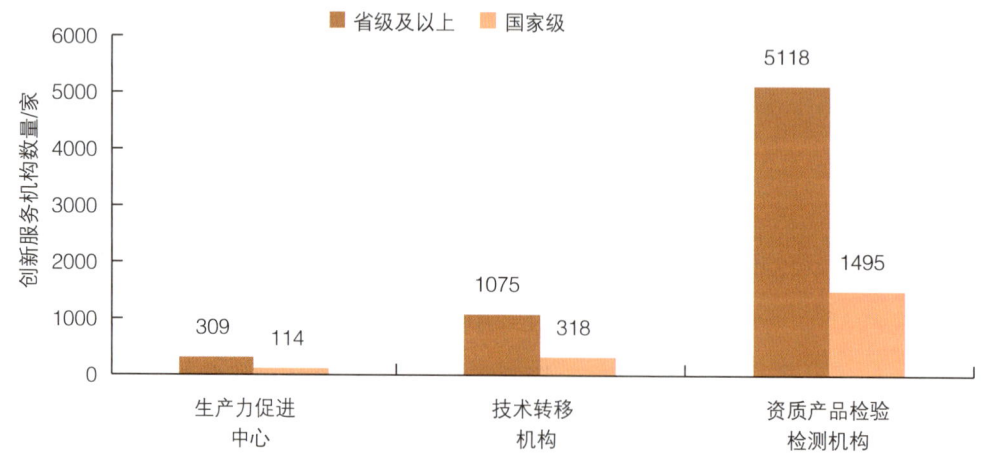

图4-4　2022年国家高新区各类创新服务机构数量情况

---

① 自2013年开始该指标中有两类机构的内涵发生变化，使得相应数值大幅减小，故2010年、2011年、2012年该指标数值仅作参考。

按不同地区国家高新区、不同类别国家高新区、不同省份国家高新区对评价指标"省级及以上各类创新服务机构数量"进行分析。

分区域来看，2022年，长江经济带的国家高新区拥有省级及以上各类创新服务机构数量为3286家，占高新区整体比重为43.8%；长三角和京津冀区域分列第二、第三，数值分别为1856家和1496家；黄河流域、粤港澳大湾区高新区分别为795家和444家，表明国家高新区创新创业的服务能力还有待加强（图4-5）。

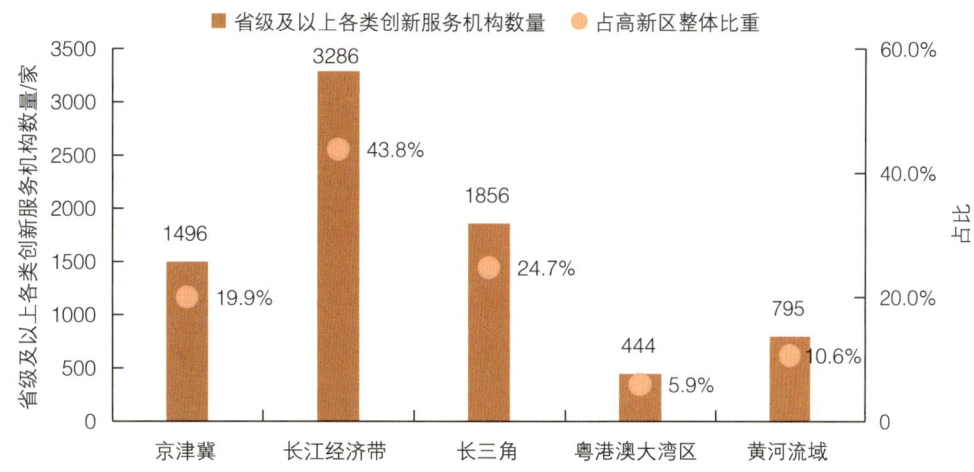

图4-5　2022年重大战略区域国家高新区省级及以上各类创新服务机构数量情况

分地区来看，2022年，东北地区、东部地区、西部地区、中部地区国家高新区各拥有省级及以上各类创新服务机构数量分别为441家、4325家、1052家、1686家，同比来看，以原169家国家高新区进行比较，除西部地区外，均实现了同比增长。从占比来看，东部地区占高新区整体的比例最高，为57.6%，较上年增加0.1个百分点；中部地区的占比达22.5%，较上年增加1.3个百分点（图4-6）。

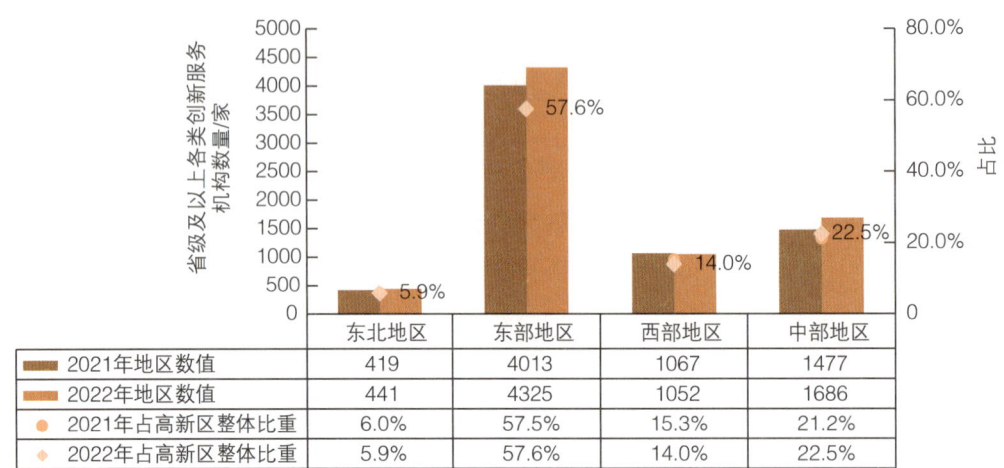

图4-6　2021—2022年国家高新区省级及以上各类创新服务机构数量的地区分布情况

分不同类别国家高新区来看，2022年，平均每家世界一流高科技园区拥有的省级及以上各类创新服务机构数量达到274家，远超其他类型的园区，是高新区平均值的6.5倍；创新型科技园区的这一数值也高出高新区平均值，是高新区平均值的1.8倍；平均每家稳定期园区拥有省级及以上各类创新服务机构数量99家，是高新区平均值的2.4倍；平均每家自创区园区拥有机构数量83家，是高新区平均值的近2.0倍；新升级园区、非自创区园区和其他园区不及高新区平均值的一半（图4-7）。

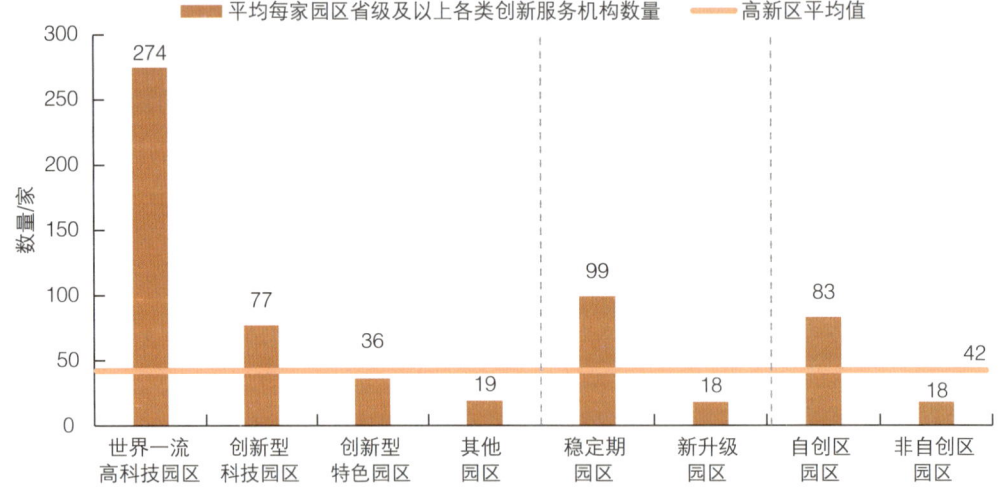

图4-7　2022年不同类别国家高新区省级及以上创新服务机构数量分布情况

分省份来看，国家高新区省级及以上各类创新服务机构数量以北京市最为突出，拥有省级及以上各类创新服务机构数量1283家，占国家高新区整体的比例为17.10%；其次是江苏省，占比为11.06%；广东、山东、湖北、浙江的占比均在5.00%以上；河南、湖南、四川、安徽、陕西等中西部省份表现相对较好。高新区拥有省级及以上各类创新服务机构数量不到30家的省份有6个，分别为云南、内蒙古、海南、宁夏、青海和西藏（表4-1）。

表4-1 2022年国家高新区省级及以上各类创新服务机构数量的省份分布情况

省份	高新区省级及以上各类创新服务机构数量/家	占国家高新区整体的比例	省份	高新区省级及以上各类创新服务机构数量/家	占国家高新区整体的比例
北京	1283	17.10%	河北	150	2.00%
江苏	830	11.06%	重庆	133	1.77%
广东	548	7.30%	吉林	117	1.56%
山东	513	6.84%	贵州	104	1.39%
湖北	500	6.66%	新疆	90	1.20%
浙江	458	6.10%	山西	88	1.17%
河南	354	4.72%	黑龙江	80	1.07%
湖南	302	4.02%	甘肃	66	0.88%
上海	300	4.00%	天津	63	0.84%
安徽	268	3.57%	云南	28	0.37%
辽宁	244	3.25%	内蒙古	21	0.28%
陕西	206	2.75%	海南	15	0.20%
广西	190	2.53%	宁夏	15	0.20%
四川	189	2.52%	青海	9	0.12%
江西	174	2.32%	西藏	1	0.01%
福建	165	2.20%			

具体到园区层面，2022年，拥有省级及以上各类创新服务机构数量排名前十的国家高新区分别为中关村、上海张江、武汉、苏州工业园、合肥、长沙、广州、郑州、宁波和青岛高新区；中关村科技园区拥有的机构数量仍旧最多，达1283家，是排名第二的上海张江园区的4.5倍，占国家高新区整体的17.1%，占比进一步提升（图4-8）。

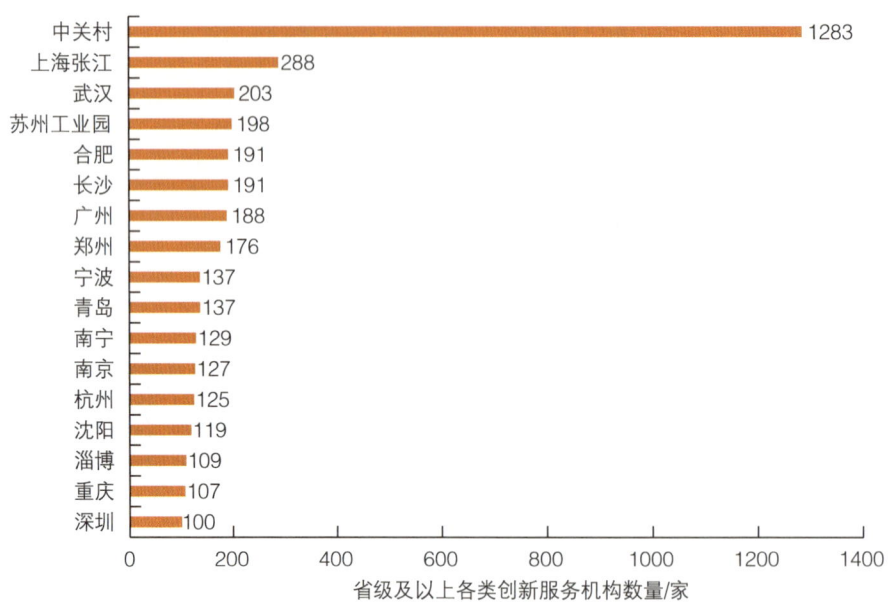

图4-8 2022年拥有省级及以上各类创新服务机构数100家以上的国家高新区

问卷调查显示，截至2022年底，国家高新区内共有技工学校1220家，律师事务所3832家，会计师事务所3420家，税务机构1379家，审计事务所2077家，人才服务机构10 604家，除审计事务所外均较上年度有所增长（表4-2）。

表4-2 国家高新区创业相关的公共服务机构数量

	技工学校	律师事务所	会计师事务所	税务机构	审计事务所	人才服务机构
2021年169家	1098	3500	3035	1267	2098	9485
2022年169家	1194	3792	3380	1365	2061	10 591
2022年177家	1220	3832	3420	1379	2077	10 604
169家同比增长率	8.7%	8.3%	11.4%	7.7%	-1.8%	11.7%

（二）孵化服务载体加快建设，单个园区在孵企业达900家

截至2022年底，国家高新区内共有科技企业孵化器3609家，以原169家国家高新区进行比较，同比增长5.9%；其中省级及以上科技企业孵化器1882家、国家级科技企业孵化器878家，同比增长分别为9.8%和6.9%；众创空间为4322家，同比增长7.3%，其中科技部备案的众创空间为1263家，同比增长6.1%；科技企业加速器1047家，同比增长7.5%（图4-9）。问卷调查显示，2022年，国家高新区在增加就业、创业孵化、

促进企业创新、提供创新创业平台和便利的硬件设施环境等方面改善显著。90%以上的国家高新区都为创业企业提供了多种多样的政策支持，其中对众创空间等平台开展政府购买服务、无偿资助或提供业务奖励的占比最高，达95.1%。

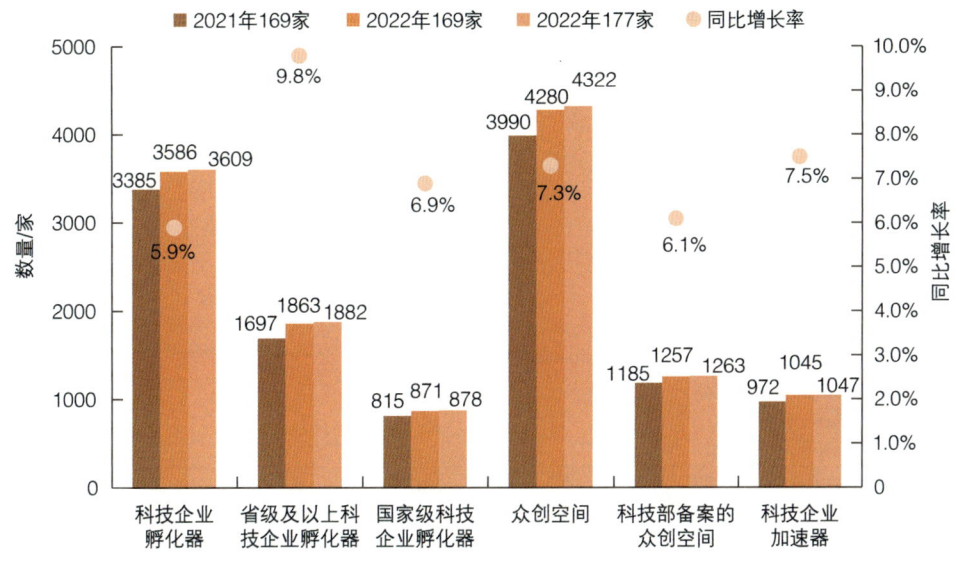

图4-9 2021年、2022年国家高新区孵化器、众创空间、加速器数量和增长情况

具体到单个园区的科技企业孵化器情况，2022年，科技企业孵化器数量超过40家的国家高新区共有21家，较2021年增加5家，包括中关村、南京、广州、成都、上海张江、深圳、青岛、武汉、杭州、合肥、苏州工业园、佛山、大连、常州、苏州、宁波、东莞、天津、长沙、哈尔滨和济南高新区。排名前三的中关村、南京和广州高新区科技企业孵化器数量均在150家以上。其中，国家级科技企业孵化器数量最多的是中关村，达46家；其次是武汉，为45家（图4-10）。需要注意的是，武汉高新区也是国家级科技企业孵化器占科技企业孵化器比重最高的园区，说明武汉高新区对企业孵化创新的支持力度更大，企业参与度更高。

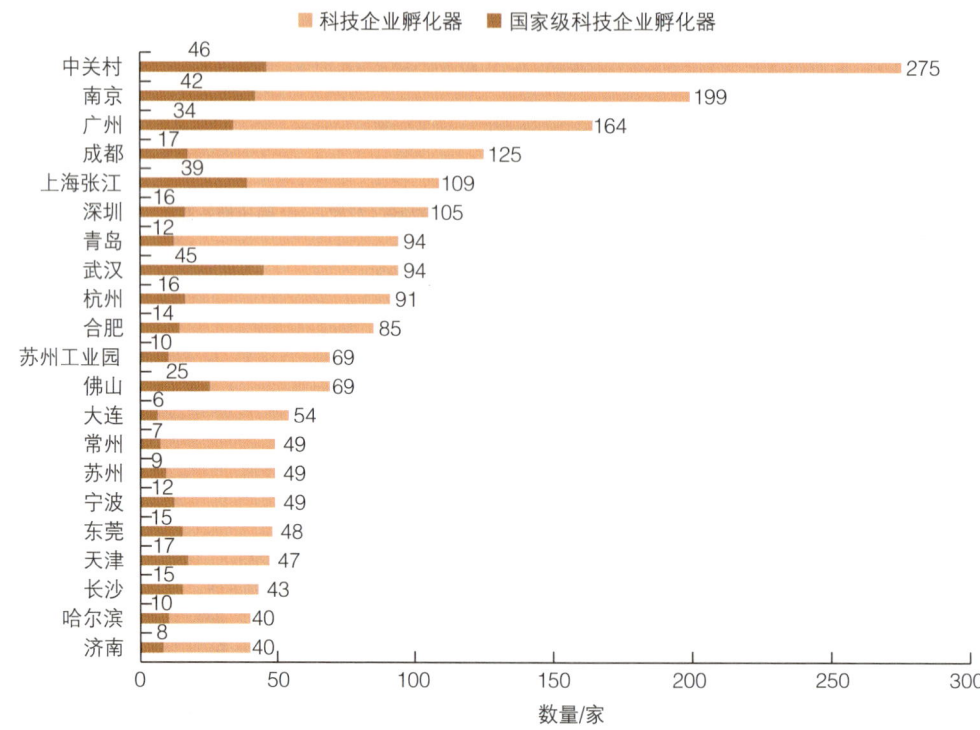

图4-10 2022年科技企业孵化器数量超过40家的国家高新区

具体到单个园区的众创空间情况，2022年，众创空间数量达到50家及以上的国家高新区共有25家，较上年增加4家，包括南京、中关村、深圳、武汉、上海张江、广州、西安、厦门、苏州工业园、太原、成都、沈阳、青岛、苏州、杭州、郑州、淮安、宁波、合肥、济南、天津、大连、长沙、福州和佛山高新区，排名前七的国家高新区众创空间数量均在100家及以上（图4-11）。从科技部备案的众创空间来看，数量最多的是中关村，占众创空间的比例高达59.8%，说明中关村在孕育和发展众创、众包、众扶、众筹等孵化新模式方面具有巨大优势。

随着孵化载体建设工作的推进及创业服务体系的逐步完善，2010—2022年，国家高新区在孵企业数量持续增长，2022年为160 388家（图4-12），相比2021年增长6.5%，平均每家高新区拥有在孵企业906家，较上年增加15家。

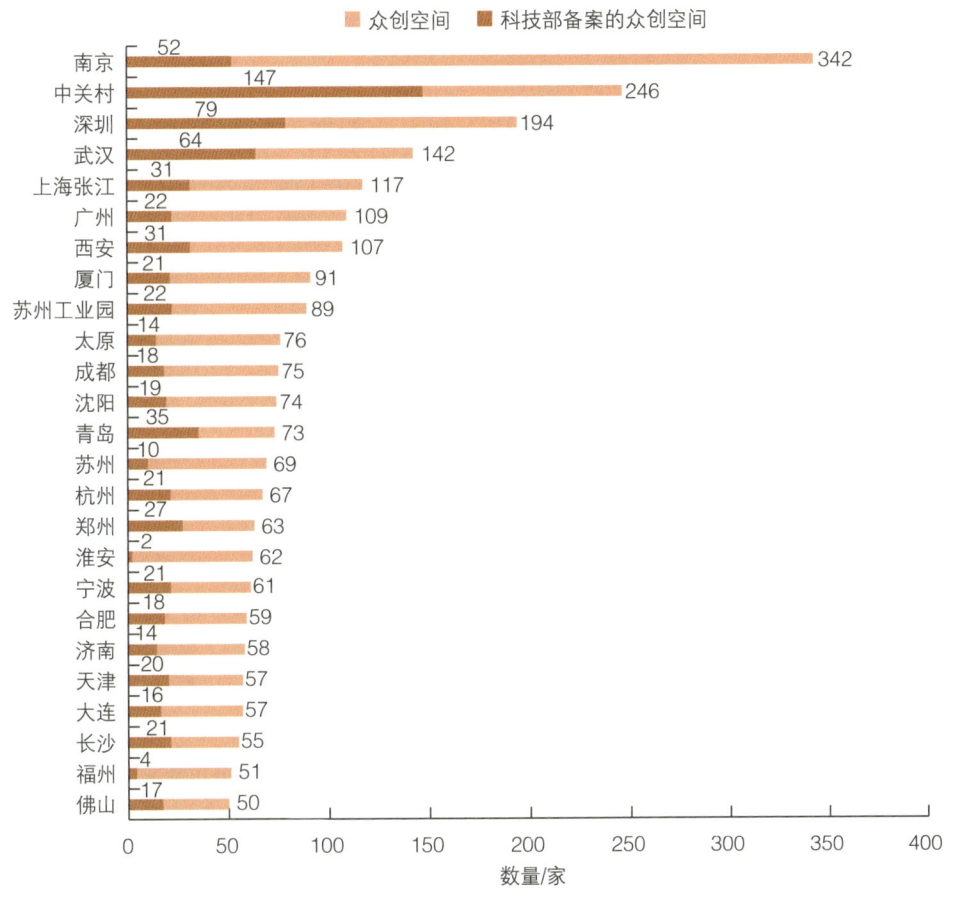

图4-11 2022年众创空间数量在50家及以上的国家高新区

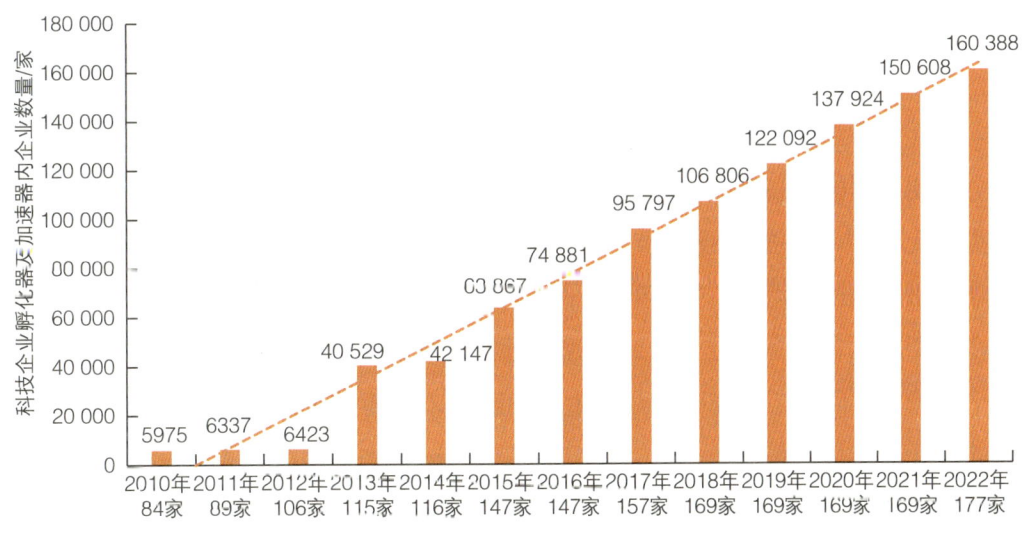

图4-12 2010—2022年国家高新区科技企业孵化器及加速器内企业数量情况

分区域来看，2022年，长江经济带、长三角区域国家高新区集中了全国八成以上的在孵企业。其中，长江经济带高新区在孵企业数量最多，为82 255家，占国家高新区整体比重为51.3%。长三角区域高新区在孵企业数量为49 103家，占比为30.6%。京津冀、黄河流域、粤港澳大湾区区域高新区在孵企业数量相差不大，占比分别为12.8%、10.3%、10.0%（图4-13）。

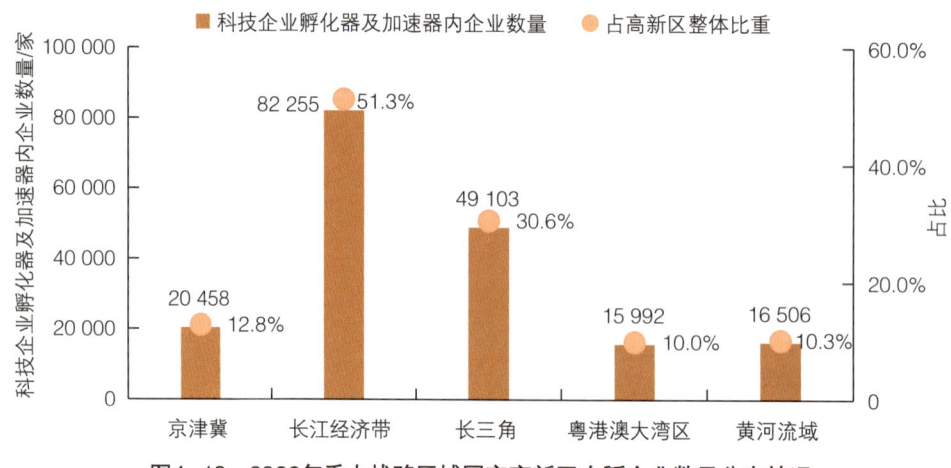

图4-13　2022年重大战略区域国家高新区在孵企业数量分布情况

分地区来看，2022年，东部地区高新区在孵企业数量最多，为93 479家，占国家高新区整体比重为58.3%。中部地区高新区在孵企业数量为38 698家，占比为24.1%。西部地区和东北地区高新区在孵企业数量分别为18 736家、9475家，占比分别为11.7%、5.9%，较上年略有下降，表明西部地区和东北地区高新区的科技孵化工作仍需强化（图4-14）。

分不同类别国家高新区来看，2022年，世界一流高科技园区、创新型科技园区、创新型特色园区科技企业孵化器及加速器内企业数量分别为5765家、1631家、937家，均高于高新区平均值，尤其世界一流高科技园区是高新区平均值的6.4倍；平均每家稳定期园区在孵企业数量为2124家，远高于新升级园区，是高新区平均值的2.3倍；平均每家自创区园区在孵企业数量为1821家，远高于非自创区园区，是高新区平均值的2.0倍（图4-15）。

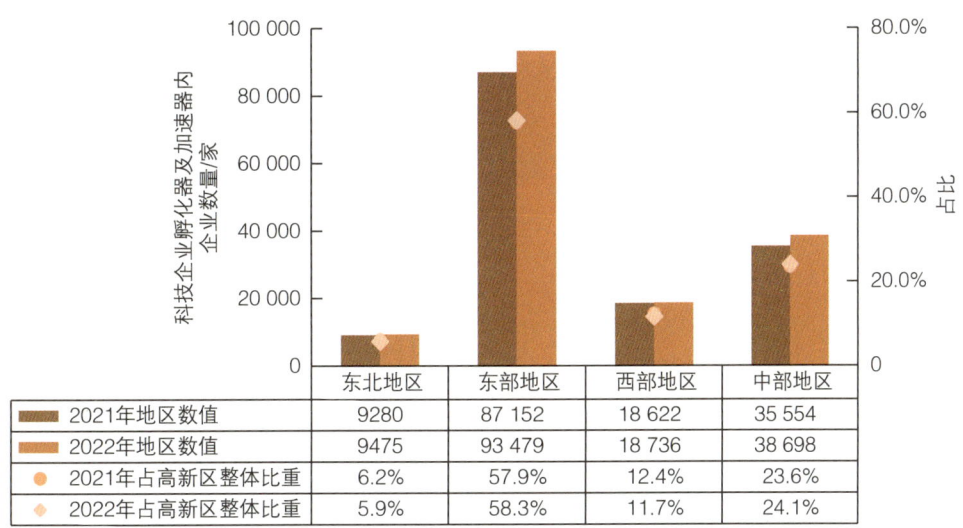

图4-14 2021年、2022年国家高新区在孵企业数量地区分布

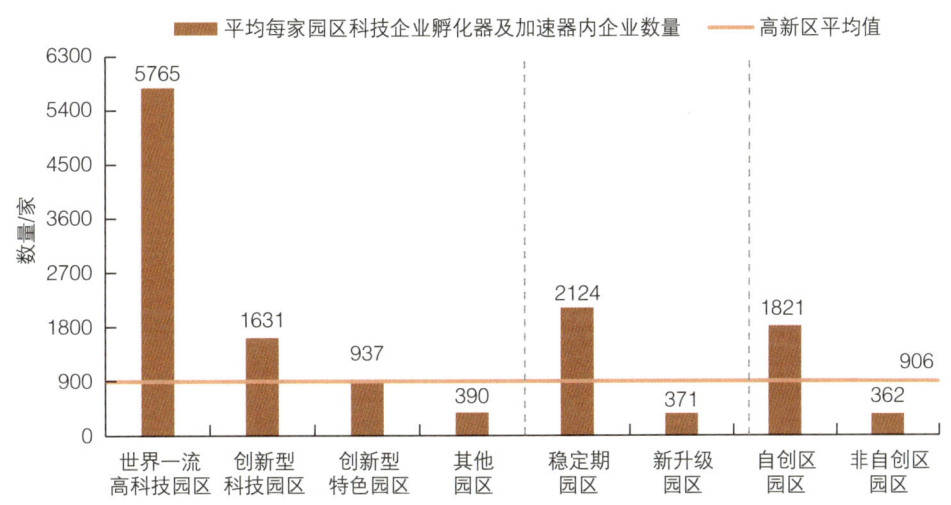

图4-15 2022年不同类别国家高新区在孵企业数量分布情况

分省份来看，2022年，国家高新区科技企业孵化器及加速器内企业数量排在前十的省份分别是江苏、广东、北京、湖北、浙江、山东、湖南、上海、安徽和河南。其中数量破万的共有6个省份，分别为江苏22 905家、广东17 038家、北京13 918家、湖北12 686家、浙江11 198家、山东10 632家，占国家高新区整体的比例分别为14.28%、10.62%、8.68%、7.91%、6.98%、6.63%，6个省份的高新区科技企业孵化器及加速器内企业数量占国家高新区整体的55.10%（表4-3）。

第四章　科技创新生态不断完善　79

表4-3　2022年国家高新区科技企业孵化器及加速器内企业数量的省份分布

省份	高新区科技企业孵化器及加速器内企业数量/家	占国家高新区整体的比例	省份	高新区科技企业孵化器及加速器内企业数量/家	占国家高新区整体的比例
江苏	22 905	14.28%	福建	2738	1.71%
广东	17 038	10.62%	吉林	2592	1.62%
北京	13 918	8.68%	黑龙江	2474	1.54%
湖北	12 686	7.91%	天津	1951	1.22%
浙江	11 198	6.98%	广西	1851	1.15%
山东	10 632	6.63%	山西	1141	0.71%
湖南	8873	5.53%	新疆	940	0.59%
上海	8142	5.08%	内蒙古	912	0.57%
安徽	6858	4.28%	甘肃	882	0.55%
河南	6379	3.98%	贵州	723	0.45%
河北	4589	2.86%	云南	696	0.43%
辽宁	4409	2.75%	青海	575	0.36%
陕西	4369	2.72%	宁夏	373	0.23%
四川	3728	2.32%	海南	368	0.23%
重庆	3685	2.30%	西藏	2	0.00%
江西	2761	1.72%			

具体到园区层面，2022年，科技企业孵化器及加速器内企业数量超过1000家的有38家国家高新区，其总和为105 401家，占高新区整体的65.7%；其中，超过3000家的有10家高新区，排在前五的分别是中关村、上海张江、武汉、杭州和苏州工业园高新区；中关村科技园区表现最为突出，占高新区整体的7.9%，远高出其他园区（图4-16）。

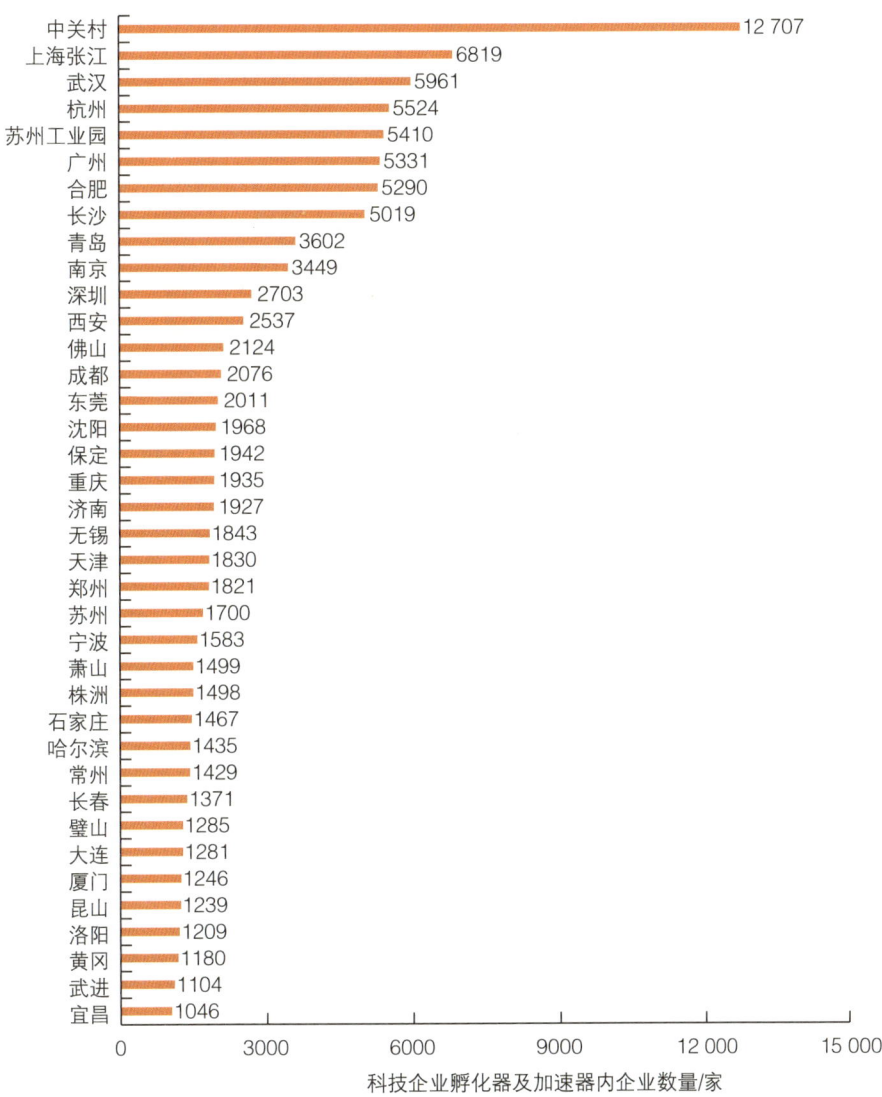

图4-16　2022年科技企业孵化器及加速器内企业数量超过1000家的国家高新区

（三）新注册企业数增长近10万家，催生经济发展新活力

在政府和市场双重力量的推动下，国家高新区新增企业数量再创新高，从2010年开始当年新注册企业数持续提升，2022年底为98.5万家，较上年增加9.9万家，以原169家国家高新区进行比较，同比增长11.2%（图4-17）。国家高新区平均每天新注册企业数为2699家，较2021年平均每天多注册271家。

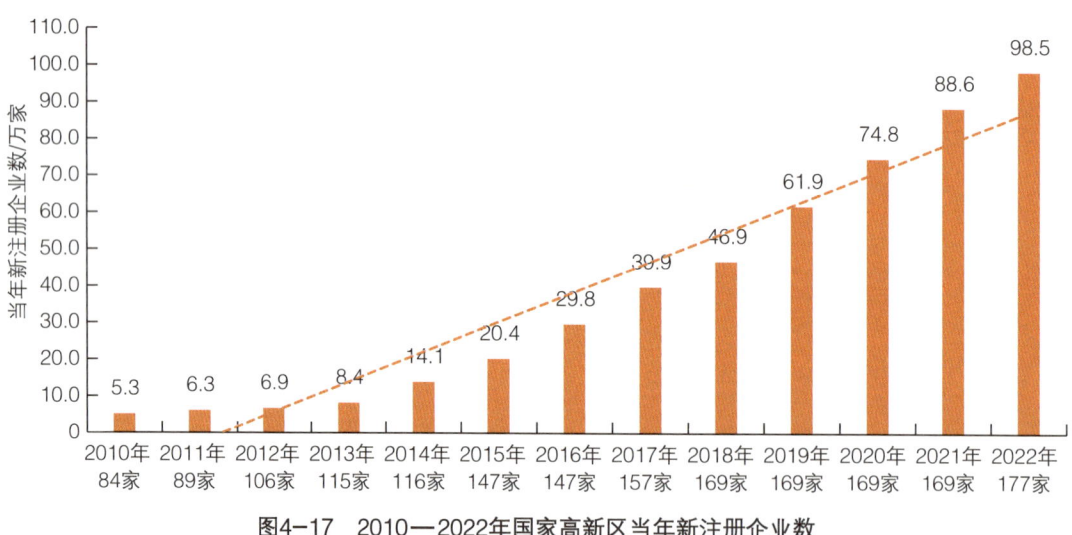

图4-17 2010—2022年国家高新区当年新注册企业数

从当年新注册企业类型来看，2022年，98.5万家当年新注册企业中有13.3万家为工业型企业，占比为13.5%；有28.2万家为技术开发和技术服务型企业，占比为28.6%。当年新注册的技术开发和技术服务型企业数是工业型企业的2.1倍，说明国家高新区对高技术服务业企业更具吸引力，更多技术型企业在高新区诞生成长（表4-4）。

表4-4 2022年国家高新区当年新注册企业类型

	当年新注册企业	工业型企业	技术开发和技术服务型企业
2021年169家	885 827	109 492	245 866
2022年169家	979 718	131 508	281 225
2022年177家	985 463	133 209	282 081
169家同比增长率	10.6%	20.1%	14.4%

从高新区个体来看，2022年，当年新注册企业数超过1万家的国家高新区共有23家，与上年数量持平，包括中关村、南京、深圳、成都、郑州、广州、西安、佛山、上海张江、苏州工业园、武汉、杭州、青岛、合肥、济南、重庆、宁波、苏州、萧山、长沙、天津、无锡和沈阳高新区，23家国家高新区当年新注册企业数占国家高新区整体的比例为57.2%（图4-18）。

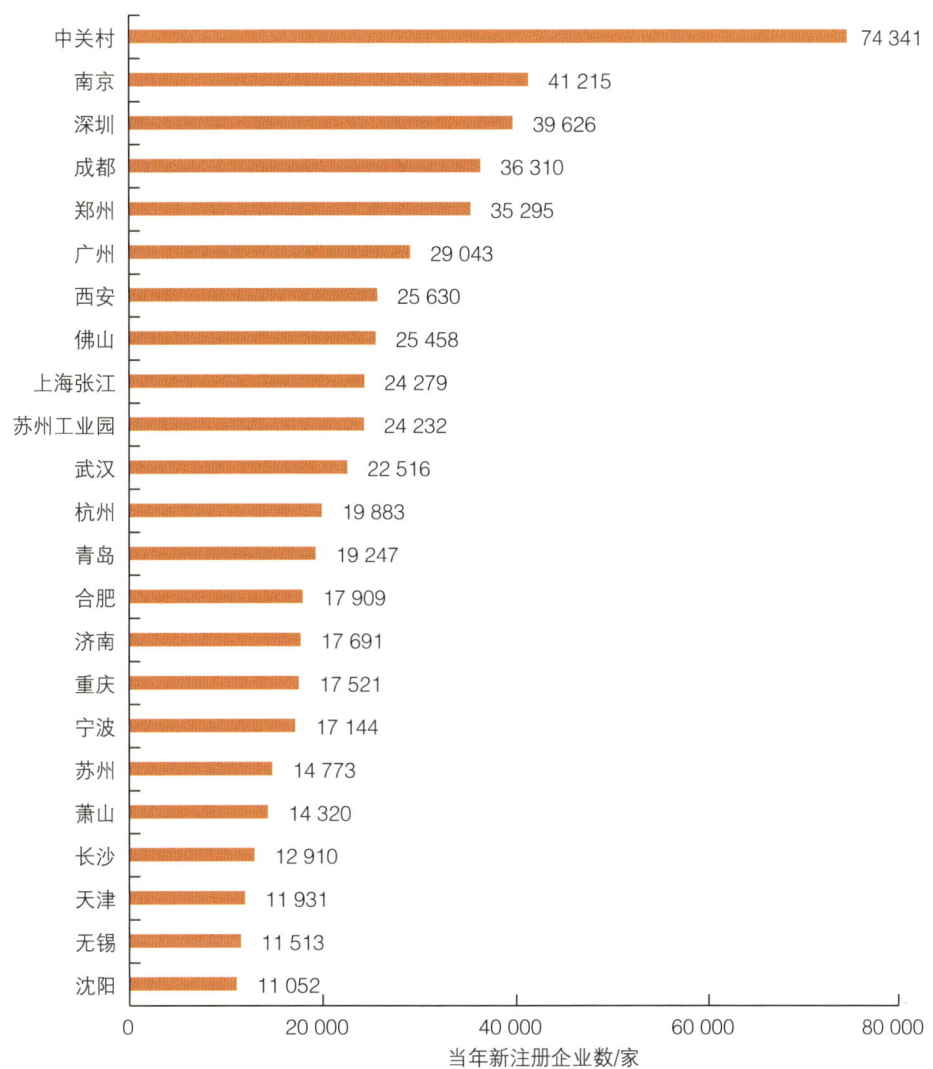

图4-18 2022年当年新注册企业数超过1万家的国家高新区

从当年新注册企业数占比来看,自2010年以来,国家高新区当年新注册企业数占工商注册企业总数比例整体保持波动增长趋势,2022年比例为19.1%,较上年略有回落(图4-19)。

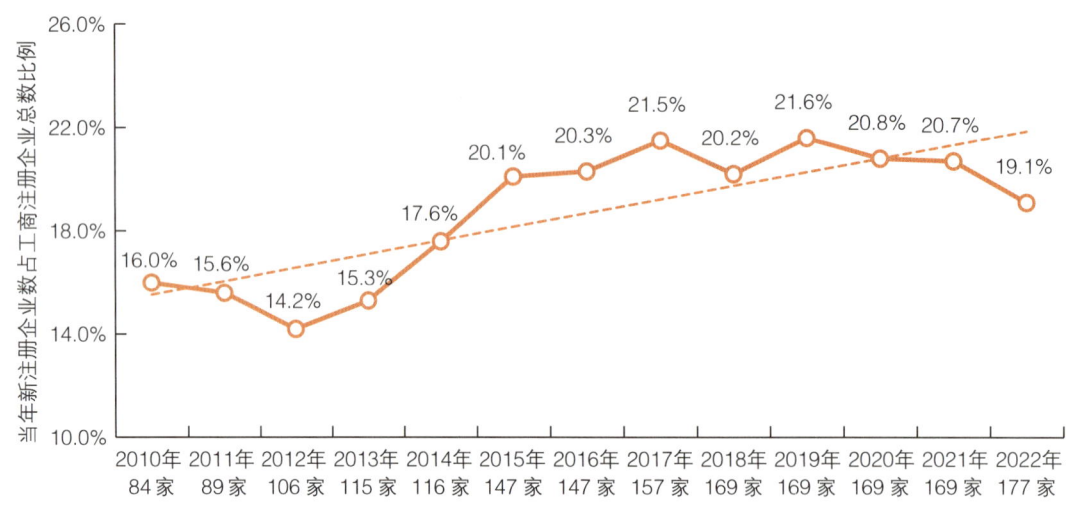

图4-19　2010—2022年国家高新区当年新注册企业数占工商注册企业总数比例

分区域来看，2022年，长江经济带的国家高新区当年新注册企业数占工商注册企业总数比例为20.1%，在高新区平均值以上；粤港澳大湾区、长三角、黄河流域、京津冀区域高新区分别为18.8%、18.7%、18.7%和15.4%，均低于高新区平均值（图4-20）。

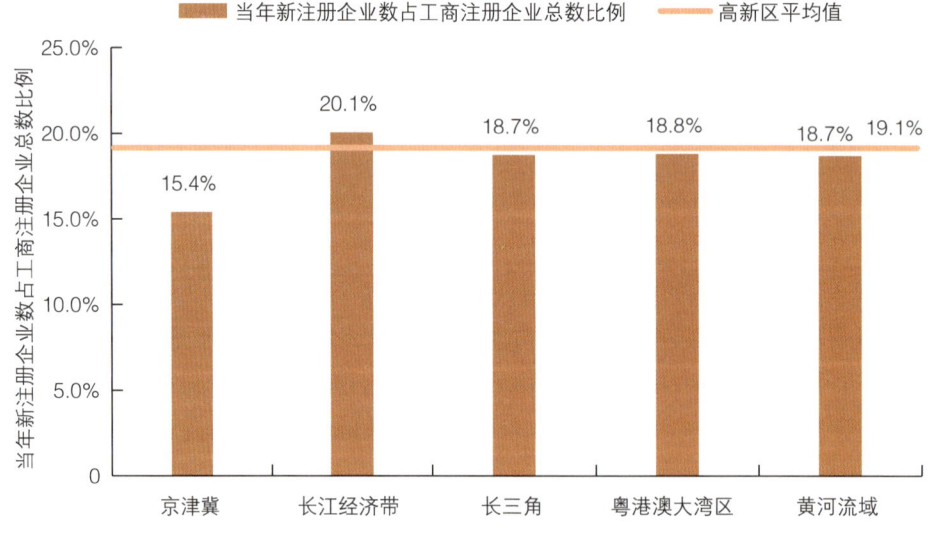

图4-20　2022年重大战略区域国家高新区当年新注册企业数占工商注册企业总数比例

分地区来看，2022年，中部地区、西部地区国家高新区当年新注册企业数占工商注册企业总数比例分别为21.7%、19.2%，在高新区平均值以上；东部地区和东北地区高新区分别为18.6%和15.8%，均低于高新区平均值（图4-21）。从四个地区两年的变化看，所有地区当年新注册企业数占工商注册企业总数比例较上年均有所下降。

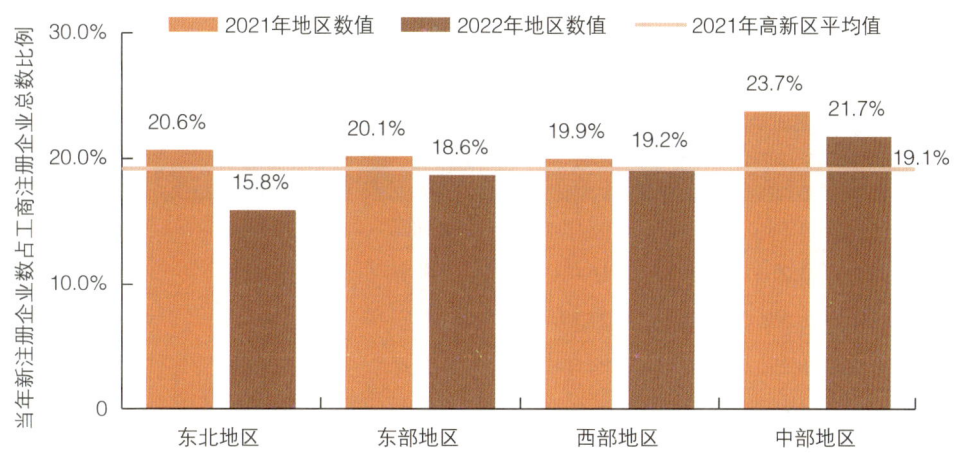

图4-21　2022年四大地区国家高新区当年新注册企业数占工商注册企业总数比例

分不同类别国家高新区来看，2022年，创新型科技园区、创新型特色园区和其他园区的当年新注册企业数占工商注册企业总数比例相对较高，分别为20.8%、19.1%和21.3%，均高于或等于高新区平均值；世界一流高科技园区低于高新区平均值；新升级园区高于稳定期园区，非自创区园区高于自创区园区（图4-22）。究其原因，创新型科技园区、创新型特色园区、其他园区、新升级园区、非自创区园区由于企业基数相对较小，当年新注册企业数占比更容易出现较高的数值。

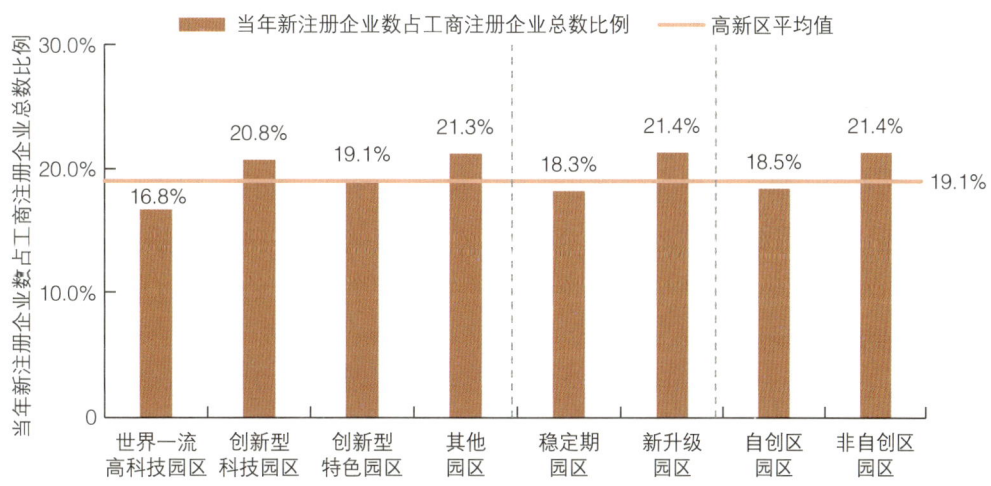

图4-22　2022年不同类别国家高新区当年新注册企业数占工商注册企业总数比例分布

分省份来看，2022年，13个省份的国家高新区当年新注册企业数占工商注册企业总数比例在20%以上，排名前十的省份分别为海南、云南、福建、湖南、江西、河北、陕西、山东、安徽和湖北（表4-5）。

表4-5 国家高新区当年新注册企业数占工商注册企业总数比例的省份分布

省份	2022年高新区当年新注册企业数占比	2021年高新区当年新注册企业数占比	省份	2022年高新区当年新注册企业数占比	2021年高新区当年新注册企业数占比
海南	38.1%	47.0%	黑龙江	18.9%	23.4%
云南	31.2%	16.0%	河南	18.1%	27.4%
福建	28.3%	27.8%	江苏	17.8%	20.5%
湖南	28.2%	24.0%	山西	17.6%	27.1%
江西	27.6%	31.8%	重庆	17.4%	20.0%
河北	25.7%	19.8%	上海	17.4%	18.6%
陕西	23.1%	18.5%	新疆	15.3%	18.3%
山东	22.4%	23.7%	辽宁	15.3%	17.8%
安徽	22.1%	23.0%	广西	14.9%	17.5%
湖北	21.7%	20.2%	甘肃	14.4%	11.2%
贵州	21.6%	23.5%	吉林	14.1%	25.2%
宁夏	21.3%	21.7%	内蒙古	13.9%	19.5%
浙江	20.2%	22.1%	北京	13.5%	10.5%
天津	19.7%	24.7%	西藏	12.4%	0.0%
四川	19.5%	22.7%	青海	11.0%	21.2%
广东	19.0%	24.3%			

具体到园区层面，2022年，当年新注册企业数占工商注册企业总数比例超过40%的国家高新区有19家，分别为荆州、洛阳、郴州、吉安、湘潭、白银、柳州、连云港、石河子、南通、莫干山、许昌、齐齐哈尔、安顺、内江、肇庆、南昌、扬州和怀化高新区，其中有89.4%的园区是新升级国家高新区（图4-23）。2022年，这些园区展现出极大的企业发展活力。

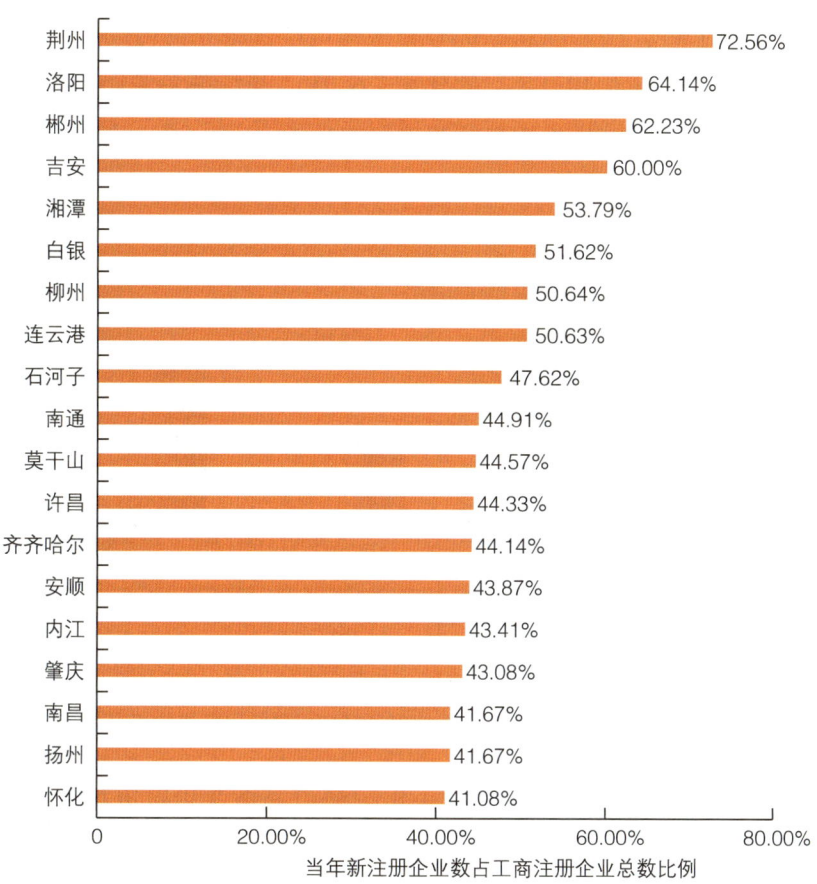

图4-23 2022年当年新注册企业数占工商注册企业总数比例超过40%的国家高新区情况

二、创新成果加速转移转化

国家高新区通过持续加大知识产权工作力度、为企业开展产学研合作提供保障等方式，提升创新服务效能，促进科技成果的产业化。在国家高新区科技创新生态评价中，采用"企业开展产学研合作研发费用支出"指标来体现创新合作开展的情况。

（一）知识产权环境持续优化，专利产出效率持续提升

为支持和鼓励创业企业的创新发展，国家高新区更加重视知识产权服务工作，在集聚和培育知识产权服务机构方面成效显著。截至2022年底，共有94家高新区获批建设国家知识产权局认定的试点园区和示范园区，23家高新区获批建设国家知识产权

服务业集聚发展实验区。国家高新区拥有各类知识产权服务机构16 171家，同比增长8.4%。其中，专利服务机构4971家，同比增长6.2%；商标事务所10 336家，同比增长5.2%，表明越来越多企业开始重视品牌建设（图4-24）。

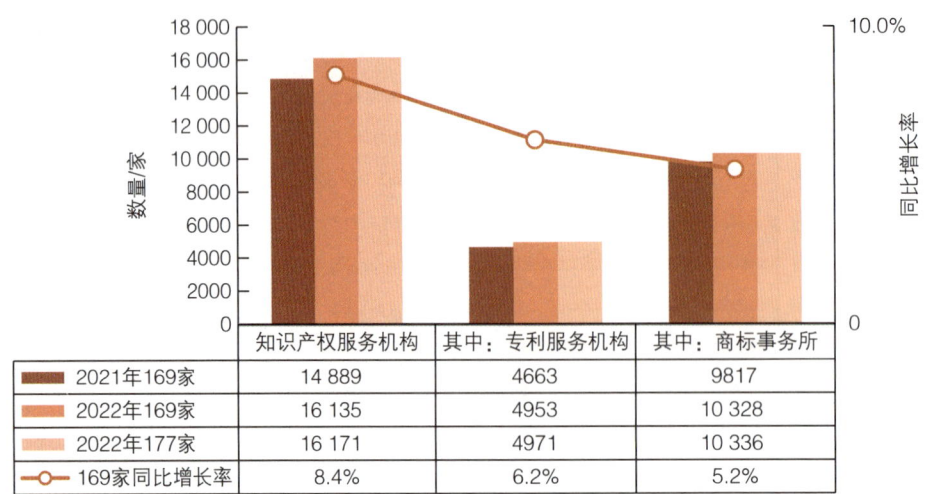

图4-24　2021—2022年国家高新区知识产权服务机构情况

国家高新区支持企业开展研发创新，组织和引导企业积极申报专利申请，产出众多科技创新成果。2022年，国家高新区专利成果总量持续快速增长，企业当年申请专利数量为114.3万件，其中申请发明专利59.6万件，分别同比增长8.4%、11.7%；授权专利83.9万件，其中授权发明专利28.1万件，分别同比增长9.5%、18.1%；拥有专利448.8万件，其中拥有发明专利149.0万件，分别同比增长20.4%、21.8%（图4-25）。

国家高新区企业专利数量占我国境内外专利的比例持续提升，尤其是申请发明专利的占比提升最为明显。2022年，国家高新区企业申请发明专利数、授权发明专利数、有效发明专利数占中国境内外发明专利的比例分别为36.8%、35.2%和45.4%，较2021年分别提升3.3个百分点、1.1个百分点、0.3个百分点（图4-26）。

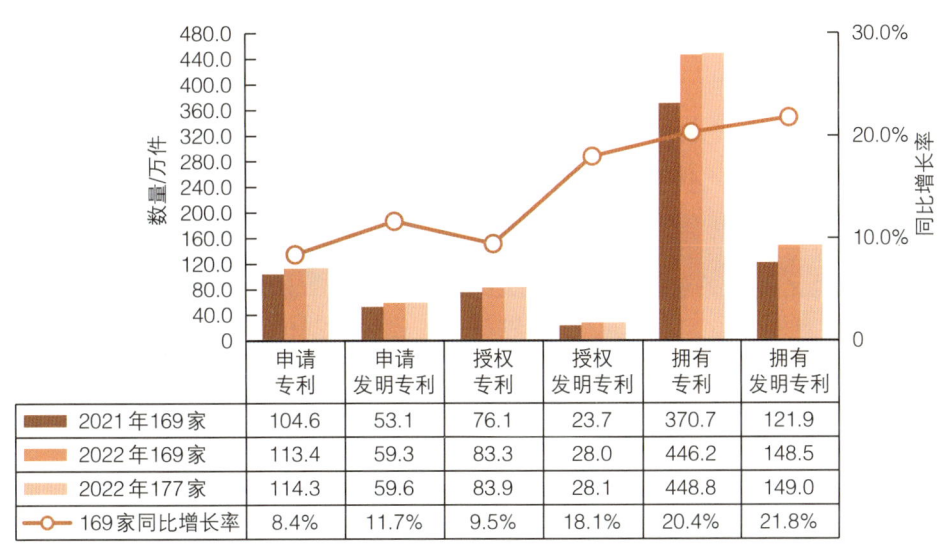

图4-25　2021—2022年国家高新区企业专利数量情况

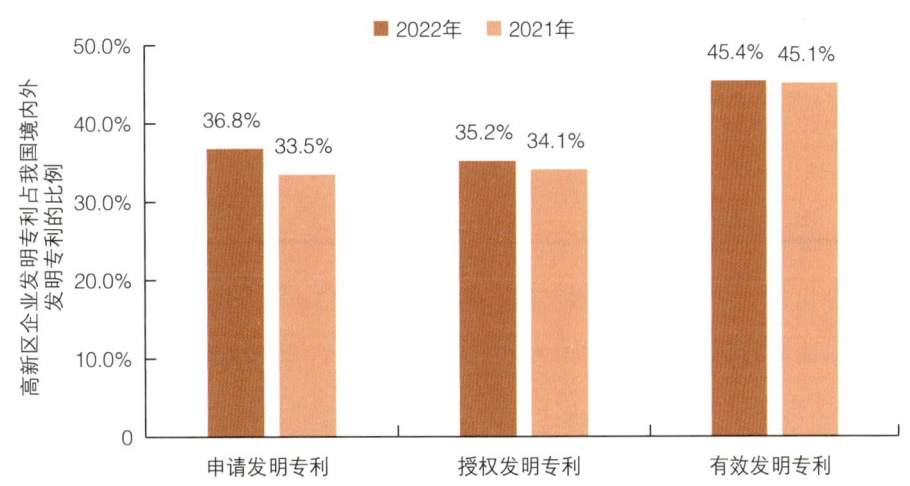

图4-26　2021—2022年国家高新区企业发明专利占我国境内外发明专利的比例情况

除专利成果外，国家高新区其他各类型知识产权也实现较快增长。截至2022年底，国家高新区企业拥有注册商标1 740 970件，同比增长25.7%，其中当年注册商标194 666件，同比下降1.9%；拥有软件著作权2 305 104件，同比增长23.9%，其中当年获得软件著作权317 771件，同比下降11.4%；拥有集成电路布图28 150件，同比增长18.2%，其中当年获得集成电路布图5167件，同比下降3.8%；拥有植物新品种3568件，其中当年获得植物新品种477件，同比增长分别为30.5%、39.6%；拥有国家一类新药品种540件，其中当年获得国家一类新药证书42件，同比增长分别为9.5%、

7.7%;拥有国家一级中药保护品种47件,同比增长2.2%,其中当年获得国家一级中药保护品种证书11件,与去年相比不变(表4-6)。

表4-6　2021—2022年国家高新区各类型知识产权数量情况

类型	2022年177家	2022年169家	2021年169家	169家同比增长率
拥有注册商标/件	1 740 970	1 736 593	1 381 485	25.7%
当年注册商标/件	194 666	194 148	197 811	−1.9%
拥有软件著作权/件	2 305 104	2 301 557	1 857 729	23.9%
当年获得软件著作权/件	317 771	317 168	357 809	−11.4%
拥有集成电路布图/件	28 150	28 081	23 748	18.2%
当年获得集成电路布图/件	5167	5147	5350	−3.8%
拥有植物新品种/件	3568	3563	2731	30.5%
当年获得植物新品种/件	477	476	341	39.6%
拥有国家一类新药品种/件	540	540	493	9.5%
当年获得国家一类新药证书/件	42	42	39	7.7%
拥有国家一级中药保护品种/件	47	47	46	2.2%
当年获得国家一级中药保护品种证书/件	11	11	11	0.0%

国家高新区专利产出水平和效率逐步提高。2022年,国家高新区每万名从业人员当年专利申请437.0件,其中申请发明专利228.0件;每万名从业人员当年专利授权320.8件,其中授权发明专利107.6件;每万名从业人员拥有有效专利1716.5件,其中拥有有效发明专利570.0件。从同比变化来看,每万名从业人员专利和发明专利的申请、授权及拥有数量,均呈现增长态势,其中每万名从业人员有效发明专利数增长最快,同比增长17.8%,说明国家高新区的科研产出质量和市场应用水平得到了较大程度的提升(图4-27)。

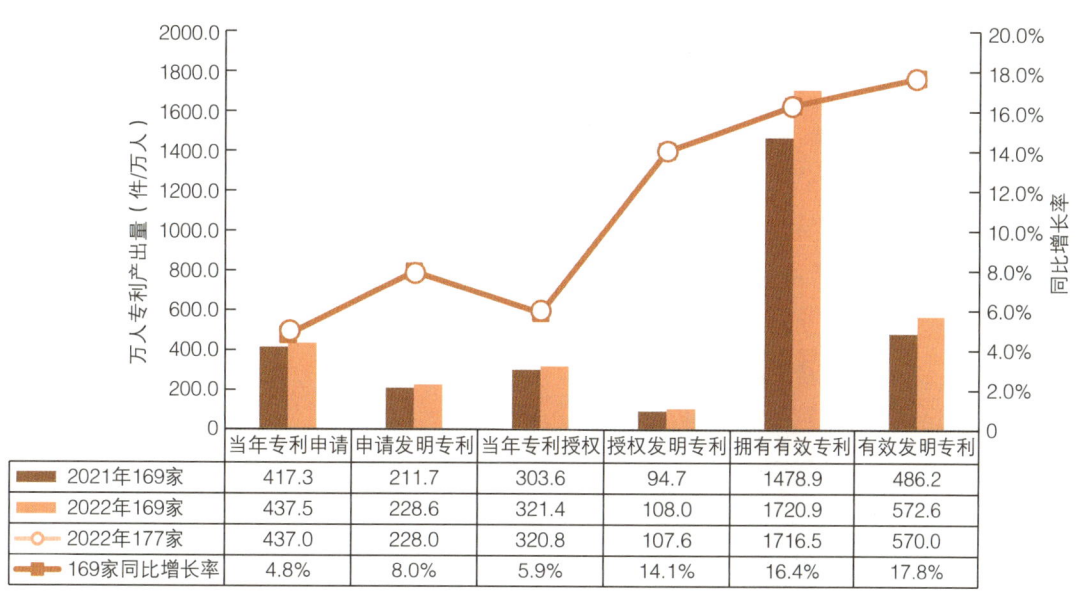

图4-27　2021—2022年国家高新区每万名从业人员专利产出量

从投入产出角度看，国家高新区单位研发投入的专利产出量持续提升。2022年，国家高新区每亿元研发投入的申请专利、申请发明专利数量分别为437.0件、228.0件，分别同比增长4.8%、8.0%；国家高新区每亿元研发投入的授权专利数量为320.8件，同比增长5.9%，授权发明专利数量107.6件，同比增长14.1%；国家高新区每亿元研发投入的拥有专利数量、拥有发明专利数量分别为1716.5件、570.0件，分别同比增长16.4%、17.8%（表4-7）。

表4-7　2021—2022年国家高新区单位研发投入的专利产出情况

每亿元研发投入专利产出量	2022年177家	2022年169家	2021年169家	169家同比增长率
申请专利/件	437.0	437.5	417.3	4.8%
申请发明专利/件	228.0	228.6	211.7	8.0%
授权专利/件	320.8	321.4	303.6	5.9%
授权发明专利/件	107.6	108.0	94.7	14.0%
拥有专利/件	1716.5	1720.9	1478.9	16.4%
拥有发明专利/件	570.0	572.6	486.2	17.8%

2022年，国家高新区企业申请发明专利占申请专利的比例、授权发明专利占授

权专利的比例、拥有发明专利占拥有专利的比例分别为52.2%、31.2%、33.3%，是全国相应比例的1.7倍、1.7倍和1.8倍。技术含量较高的发明专利在国家高新区专利产出中占据相对更大的比例，表明高新区专利成果的质量要明显高于全国平均水平（图4-28）。

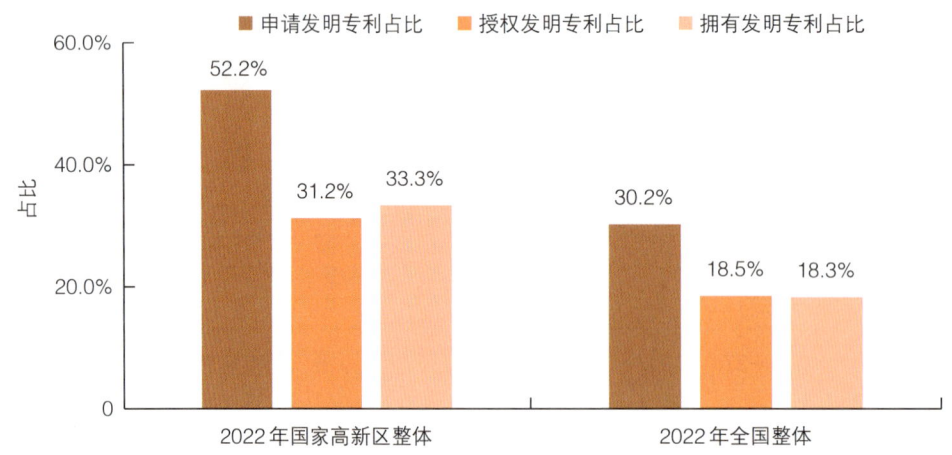

图4-28　2022年国家高新区企业发明专利占专利的比重与全国对比情况

国家高新区积极推进专利转让工作，在专利转让的价值实现上取得较大进展。2022年，国家高新区企业专利所有权转让及许可数为44 104件；专利所有权转让及许可收入为263.6亿元，同比增长35.4%。

（二）产学研用协同创新加快，广东研发费用占三成

产学研合作经费能够反映产学研主体之间的合作规模，体现了不同创新主体之间的协作水平。2010—2015年，国家高新区企业开展产学研合作研发费用支出一直处于缓慢增长状态，2016年开始加速增长。2022年，企业开展产学研合作研发费用支出为2815.4亿元，以原169家国家高新区进行比较，同比增长18.6%（图4-29）。

从产学研费用支出明细来看，2022年，委托境内研究机构费用为450.5亿元，同比增长20.6%；委托境内高等学校费用为91.1亿元，同比增长35.7%；委托境内企业费用为2273.7亿元，同比增长16.8%；相对而言，委托境外机构费用同比略有下降（图4-30）。从产学研费用境内支出结构来看，委托境内企业费用在3种产学研合作研发费用支出中占比最高，为80.7%（图4-31）。

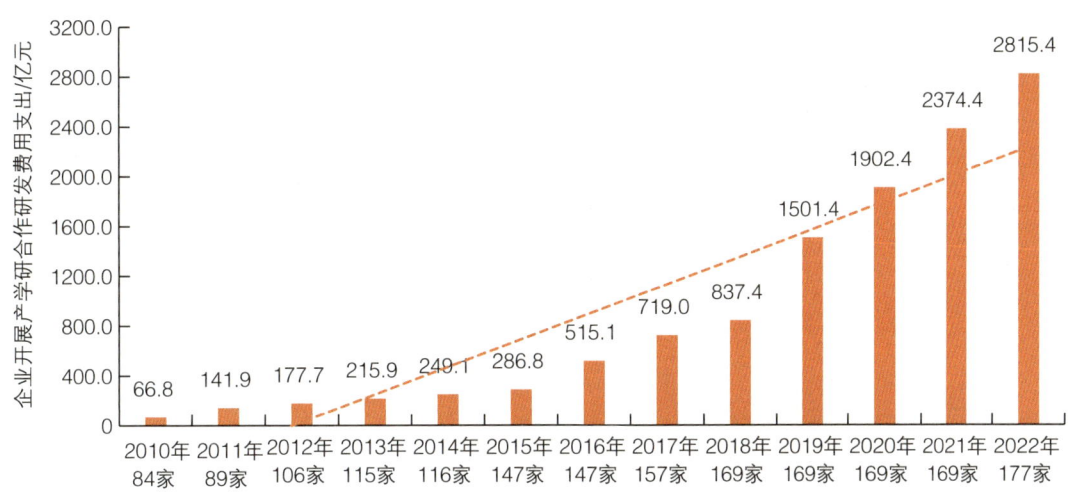

图4-29　2010—2022年国家高新区企业开展产学研合作研发费用支出情况

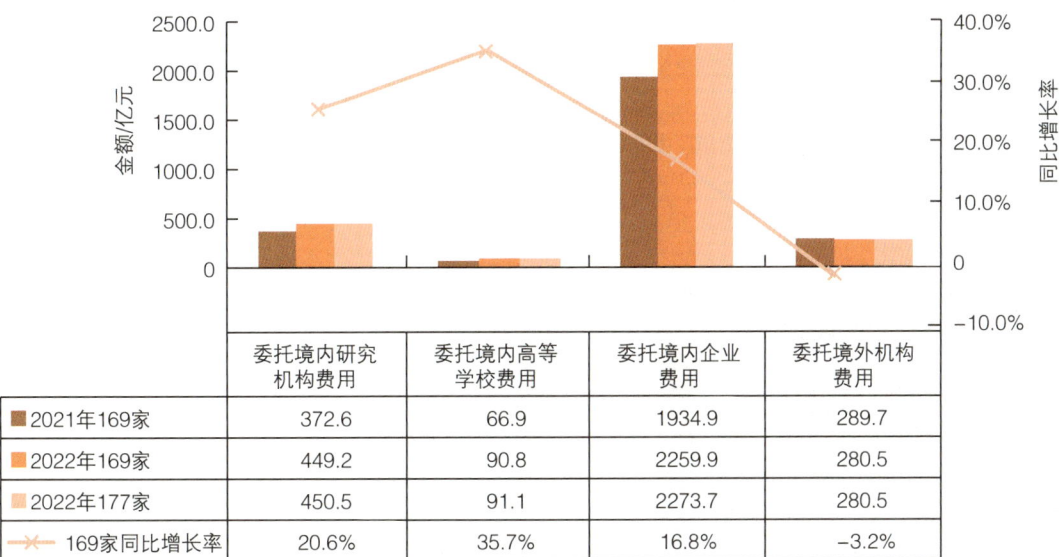

图4-30　2021年、2022年国家高新区企业开展产学研合作研发费用支出情况

按不同地区国家高新区、不同类别国家高新区、不同省份国家高新区对评价指标"企业开展产学研合作研发费用支出"进行分析。

分区域来看，2022年，长江经济带的国家高新区企业开展产学研合作研发费用支出最高，为921.0亿元，占国家高新区总量的32.7%；其次是粤港澳大湾区，为885.6亿元，占国家高新区总量的31.5%；京津冀和长三角区域大致相当，分别为726.9亿元

第四章　科技创新生态不断完善　93

和705.7亿元；黄河流域高新区仅有114.1亿元，占比为4.1%，在产学研合作方面还有待加强（图4-32）。

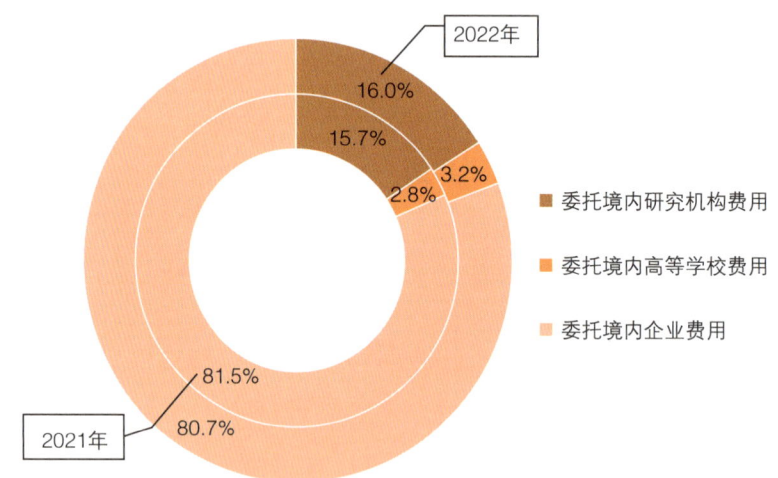

图4-31　2021年、2022年国家高新区企业开展境内产学研合作研发费用分布情况

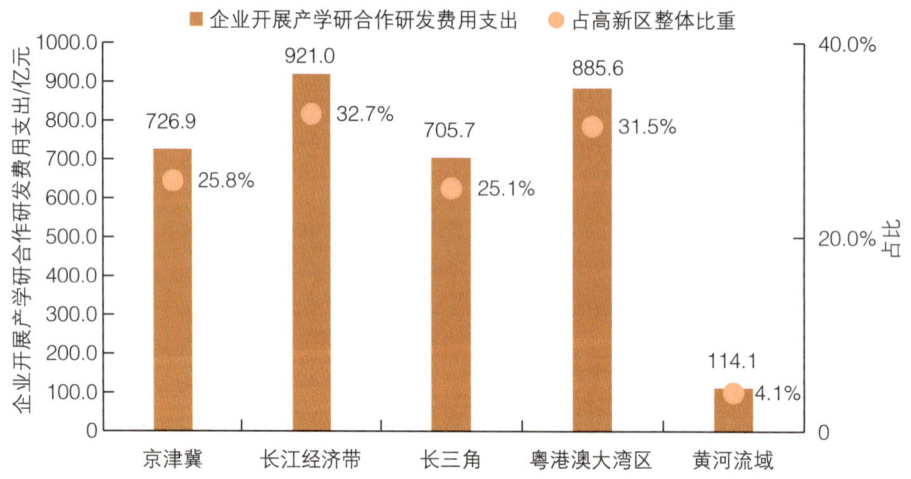

图4-32　2022年重大战略区域国家高新区企业开展产学研合作研发费用支出的分布

分地区来看，2022年，国家高新区企业开展产学研合作研发费用支出的地区间差异较大，东部地区高新区产学研合作规模遥遥领先，经费支出达2369.8亿元，较上年增长290亿元，占国家高新区总量的84.2%；东北地区、西部地区和中部地区经费支出较上年均有所增长，同时经费支出占高新区整体的比例也较上年均有不同程度的提升，其中中部地区提升幅度最大（图4-33）。

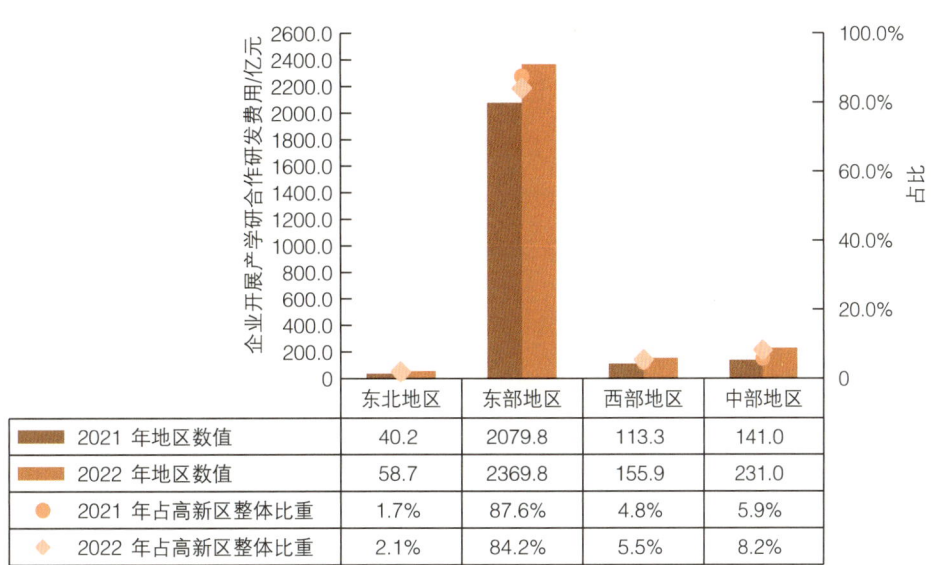

图4-33　2022年国家高新区企业开展产学研合作研发费用支出的地区分布

分不同类别国家高新区来看，2022年，平均每家世界一流高科技园区的企业开展产学研合作研发费用支出为201.9亿元，是高新区均值的12.7倍；创新型科技园区、创新型特色园区和其他园区均未达到高新区平均水平。此外，平均每家自创区园区的企业开展产学研合作研发费用支出为44.5亿元，远高于非自创区园区，是其22.1倍；稳定期园区则是新升级园区的13.5倍（图4-34）。

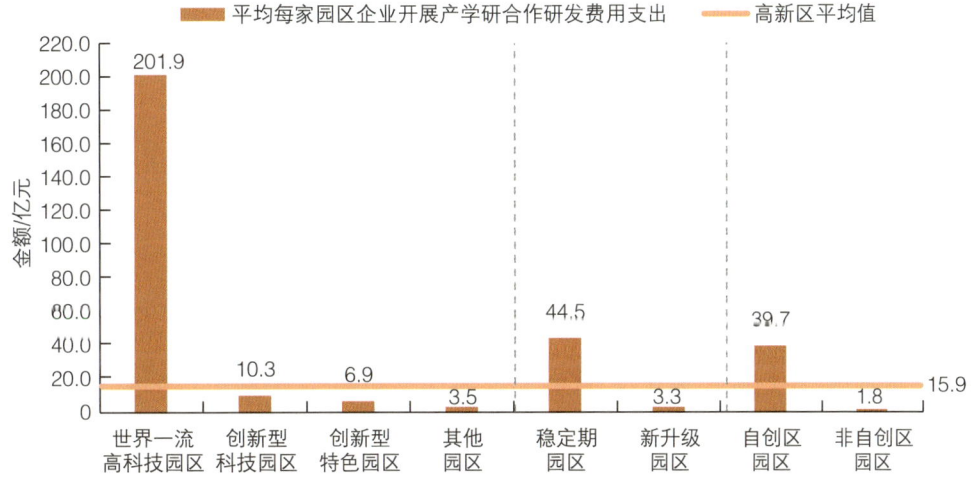

图4-34　2022年不同类别国家高新区开展产学研合作研发费用支出对比情况

第四章　科技创新生态不断完善　95

分省份来看，国家高新区企业开展产学研合作研发费用支出较多的主要是东部沿海省份和部分中部省份。费用支出超过50亿元的省份较上年增加2个，共计9个省份，分别是广东、北京、上海、浙江、江苏、湖北、山东、安徽和陕西，占国家高新区整体的比例分别为31.6%、24.6%、10.1%、7.3%、5.6%、3.2%、2.7%、2.1%和2.0%；其中，广东和北京的高新区贡献高新区整体一半以上的产学研合作费用（表4-8）。

表4-8　2022年国家高新区企业开展产学研合作研发费用支出的省份分布情况

省份	高新区企业开展产学研合作研发费用支出/亿元	占国家高新区整体的比例	省份	高新区企业开展产学研合作研发费用支出/亿元	占国家高新区整体的比例
广东	889.3	31.59%	河北	19.6	0.69%
北京	691.1	24.55%	天津	16.2	0.58%
上海	285.0	10.12%	云南	11.6	0.41%
浙江	206.6	7.34%	贵州	11.0	0.39%
江苏	156.5	5.56%	广西	9.7	0.34%
湖北	89.7	3.18%	重庆	9.5	0.34%
山东	76.5	2.72%	黑龙江	9.3	0.33%
安徽	57.7	2.05%	海南	8.0	0.28%
陕西	57.1	2.03%	内蒙古	7.9	0.28%
四川	37.5	1.33%	甘肃	5.6	0.20%
湖南	34.8	1.24%	新疆	4.2	0.15%
辽宁	24.8	0.88%	山西	2.9	0.10%
河南	24.6	0.87%	西藏	1.1	0.04%
吉林	24.6	0.87%	宁夏	0.6	0.02%
江西	21.3	0.76%	青海	0.2	0.01%
福建	21.1	0.75%			

具体到单个园区，2022年，企业开展产学研合作研发费用支出达到10亿元以上的园区共计28家，较上年增加7家；其中中关村、深圳、上海张江3家高新区的费用支出均超过200亿元，合计贡献高新区近六成的费用，远高于其他园区。中关村科技园区费用支出规模最大，为691.1亿元，占高新区整体支出的比例高达24.55%。东莞和杭州高新区费用支出分别为193.7亿元和157.2亿元，其余23家园区支出均在100亿元以

下，并且多数园区支出不超过30亿元（图4-35）。

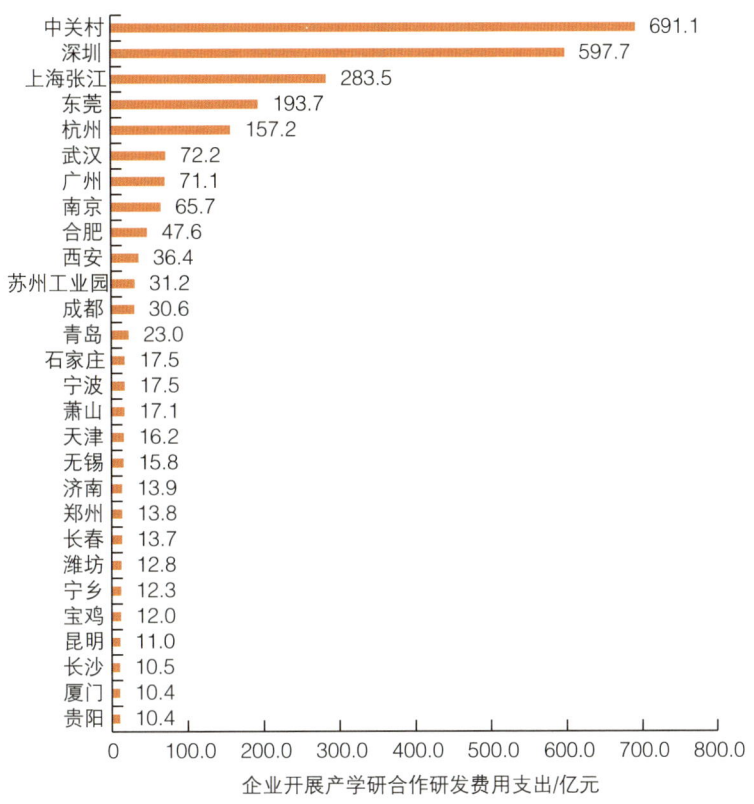

图4-35　2022年企业开展产学研合作研发费用支出超过10亿元的国家高新区

三、科技金融赋能企业创新

科技与金融的结合对高新区的创新发展意义重大。科技金融是推动国家高新区创新发展的关键力量，能够为广大科技企业提供资金支持，降低创新风险，促进产学研合作，激发创新活力，优化创新环境，加速经济转型，对于构建具有全球竞争力的创新高地和产业高地具有至关重要的作用。2022年，国家高新区积极招引和培育各类金融机构，完善金融服务体系，加速推进科技与资本融合。国家高新区科技创新生态评价中，体现科技与金融结合方面的指标为"创投机构当年对企业的风险投资总额"。

（一）科技金融快速发展，政府投资基金杠杆作用明显

国家高新区积极围绕创新链部署资金链，从科技企业的需求出发，不断创新试

点科技金融政策和金融产品，创新基金、创业投资引导基金、科技保险、科技银行等都是在高新区开始先行先试。为了进一步激发资本市场的活力，国家高新区进行多层次、多角度的探索，科技型企业直接融资渠道更加通畅，科技保险、融资担保、创业投资等金融服务质效不断提升，高端制造业贷款、专精特新企业贷款、科技型中小企业贷款等持续保持较高增速，科创金融改革试验区、高新区科技金融试点等有序推进，为探索科技金融新路径、新模式发挥了示范引领作用。

2022年，国家高新区参与或设立的产业投资基金杠杆作用更为显著，产业投资基金规模为30 489.6亿元，同比增长13.3%。其中，纯内资民营基金规模与政府参与的基金规模大致相当，分别为14 314.3亿元和15 334.9亿元，这两类基金规模占到高新区整体产业投资基金规模的97.2%；外资参与的基金规模占比较小，仅为1.6%（图4-36）。

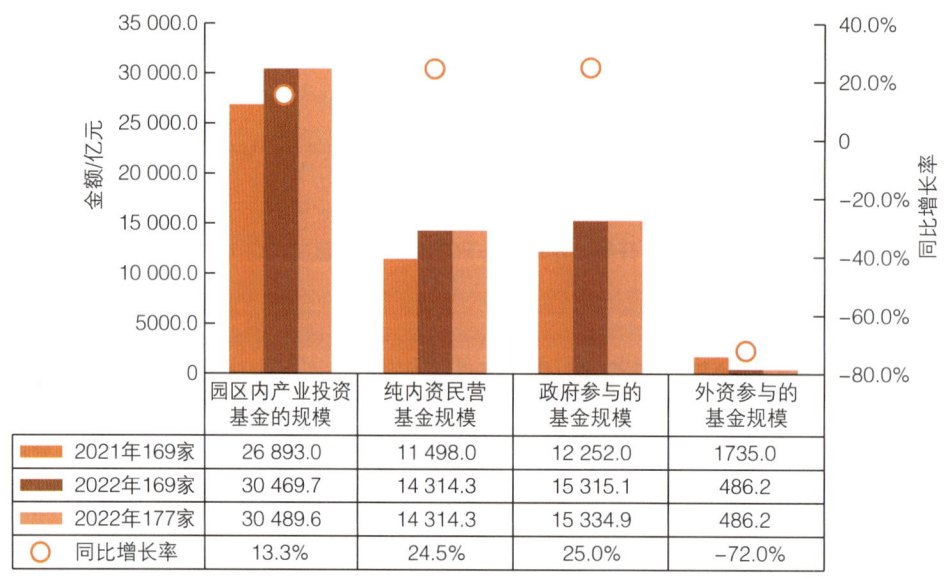

图4-36　2021年、2022年国家高新区产业投资基金分布情况

（二）企业融资能力增强，汇聚上市企业数量超2000家

国家高新区通过多种举措积极引进和培育金融服务机构，逐步完善科技金融服务体系，各类金融服务机构发展卓有成效。截至2022年底，国家高新区内共有创业风险投资机构7934家、银行6623家（其中科技支行944家）、保险代理机构4227家、证

券机构1776家、担保公司1872家、小额贷款公司1567家、科技融资租赁公司1879家、科技金融服务机构7104家。与2021年相比，除创业风险投资机构外，高新区其余各类金融服务机构均实现增长，其中证券机构增长最快，同比增长15.3%；其次为科技支行，同比增长14.7%（图4-37）。

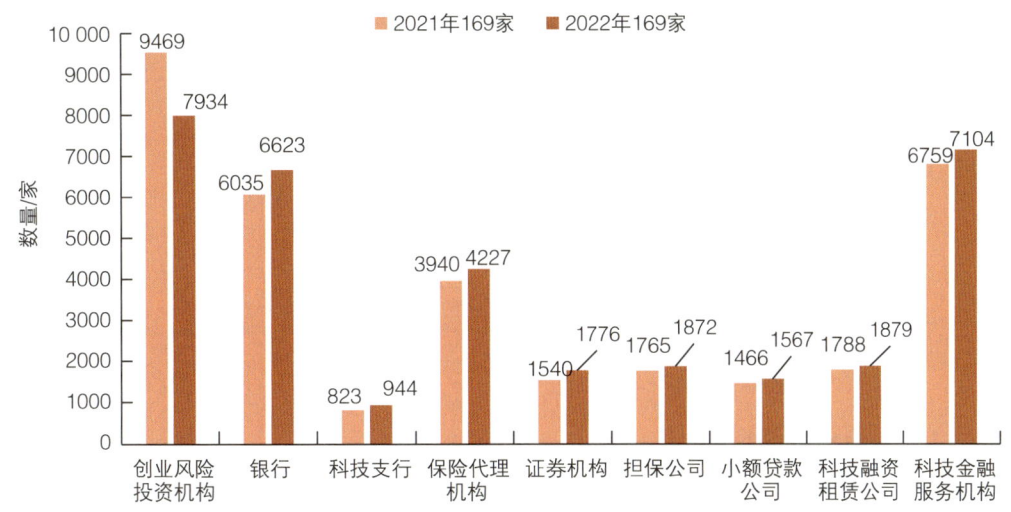

图4-37　2021年、2022年国家高新区各类金融服务机构情况

随着我国"新三板""新四板""科创板"等资本市场的逐步建立和完善，国家高新区形成了主板和中小板（一板）、创业板（二板）、科创板、全国中小企业股份转让系统（新三板）和区域性股权交易市场（新四板）多层次的资本市场体系。2022年，国家高新区企业的实收资本（股本）共计160 172.1亿元，同比增长16.9%。其中，企业上市融资股本10 907.4亿元，同比下降4.4%；企业海外上市融资股本1582.7亿元，同比下降43.7%。

从企业上市和挂牌情况来看，2022年，国家高新区内共有上市企业2534家，较上年增加243家，其中当年新上市307家。[①]具体到单个园区，2022年上市企业数在30家及以上的国家高新区共有15家，包括中关村、上海张江、深圳、南京、广州、杭州、成都、宁波、苏州工业园、武汉东湖、长沙、西安、合肥、珠海、佛山，其中排名前三的高新区其上市企业数分别为537家、305家和225家，从第4名开始，单个高新区上

---

① 此处上市企业数据来源于中国科学院科技战略咨询研究院中国高新区研究中心调查统计数据。

市企业数降至100家以内，各高新区上市企业数差距较大（图4-38）。

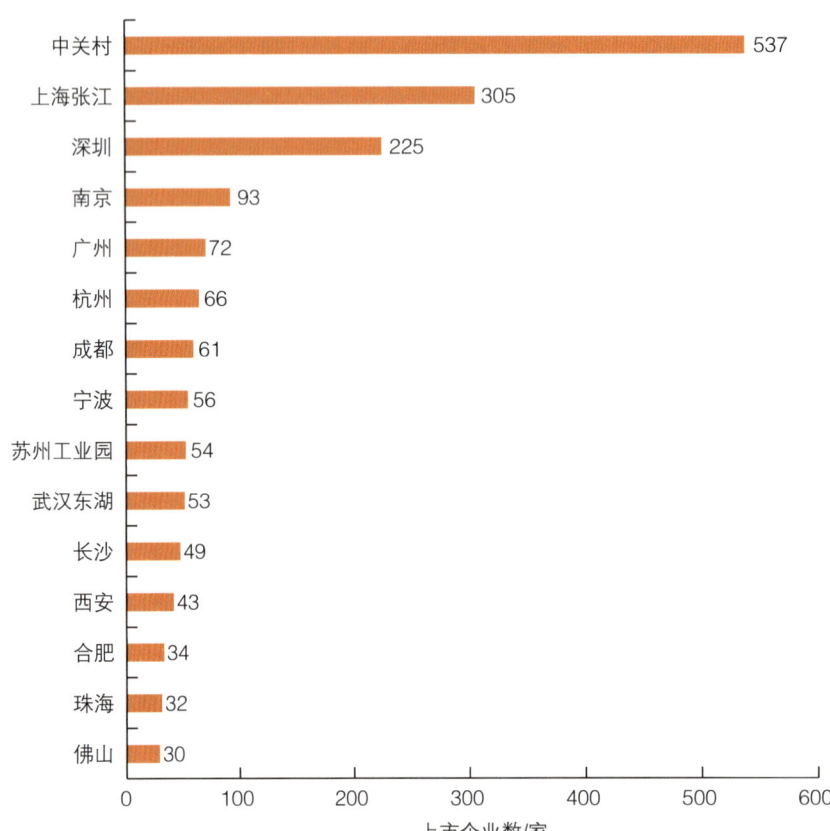

图4-38　2022年上市企业数超过30家的国家高新区

（三）吸纳创业风投总额达 2800 亿元，投资规模超美国硅谷

随着科技与金融的融合不断深入，风险投资行业在我国也得到了快速的发展，对创新创业的支撑作用不断增强。国家高新区是创新创业的高地，也是风险投资的热土。2010—2012年，国家高新区创投机构当年对企业的风险投资总额均为450亿元左右；从2013年开始，高新区创投机构当年对企业的风险投资总额进入增长快车道，几乎以一年翻一番的速度增长；2018年出现爆发式增长；2019年突破千亿元规模；2021年增速加快，2022年受疫情影响有所回落，为2847.6亿元（图4-39），总体来看国家高新区科技金融环境还在不断优化。

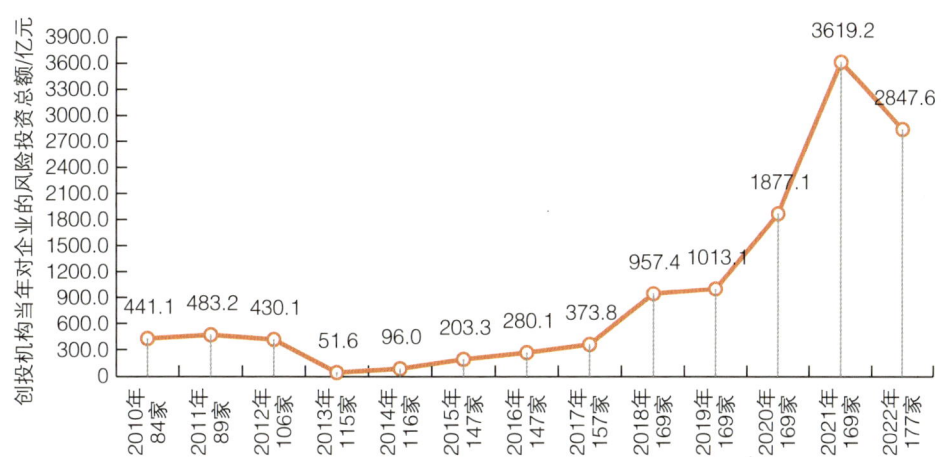

图4-39　2010—2022年国家高新区创投机构当年对企业的风险投资总额变化情况

下面按不同地区、不同省份、不同类别国家高新区对评价指标"创投机构当年对企业的风险投资总额"进行分析。

分区域来看，2022年，各区域的国家高新区创投机构当年对企业的风险投资总额有较大的差异。长江经济带和长三角区域高新区的创投机构当年对企业的风险投资总额较高，分别是1627.6亿元和1321.2亿元；京津冀、粤港澳大湾区、黄河流域高新区的风险投资总额相对较低，分别为475.0亿元、435.6亿元和131.3亿元，占国家高新区整体的比重分别为16.7%、15.3%和4.6%（图4-40）。

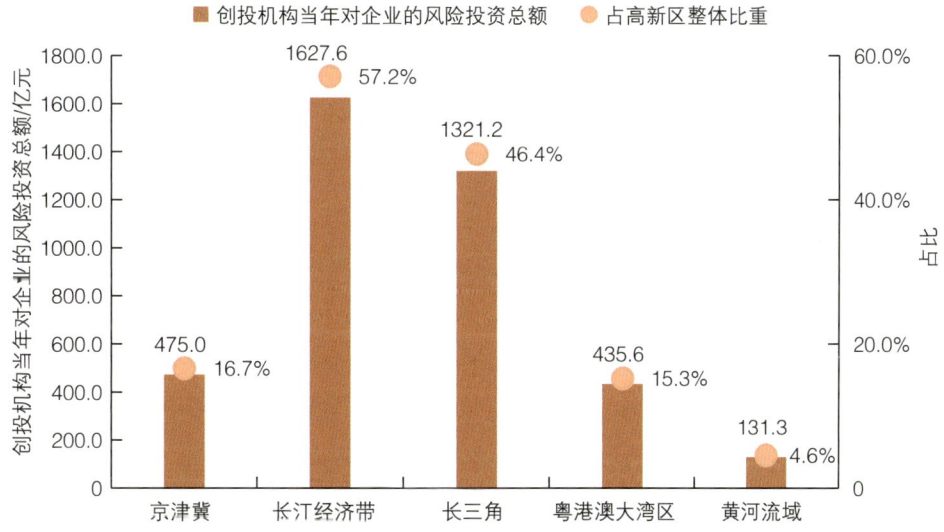

图4-40　2022年重大战略区域国家高新区创投机构当年对企业的风险投资总额的分布情况

第四章　科技创新生态不断完善

分地区来看，2022年，东北地区、东部地区、西部地区和中部地区的国家高新区创投机构当年对企业的风险投资总额分别为48.6亿元、2353.6亿元、176.7亿元和268.7亿元，占国家高新区整体的比重分别为1.7%、82.7%、6.2%和9.4%。东部地区拥有高新区八成以上的风险投资额，但占高新区整体的比重较上年略有下降；东北地区数值和占比双双提升；西部地区数值下降，但占比有所上升；中部地区数值和占比均有回落（图4-41）。

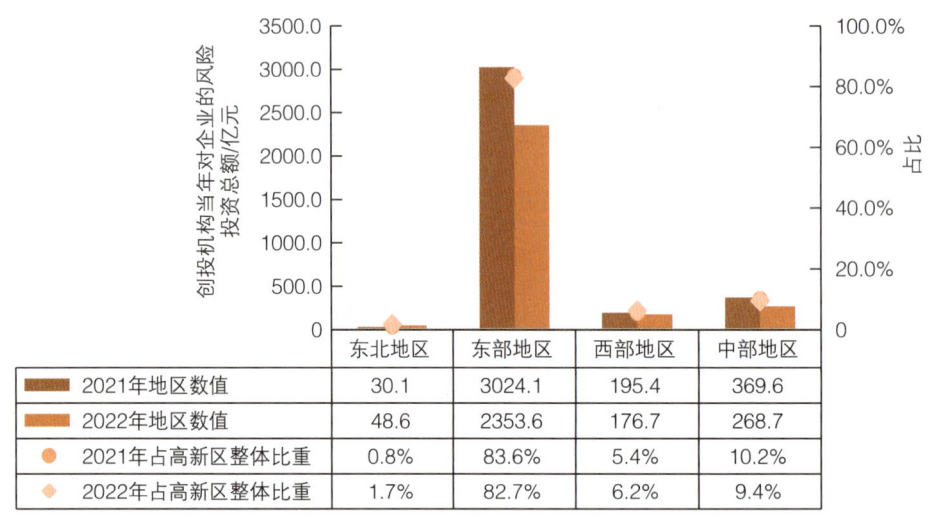

图4-41　2021年、2022年国家高新区创投机构当年对企业的风险投资总额的地区分布情况

分不同类别国家高新区来看，2022年，平均每家世界一流高科技园区创业风险投资机构当年的风险投资额为191.4亿元，远高于创新型科技园区、创新型特色园区和其他园区，是国家高新区平均值的11.9倍。世界一流高科技园区作为国家高新区的领头羊，其科技金融发展环境最为健全，创新型企业最为集中，也最受风险投资青睐。此外，平均每家稳定期园区的风险投资规模为44.9亿元，是新升级园区的13.2倍；平均每家自创区园区为38.8亿元，是非自创区园区的14.9倍（图4-42）。

分省份来看，2022年，创投机构当年对企业的风险投资总额达到100亿元以上的省份有7个，分别为江苏、上海、北京、广东、浙江、湖北和山东，其中，江苏、上海、北京、广东的高新区占高新区整体的比例均在10%以上；江苏、上海和浙江的创投机构当年对企业的风险投资总额占高新区整体的比例达到44.8%，表明国家高新区的风险投资主要集中在东部省份及重要城市。在中西部省份中，四川、陕西、安徽、湖南等省份高新区的风险投资规模在30亿元以上；新疆、青海和西藏等省份高新区的风险投资均低于0.1亿元，这些省份高新区的科技金融环境亟须优化（表4-9）。

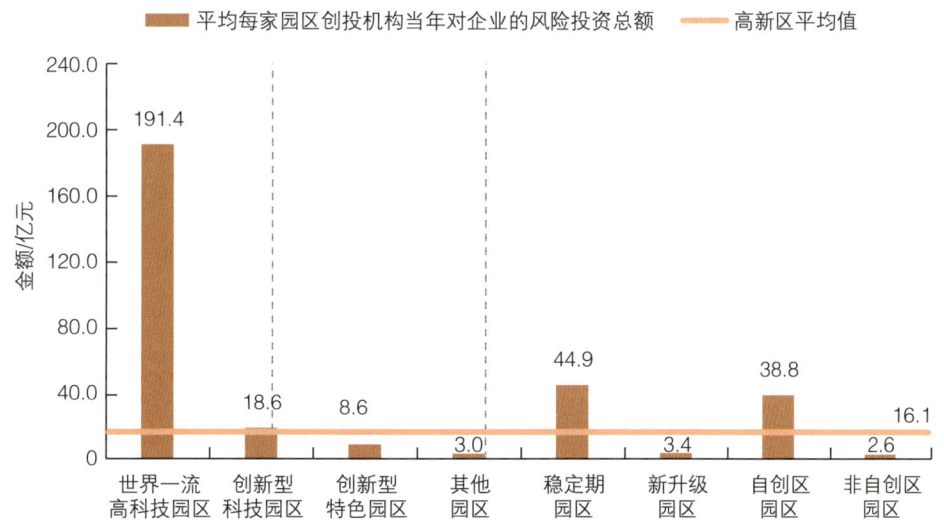

图4-42　2022年不同类别国家高新区创投机构当年对企业的风险投资总额

表4-9　2022年国家高新区创投机构当年对企业的风险投资总额的省份分布

省份	高新区创投机构当年对企业的风险投资总额/亿元	占国家高新区整体的比例	省份	高新区创投机构当年对企业的风险投资总额/亿元	占国家高新区整体的比例
江苏	550.1	19.32%	河北	11.4	0.40%
上海	489.8	17.20%	重庆	8.6	0.30%
北京	459.9	16.15%	宁夏	6.0	0.21%
广东	436.8	15.34%	天津	3.7	0.13%
浙江	236.8	8.32%	内蒙古	3.3	0.12%
湖北	128.5	4.51%	贵州	3.2	0.11%
山东	121.9	4.28%	广西	3.1	0.11%
陕西	67.1	2.36%	吉林	2.4	0.08%
湖南	62.1	2.18%	甘肃	2.0	0.07%
四川	61.7	2.17%	黑龙江	1.5	0.05%
辽宁	44.7	1.57%	山西	0.9	0.03%
安徽	44.6	1.57%	海南	0.1	0.00%
福建	43.1	1.51%	新疆	0.0	0.00%

续表

省份	高新区创投机构当年对企业的风险投资总额/亿元	占国家高新区整体的比例	省份	高新区创投机构当年对企业的风险投资总额/亿元	占国家高新区整体的比例
云南	21.8	0.76%	青海	0.0	0.00%
江西	20.6	0.72%	西藏	0.0	0.00%
河南	12.2	0.43%			

具体到单个园区，2022年，吸引创投机构的风险投资金额超过10亿元的高新区有33家，较上年增加3家，世界一流高科技园区均位列其中。上海张江表现最为突出，风险投资总额为484.3亿元，占高新区整体的17.0%；其次为中关村科技园区，风险投资总额为459.9亿元；此外，苏州工业园和深圳高新区的风险投资额均在200亿元以上（图4-43）。

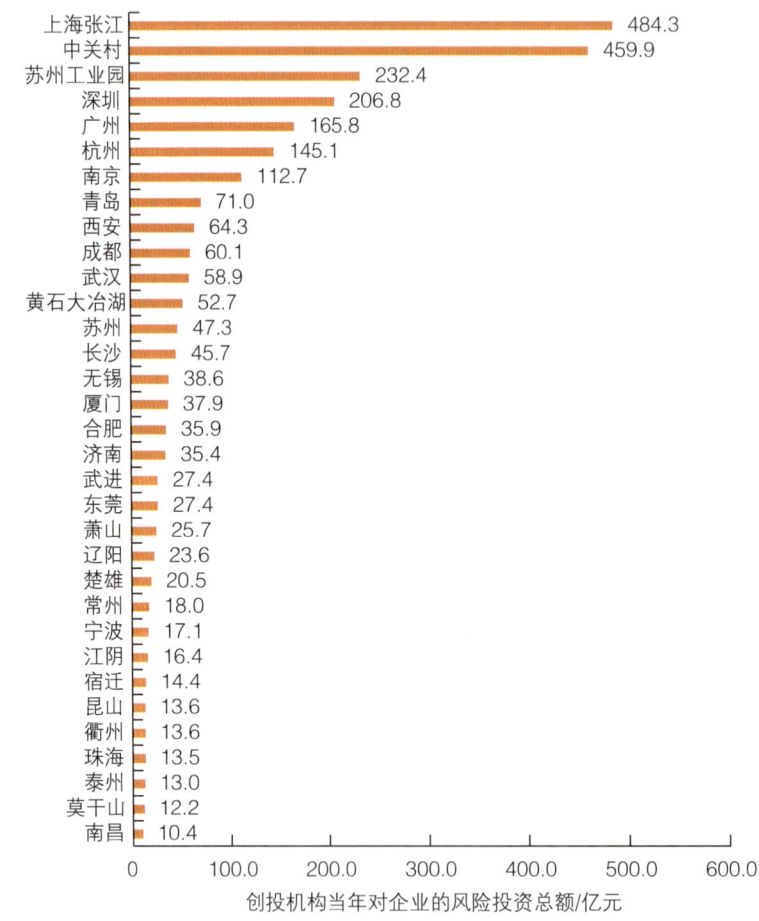

图4-43　2022年创投机构当年对企业的风险投资总额超过10亿元的国家高新区

国家高新区风险投资环境不断改善，与世界先进园区差距不断缩小。2022年，硅谷地区风险投资总额为207亿美元（折合1478.4亿元人民币），旧金山地区风险投资总额为285亿美元（折合2035.5亿元人民币），我国国家高新区2022年获得创投机构的风险投资总额为2845.4亿元，吸纳风险投资总额是硅谷地区的1.9倍，是旧金山地区的1.4倍。但从单个高新区来看，我国风险投资总额最高的上海张江（484.3亿元）仅是硅谷地区的32.8%，科技企业和科技金融发展的质量仍需着力提升。

国家高新区创新能力评价报告2023

第五章 各类创新资源加快集聚

区域创新资源集聚能够较为客观地反映一个区域创新能力的强弱。创新资源集聚程度一方面体现国家高新区之间创新资源的禀赋差异；另一方面也反映国家高新区财政及企业创新研发投入的基础。考察指标涵盖研发人员、研发经费、政府投入、研究机构和高新技术企业聚集程度。国家高新区创新能力指数测算结果显示，2010—2022年，国家高新区创新资源集聚指数从100.0点上升到288.6点，年均增长9.2%。2022年较2021年增长19.7点，同比增速为7.3%（图5-1）。

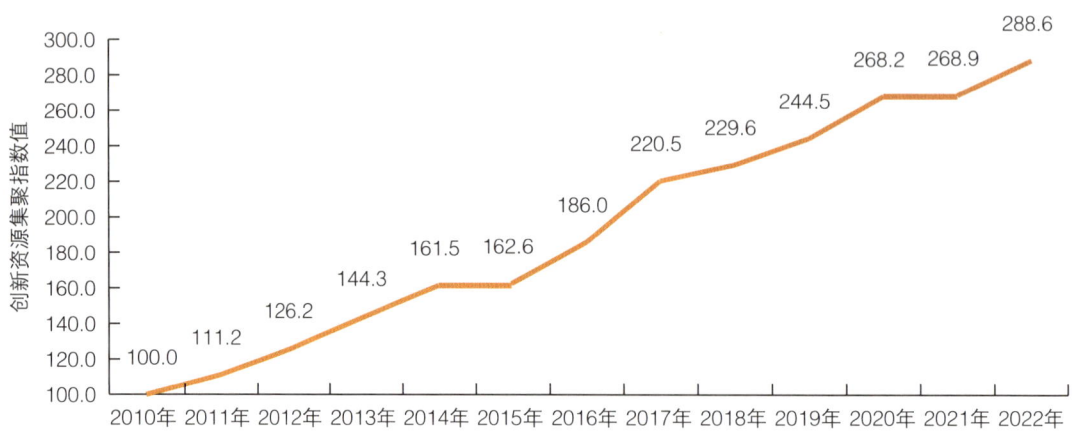

图5-1　国家高新区创新资源集聚指数趋势

创新资源集聚指标下设5个二级指标，分别为企业R&D人员全时当量、企业R&D投入占增加值比例、财政科技支出占当年财政支出比例、省级及以上各类研发机构数量、当年认定的高新技术企业数量。2022年，5个二级指标分别为210.3万人年、

10.0%、14.4%、33 146家和53 044家，以原169家国家高新区进行比较，同比增长率依次为12.3%、−1.1%、−2.5%、12.2%、24.8%，其中3个指标实现正增长，包括企业R&D人员全时当量、省级及以上各类研发机构数量、当年认定的高新技术企业数量，同比增速均达到了10%以上（图5-2）。从增速贡献①来看，"当年认定的高新技术企业数量"指标对创新资源集聚指数增长的贡献最大；其次为"省级及以上各类研发机构数量"。

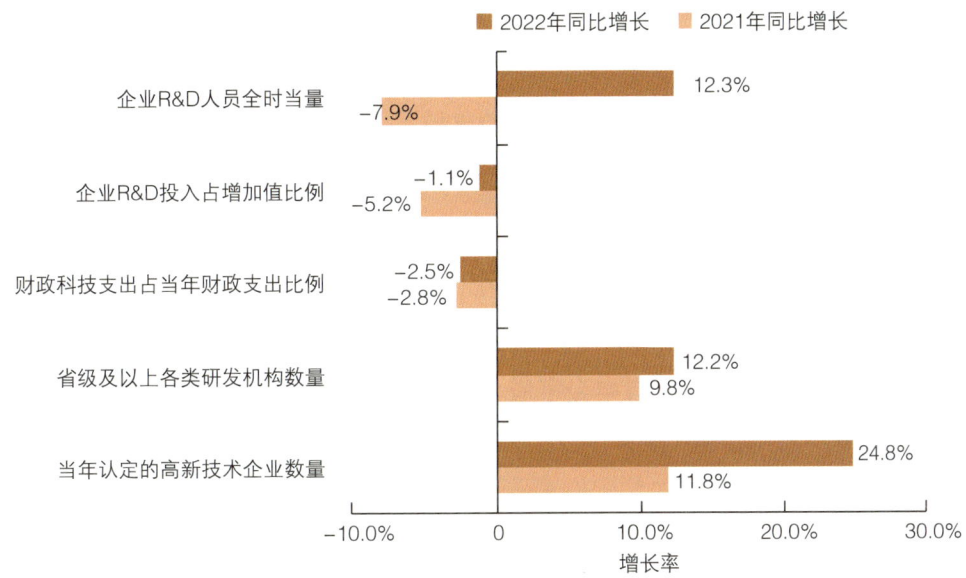

图5-2　2021—2022年国家高新区创新资源集聚5个二级指标的增长率对比情况

围绕5个二级指标，分别从人才集聚、科技创新投入、创新主体培育3个方面，对国家高新区创新资源集聚情况进行详细分析和阐述。

一、高端科技人才不断聚集

国家高新区坚持"人才是第一资源"，高度重视人才引育工作，培养和造就了一流科技领军人才和创新团队，加快聚集了一批科技人员、企业家、技能型人才，成为我国创新人才集聚高地，成为我国建设"人才强国"的有力支撑。在创新资源指数

---

① 在观察每个二级指标对相应一级指标增速的贡献时，使用的是"加权增长率"。

中，报告使用"企业R&D人员全时当量"这一指标来观察国家高新区创新人才集聚情况，以下为高新区的具体表现。

（一）人才政策体系日益完善，人才吸纳能力不断增强

近年来，国家高新区在人才政策方面不断加强顶层设计，创新和完善人才政策体系，这些政策和措施的实施，为人才的发展提供了更加广阔的空间和机会，也激发了人才的创新创造活力。

集聚多层次创新创业人才，是国家高新区工作的重中之重。近年来，国家高新区不断加大人才工作投入，面向创新人才的支持政策已经成为国家高新区创新政策的标准配置。国家高新区2022年调查问卷显示，在177家国家高新区中，有166家建立了标志性专项人才计划，如中关村"科技新星""雏鹰""朱雀"等人才计划，深圳高新区鹏城英才计划、鹏城孔雀计划，苏州工业园"金鸡湖人才计划"，武汉高新区"3551光谷人才计划"，合肥高新区"江淮硅谷"人才工程，上海张江"静英"人才行动计划、明珠计划、闵行"春申金字塔人才计划"，天津滨海"海河英才"行动计划，长沙高新区"千博万硕"引才工程等。

随着人才引进计划的相继出台和园区从业人员生活条件的逐步改善，国家高新区的人才发展环境显著提升，从业人员数量持续增长。2022年，国家高新区从业人员[①]从2021年的2506.8万人增长至2614.5万人，同比增长3.4%；其中，当年新增从业人员427.8万人，同比减少7.9%；当年吸纳高校应届毕业生80.9万人，同比增长0.6%（图5-3）。

[①] 报告中国家高新区的从业人员均指"入统企业的从业人员"。

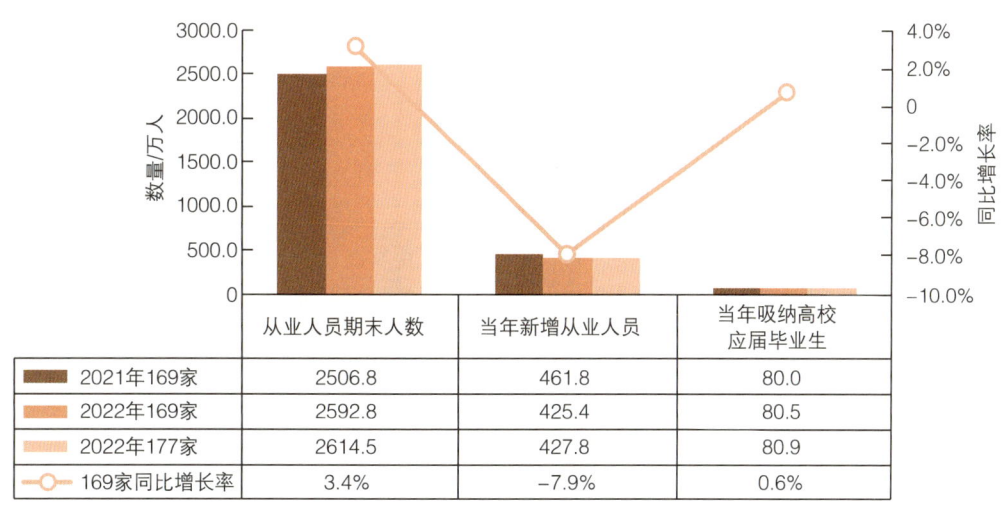

图5-3　2021—2022年国家高新区从业人员情况比较

（二）从业人员结构持续优化，"双高"特征显著

随着从业人员源源不断的汇入，国家高新区从业人员队伍的整体结构也在逐渐优化，高学历化和高技能化趋势明显。

从学历来看，2022年，国家高新区从业人员中有研究生（博士、硕士）197.9万人、本科生895.7万人、大专生549.7万人，以原169家国家高新区进行比较，分别同比增长7.6%、5.8%、2.0%；大专以下学历的其他从业人员971.1万人，同比增长1.2%（图5-4）。2022年，本科及以上学历从业人员占比由40.9%提升至41.9%，其中，研究生学历从业人员占比由7.3%提升至7.6%，本科学历从业人员占比由33.6%提升至34.3%。大专学历从业人员占比与其他从业人员占比有所下降（图5-5）。可以看到，国家高新区以研究生、本科生为代表的高学历从业人员占比在不断提升，且高学历从业人员的增长速度远高于大专及其他学历人员。

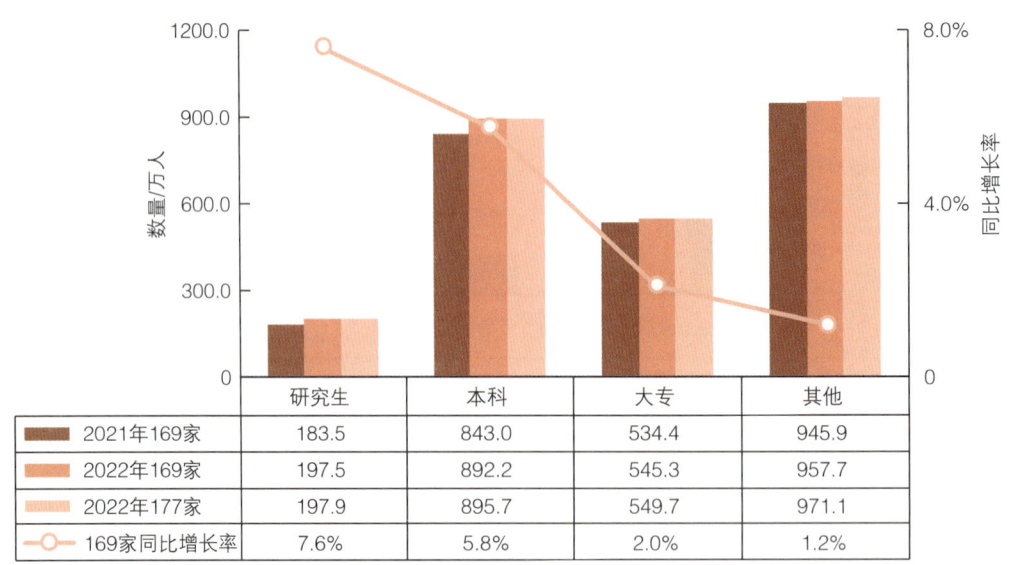

图5-4 2021—2022年国家高新区各学历从业人员的增长情况

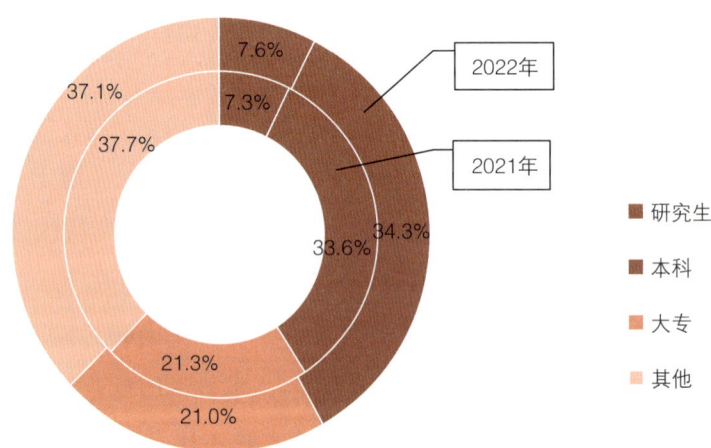

图5-5 2021—2022年国家高新区从业人员的学历分布情况

具体到高新区，2022年，上海紫竹、杭州、苏州工业园、中关村、武汉、西安、合肥、上海张江、大连、沈阳等代表性园区，其从业人员中本科及以上学历从业人员占比均在55%以上，分别为76.7%、68.2%、66.8%、65.1%、60.1%、59.4%、58.2%、57.7%、55.6%、55.0%，远高于国家高新区整体水平（41.9%）。其中，合肥、苏州工业园、杭州、武汉和沈阳这5家园区较2021年提升明显（图5-6）。这些园区所在城市综合发展实力不断提升，能够提供较好的科教资源和更多的高技术产业就业机会，成为所在城市吸引知识型人才的核心区域。

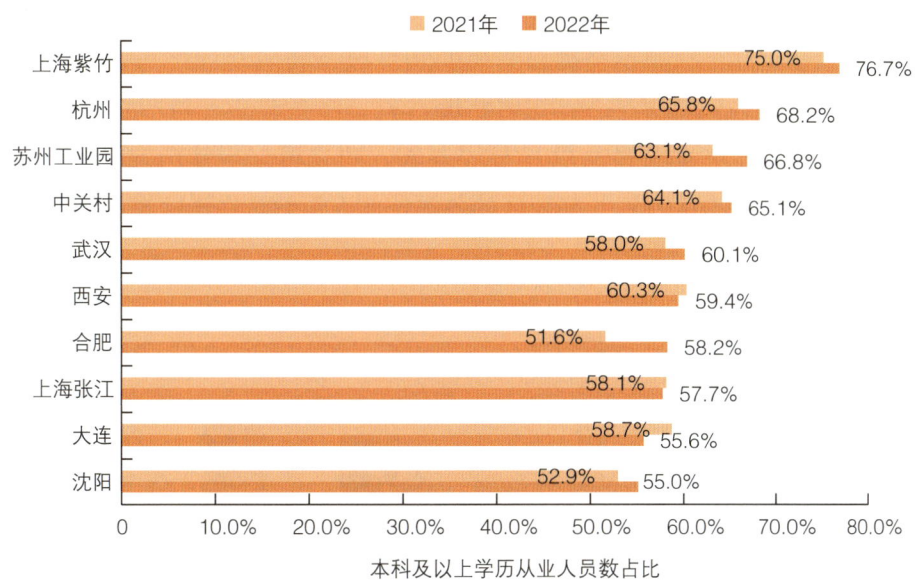

图5-6　2021—2022年我国代表性国家高新区的本科及以上学历从业人员对比情况

从职业类型来看，2022年，国家高新区中层及以上管理人员数为216.5万人，同比增长3.8%，占从业人员总数的比例为8.3%，与上年持平；专业技术人员数为787.1万人，同比增长6.9%，占从业人员总数的比例为30.1%，较上年提高0.9个百分点（图5-7）。高新区管理人才和技能人才增长迅速，其增长速度均高于从业人员的整体增速（3.4%），分别高出整体增速0.3个百分点、3.5个百分点。

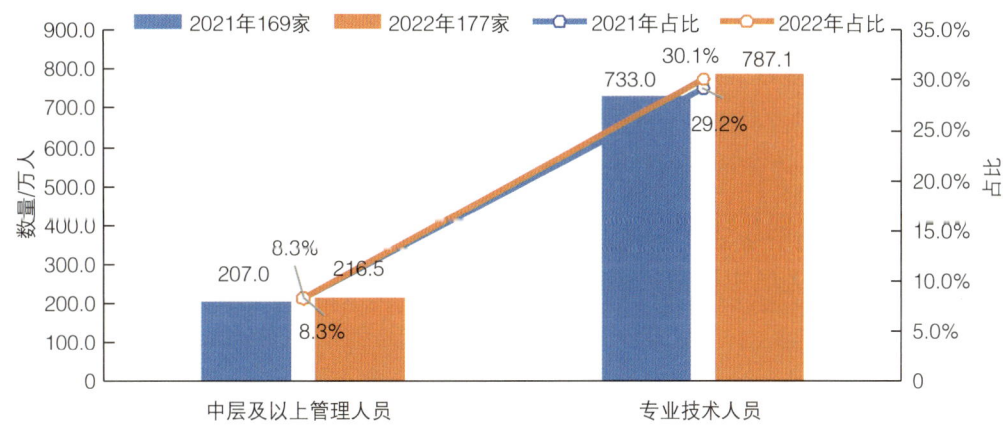

图5-7　2021—2022年国家高新区从业人员的职业类型分布情况

第五章　各类创新资源加快集聚　113

从技能级别来看，2022年，国家高新区初级及以上技能人员共计289.9万人，占从业人员总数的比例为11.1%，较上年提高0.5个百分点。从业人员中有高级技师（国家职业资格一级）13.5万人、技师（国家职业资格二级）26.8万人、高级技能人员（国家职业资格三级）75.5万人、中级技能人员（国家职业资格四级）82.8万人、初级技能人员（国家职业资格五级）91.3万人，同比增长率分别为8.9%、5.6%、8.6%、8.9%和6.1%（图5-8），高新区的各类技能人员数量在迅速扩充。

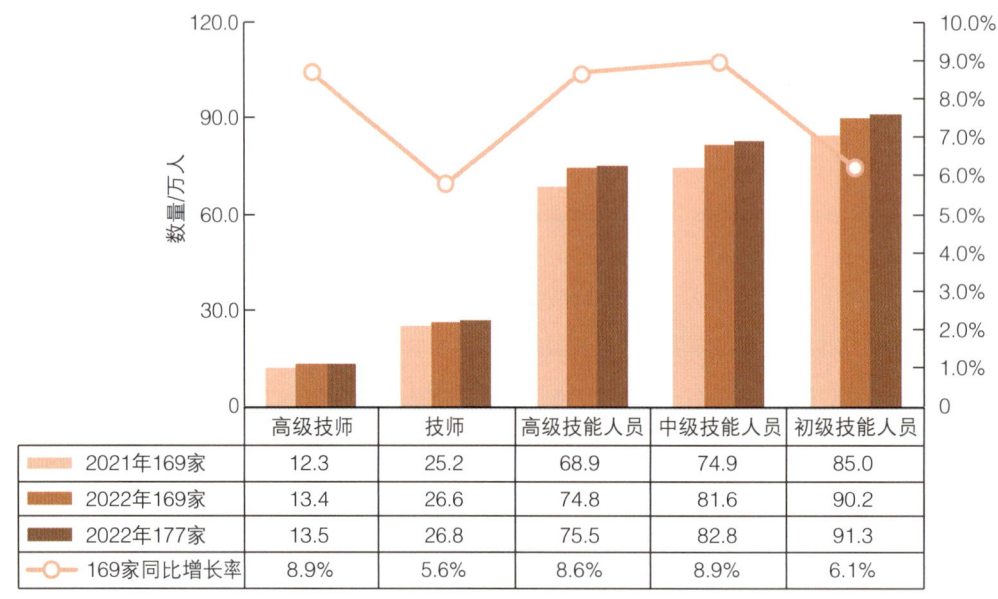

图5-8　2021—2022年国家高新区各类技能从业人员分布情况

（三）研发人员密度小幅增长，东北占比有所上升

2022年，国家高新区中从事科技活动人员共计604.5万人，同比增长6.7%，占从业人员总数的23.1%。其中，企业R&D人员全时当量为210.3万人年（图5-9），以原169家国家高新区进行比较，同比增长12.8%，占我国全部R&D人员全时当量（635.4万人年）的33.1%，同比增加0.5个百分点。从研发人员密度来看，2022年，国家高新区企业每万名从业人员中研发人员全时当量为804人年，是全国平均水平（87人年）的9.2倍[①]。

---

① 全国数据来源于《中国统计年鉴2022》。

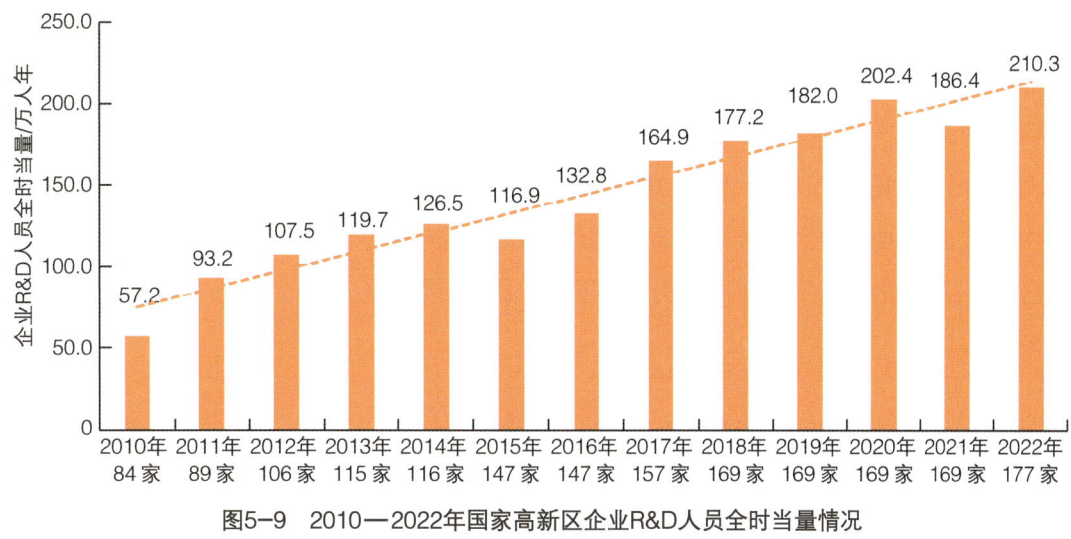

图5-9 2010—2022年国家高新区企业R&D人员全时当量情况

企业R&D人员全时当量按不同区域国家高新区、不同地区国家高新区、不同类别国家高新区、不同省份国家高新区进行对比，差异明显。

分战略区域来看，2022年京津冀、长江经济带、长三角、粤港澳大湾区、黄河流域的企业R&D人员全时当量分别为25.4万人年、106.5万人年、69.0万人年、32.4万人年和22.7万人年。其中，长江经济带研发人员聚集程度最高，企业R&D人员全时当量占高新区整体比重达到50.7%，其次是长三角地区的占比为32.8%，其余地区研发人数占比均不足20%。

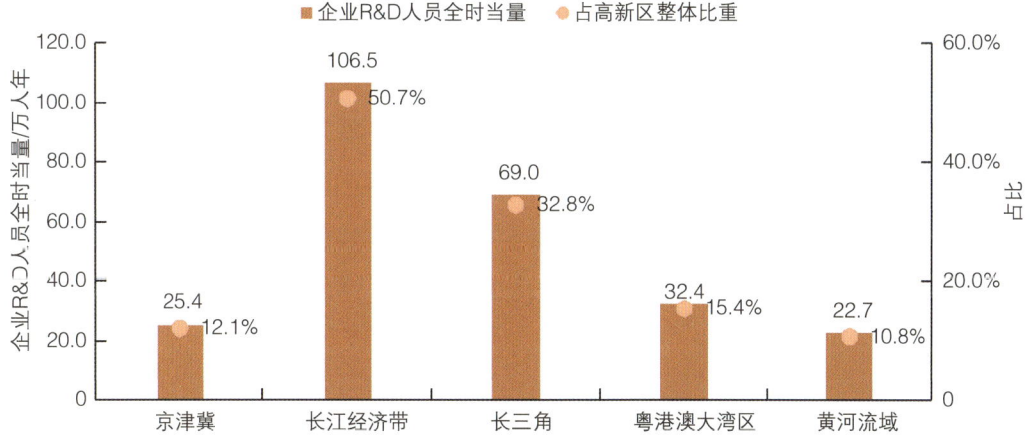

图5-10 2022年重大战略区域国家高新区企业R&D人员全时当量的分布情况

第五章 各类创新资源加快集聚 115

分地区来看，2022年，东北地区、东部地区、西部地区和中部地区的国家高新区企业R&D人员全时当量分别为6.9万人年、141.8万人年、23.2万人年和38.4万人年，地区差异显著。其中，东部地区集聚了国家高新区67.4%的研发人员资源，中部地区和西部地区各集聚了18.3%和11.0%的研发人员资源（图5-11）。相比2021年，2022年中部地区和西部地区高新区研发人员的占比份额有所下降，东部地区和东北地区高新区研发人员的占比份额有所上升，不同区域国家高新区R&D人员分布不平衡状况仍比较严重。

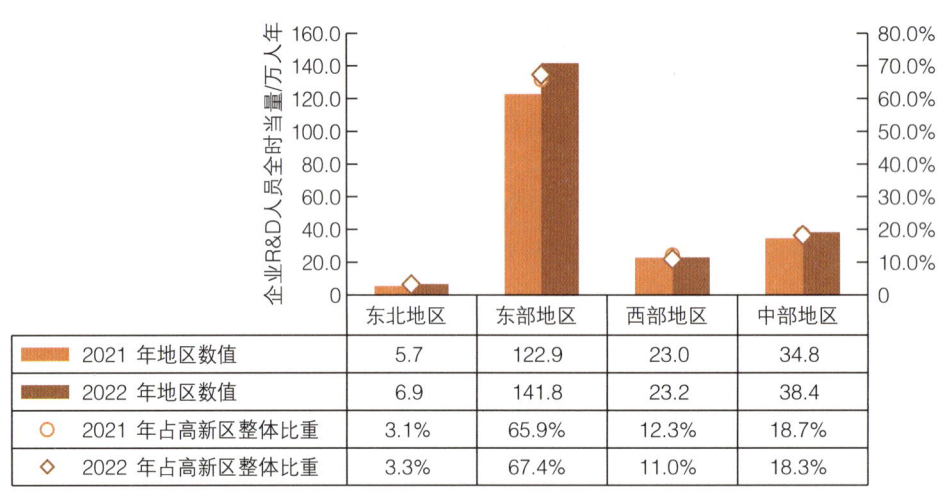

图5-11　2021—2022年国家高新区企业R&D人员全时当量的地区分布情况

分不同类别国家高新区来看，2022年，平均每家世界一流高科技园区、创新型科技园区和创新型特色园区的企业R&D人员全时当量分别为97 655人年、21 186人年、11 525人年，均明显高于其他园区。尤其是世界一流高科技园区的企业R&D人员全时当量均值是国家高新区平均水平的8倍，在研发人才资源集聚方面具有绝对的领先优势。按照稳定期园区和新升级园区、自创区园区和非自创区园区进行划分，可以看到稳定期园区与自创区园区的企业R&D人员全时当量的均值分别为31 079人年、26 741人年，要远高于新升级园区和非自创区园区的平均值，是国家高新区平均水平的两倍多（图5-12）。

分省份来看，2022年，国家高新区企业R&D人员全时当量超过10万人年的省份共有7个，分别为江苏、广东、北京、浙江、湖北、山东和上海（表5-1），占国家高新区总量的69.6%，较2021年63.7%增加5.9个百分点。其中，浙江从2021年的11.90万人年提升到18.36万人年，占国家高新区比重从2021年的6.4%提升到2022年的8.7%，在所有省份中同比提升最快，表现突出。

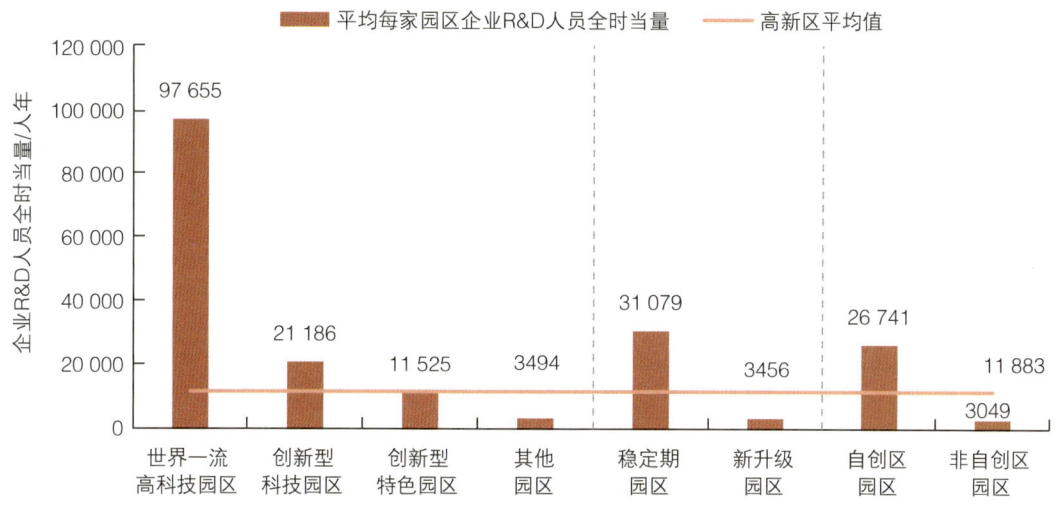

图5-12　2022年不同类别国家高新区的企业R&D人员全时当量情况

表5-1　2022年国家高新区企业R&D人员全时当量的省份分布情况

省份	高新区企业R&D人员全时当量/万人年	占国家高新区整体的比例	省份	高新区企业R&D人员全时当量/万人年	占国家高新区整体的比例
江苏	34.29	16.3%	河北	2.33	1.1%
广东	33.37	15.9%	天津	1.85	0.9%
北京	21.25	10.1%	广西	1.13	0.5%
浙江	18.39	8.7%	贵州	1.10	0.5%
湖北	15.63	7.4%	吉林	1.01	0.5%
山东	13.07	6.2%	内蒙古	0.97	0.5%
上海	10.28	4.9%	黑龙江	0.95	0.4%
陕西	9.24	4.4%	甘肃	0.44	0.2%
湖南	7.88	3.8%	云南	0.41	0.2%
福建	6.83	3.2%	山西	0.37	0.2%
四川	6.51	3.1%	新疆	0.28	0.1%
安徽	6.00	2.9%	宁夏	0.15	0.1%
河南	5.41	2.6%	海南	0.10	0.0%

续表

省份	高新区企业R&D人员全时当量/万人年	占国家高新区整体的比例	省份	高新区企业R&D人员全时当量/万人年	占国家高新区整体的比例
辽宁	5.01	2.4%	青海	0.03	0.0%
江西	3.06	1.5%	西藏	0.02	0.0%
重庆	2.92	1.4%			

具体到单个园区，2022年，企业R&D人员全时当量排名前十的国家高新区为中关村、深圳、武汉、上海张江、杭州、南京、苏州工业园、广州、西安和长沙高新区，分别为21.3万人年、14.0万人年、10.6万人年、10.1万人年、9.0万人年、8.6万人年、8.4万人年、8.4万人年、7.3万人年和5.3万人年（图5-13），中关村科技园区的企业R&D人员数量头部效应明显。

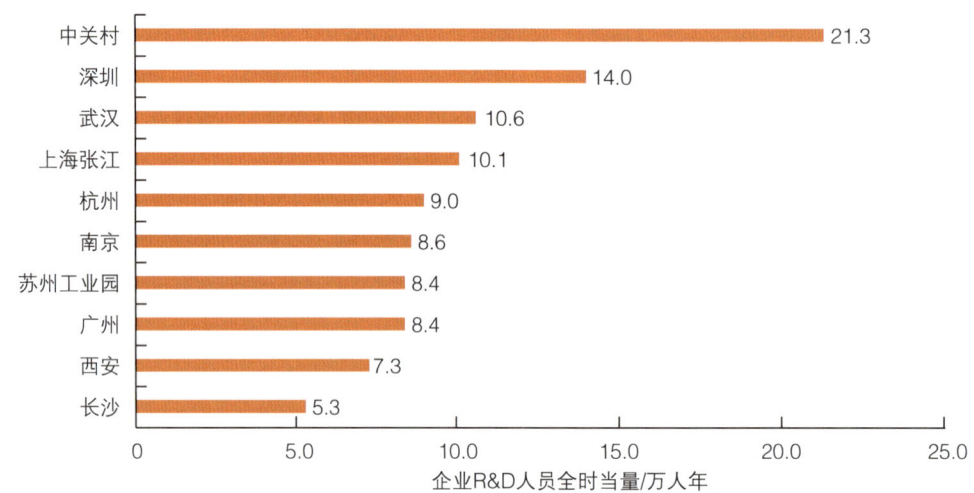

图5-13　2022年企业R&D人员全时当量排名前十的国家高新区情况

二、科技创新投入再创新高

稳定的科技资金投入为创新发展增添动力。在多年的建设和发展中，国家高新区始终保持较高科技资金投入水平，逐步建立起政府、企业、社会多方参与的科技投入体系，为科技创新赋能。国家高新区创新资源集聚评价中，用财政科技支出占当年财政支出比例、企业R&D投入占增加值比例分别体现科技创新经费中的政府投入和企业投入。

（一）企业研发投入强度持续提升，粤港澳大湾区表现突出

2022年，国家高新区企业研发投入费用持续增长，企业R&D经费内部支出（以下简称"企业R&D投入"）为11 213.2亿元，同比增长8.2%，占全国企业R&D经费支出（23 878.6亿元）[①]的47.0%。其中，企业R&D投入超过100亿元的高新区共计20家，从高到低分别为中关村、深圳、上海张江、广州、杭州、武汉、苏州工业园、南京、西安、成都、长沙、济南、宁波、青岛、佛山、合肥、珠海、厦门、苏州和潍坊高新区，合计占国家高新区总量的68.2%，其中中关村和深圳高新区的企业R&D投入分别为1368.8亿元、1156.2亿元，合计占国家高新区总量的22.5%。

2010—2022年，国家高新区企业R&D投入占增加值比例整体呈增长趋势，2022年为10.0%，较上年略有下降（图5-14）。

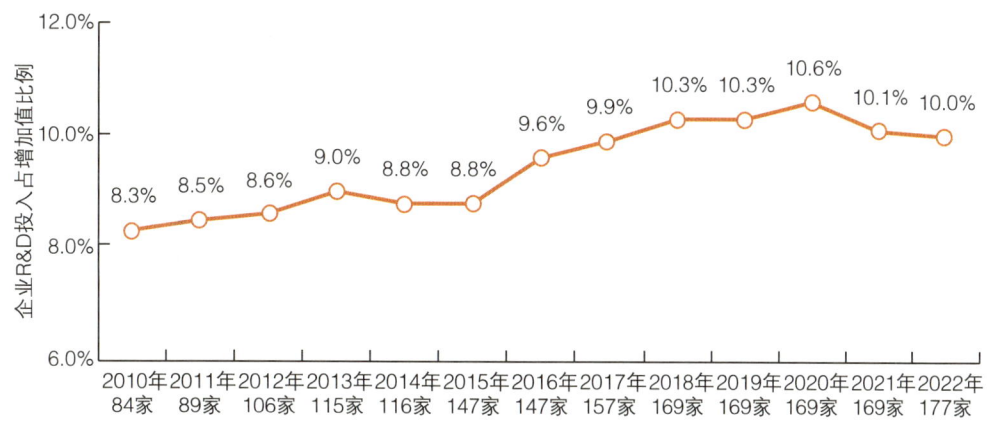

图5-14 2010—2022年国家高新区企业R&D投入占增加值比例情况

分战略区域来看，2022年，粤港澳大湾区的企业R&D投入占增加值比例最高，为16.6%；长江经济带和长三角区域的企业R&D投入占增加值比例分别为10.2%和10.6%；京津冀和黄河流域的企业R&D投入占增加值比例均不到10%（图5-15）。五个战略区域中，粤港澳大湾区的企业研发投入力度最强。

---

① 数据来自国家统计局《2021年全国科技经费投入统计公报》。

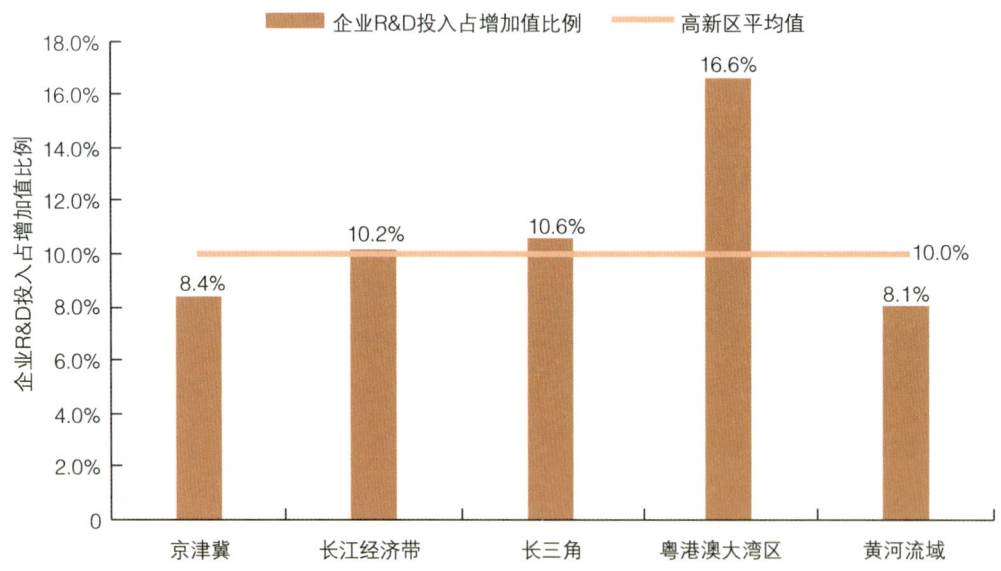

图5-15 2022年重大战略区域国家高新区企业R&D投入占增加值比例的分布情况

从地区分布情况来看，2022年，东部地区国家高新区企业R&D投入占增加值比例最高，为11.3%；其次为中部地区，为9.2%；西部地区和东北地区均不足8%。从两年变化来看，2022年东部地区和东北地区的企业R&D投入占增加值比例略有提升，西部地区和中部地区均有所下降（图5-16）。但整体来看，东部地区和中部地区高新区的企业研发投入力度要远高于东北地区和西部地区。

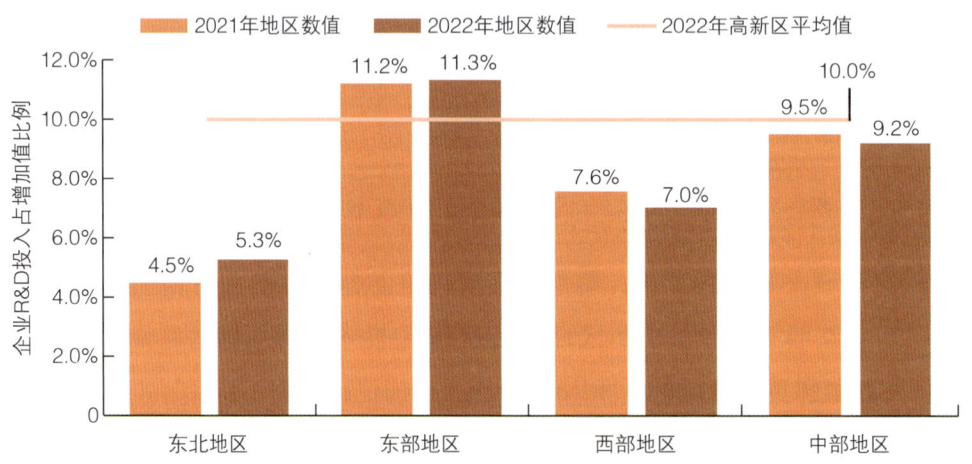

图5-16 2021—2022年国家高新区企业R&D投入占增加值比例的地区分布情况

从不同类别国家高新区来看，2022年，世界一流高科技园区的企业R&D投入占增加值比例最高，为11.5%，创新型科技园区和创新型特色园区均在9.0%以上，三类园区企业R&D投入占增加值比例均高于其他园区；世界一流高科技园区的优势最为明显，比国家高新区平均水平高1.5个百分点。同样，稳定期园区、自创区园区的企业R&D投入占增加值比例分别为10.8%、10.9%，均高于国家高新区平均水平，分别是新升级园区、非自创区园区的1.4倍和1.6倍（图5-17）。

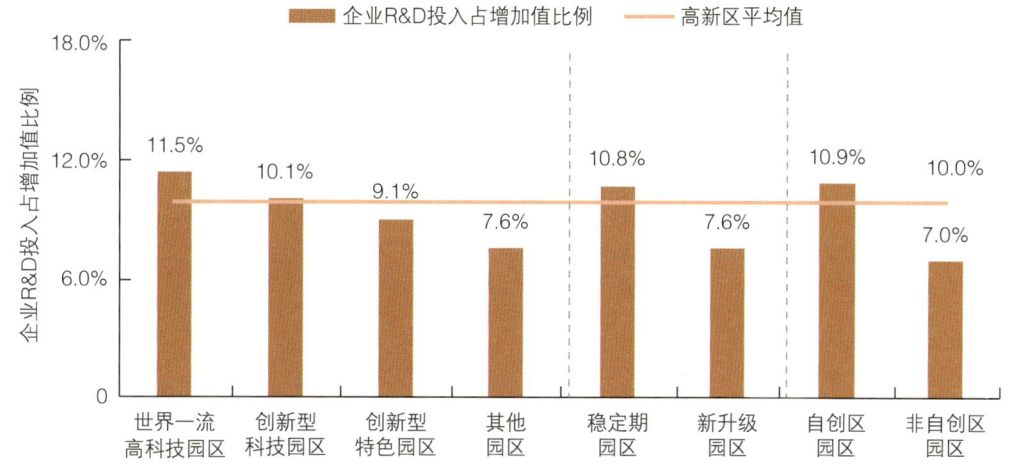

图5-17 2022年不同类别国家高新区的企业R&D投入占增加值比例情况

从省份分布情况来看，2022年，国家高新区企业R&D投入占增加值比例在10.0%及以上的省份共计7个，从高到低分别为广东、浙江、江苏、湖南、湖北、福建和山东。其中，广东省高新区企业R&D投入占增加值比例为15.8%，较上年增加1.4百分点（表5-2）。从两年变化来看，有14个省份高新区企业R&D投入占增加值比例有所提升，16个省份有所下降。

表5-2 2022年国家高新区企业R&D投入占增加值比例的省份分布情况

省份	2022年高新区企业R&D投入占增加值比例	2021年高新区企业R&D投入占增加值比例	省份	2022年高新区企业R&D投入占增加值比例	2021年高新区企业R&D投入占增加值比例
广东	15.8%	14.4%	河北	7.4%	12.5%
浙江	15.2%	11.1%	江西	7.3%	10.2%
江苏	13.2%	13.5%	内蒙古	6.8%	4.9%
湖南	12.4%	10.2%	上海	6.7%	7.6%

续表

省份	2022年高新区企业R&D投入占增加值比例	2021年高新区企业R&D投入占增加值比例	省份	2022年高新区企业R&D投入占增加值比例	2021年高新区企业R&D投入占增加值比例
湖北	11.3%	10.2%	安徽	6.6%	8.4%
福建	10.6%	11.5%	广西	5.7%	5.0%
山东	10.5%	11.1%	海南	4.6%	2.6%
辽宁	9.2%	8.1%	云南	3.3%	2.9%
陕西	9.0%	9.9%	黑龙江	3.1%	2.2%
天津	8.9%	10.4%	新疆	2.2%	1.5%
重庆	8.8%	9.6%	山西	2.2%	4.3%
北京	8.4%	9.0%	西藏	1.9%	—
河南	8.0%	9.4%	吉林	1.6%	1.8%
宁夏	7.9%	7.7%	青海	1.6%	1.2%
四川	7.8%	9.8%	甘肃	1.5%	1.8%
贵州	7.6%	6.4%			

（二）政策引导能力不断增强，财政科技投入力度加大

随着国家高新区创新创业政策环境的持续优化，高新区支持创新创业的资金也在不断增长。截至2022年底，有79.2%的高新区建立了开放式创新（创业）投资基金；74.2%的高新区建立了企业信用担保机构风险补偿机制；64%的高新区建立了股权激励试点[①]。从2022年高新区支持创新创业资金的用途来看，增长最快的是支持创新创业人才的资金，同比增长16.5%；其次是吸引和支持大学及研发机构的资金同比增长14.0%；支持企业技术创新的资金、支持创新创业服务机构发展的资金均实现了同比增长（图5-18）。

---

① 资料来源于2022年火炬中心《与国家高新区评价定性指标调查问卷》。

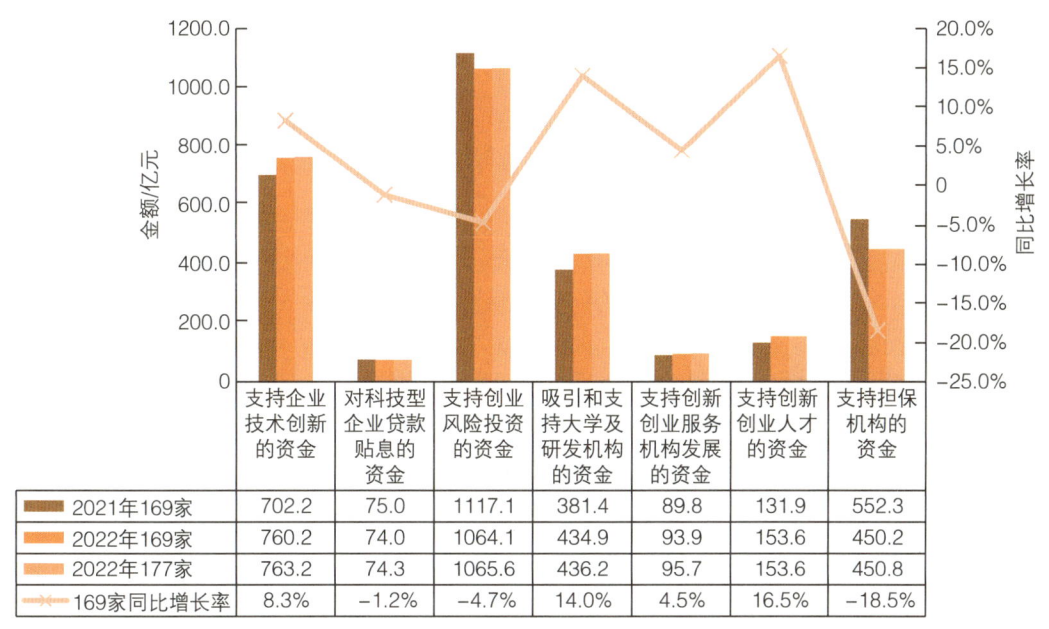

图5-18 2021年、2022年国家高新区支持创新创业资金情况

国家激励企业研发与创新的普遍做法可分为直接的财政科技拨款和间接的财税政策。国家高新区充分发挥财政资金的引导和杠杆作用，不断加大政府科技资金投入力度，调动更多社会资金。

2022年，国家高新区财政科技拨款总额达1797.4亿元，同比增长6.5%。其中，有14家高新区当年财政科技拨款在30亿元及以上，分别为上海张江、深圳、武汉、广州、合肥、西安、苏州工业园、成都、赣州、杭州、中关村、宁波、长沙和天津高新区。

2010—2022年，国家高新区通过财政拨款支持科技创新的力度整体呈波动上升趋势，财政科技支出占当年财政支出比例从2010年的8.7%提升至2022年的14.4%（图5-19）。从主要采取的财税政策来看，主要通过设立高新技术产业专项补助资金、科技发展资金资助企业科研开发、设立专利申请资助专项经费、对自主创新型企业减税或返还、特许权使用费实行免征或减征、建立高增值产品的增值税补偿机制等多种举措支持企业创新。

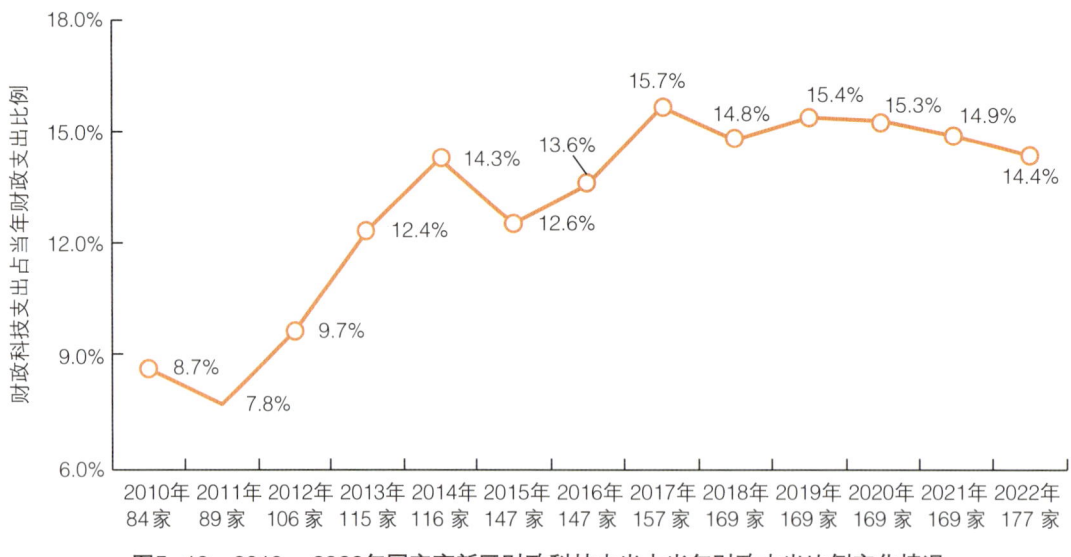

图5-19 2010—2022年国家高新区财政科技支出占当年财政支出比例变化情况

从税收减免的具体情况来看，2022年，国家高新区对企业减免税收总计5787.2亿元，同比增长15.2%。其中，增值税减免1170.7亿元，同比减少2.0%；所得税减免4119.1亿元，同比增长13.0%（图5-20）。

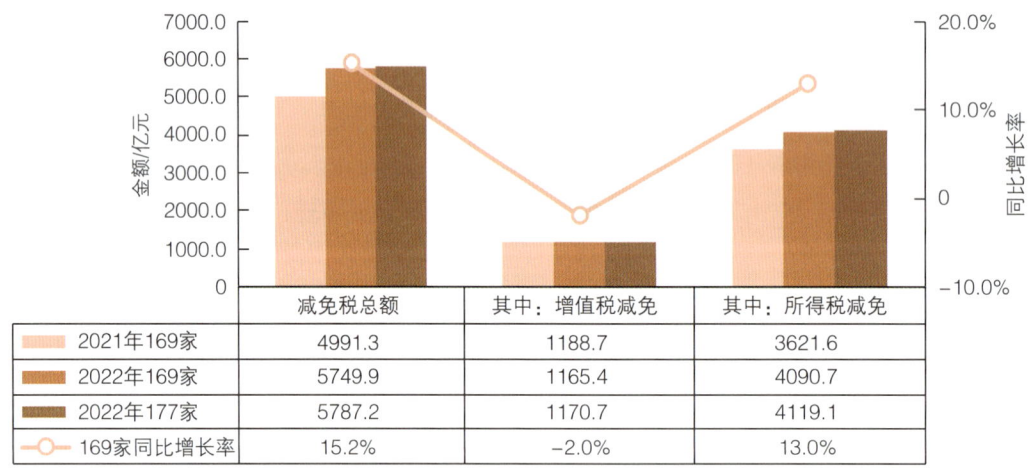

图5-20 2021—2022年国家高新区企业税收减免情况

在企业所得税减免中，享受研发加计扣除所得税减免1947.2亿元，同比增长32.9%，是所得税减免中增长最快的税种，所占份额最大，为47.3%，较上年提升7.1个百分点；其次为高新技术企业所得税减免，税额为1753.6亿元，占企业所得税减免额的42.6%，该比例较上年提升3.5个百分点；技术转让所得税减免额为14.3亿元，该比例较去年增长0.08个百分点（图5-21）。

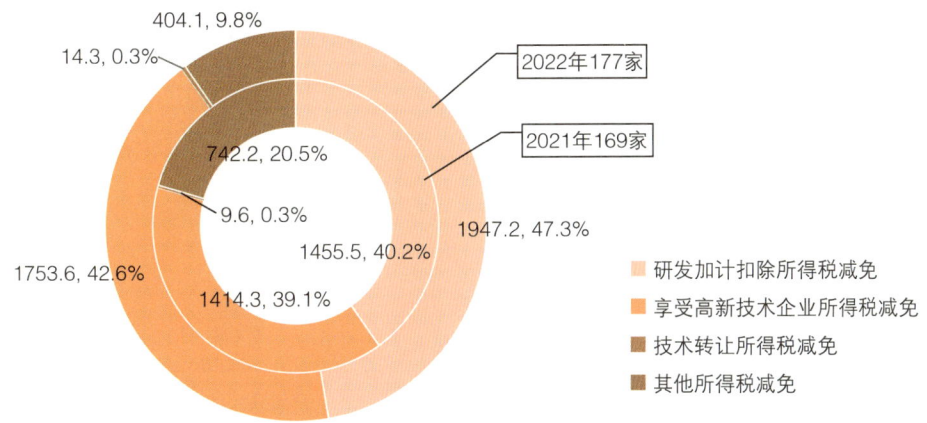

图5-21　2021—2022年国家高新区企业所得税减免额和分布情况

财政科技支出占当年财政支出比例按不同区域国家高新区、不同地区国家高新区、不同类别国家高新区、不同省份国家高新区进行对比，有明显差异。

从区域分布情况来看，2022年京津冀、长江经济带、长三角、粤港澳大湾区、黄河流域的财政科技支出占当年财政支出比例分别为12.7%、16.2%、19.5%、15.5%和10.7%（图5-22）。长三角区域对创新活动的财政支持力度最大，其次是长江经济带和粤港澳大湾区。

从地区分布情况来看，2022年财政科技支出占当年财政支出比例最高的是东部地区高新区，达15.8%；其次是中部地区，为14.0%；东北地区和西部地区则相对较低，分别为12.5%和11.2%（图5-23）。从两年变化来看，东部地区的比例增加，其余3个地区则出现小幅下滑，说明东北地区、西部地区和中部地区的国家高新区需要更加重视创新，进一步强化对创新活动的财政支持力度。

第五章　各类创新资源加快集聚　125

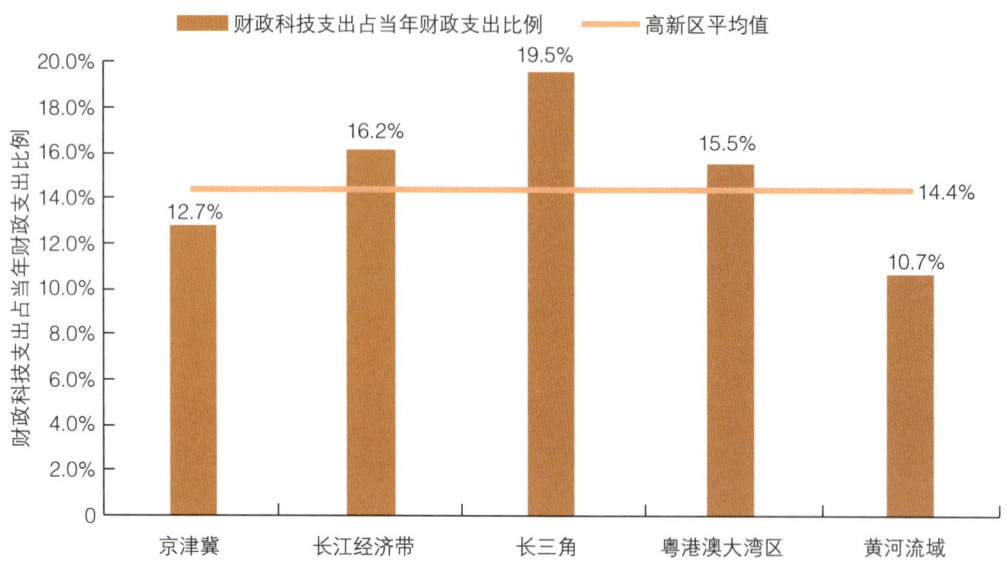

图5-22　2022年重大战略区域国家高新区财政科技支出占当年财政支出比例的分布情况

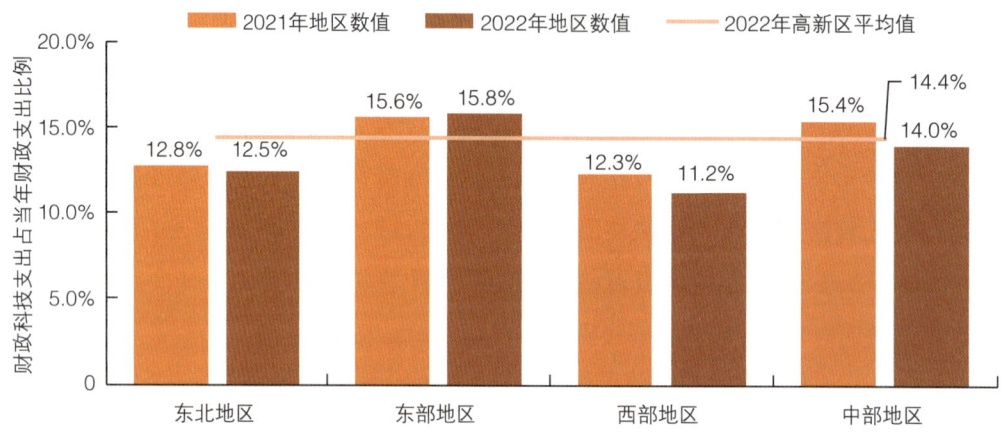

图5-23　2021—2022年国家高新区财政科技支出占当年财政支出比例的地区分布情况

从不同类别国家高新区来看，2022年，世界一流高科技园区财政科技支出占当年财政支出比例为25.9%，远高出创新型科技园区、创新型特色园区和其他园区；稳定期园区高出新升级园区6.1个百分点，自创区园区高出非自创区园区7.1个百分点（图5-24）。整体来看，发展比较成熟的世界一流高科技园区、稳定期园区和自创区园区，当地政府财在政科技投入方面的力度更大，对创新更为重视。

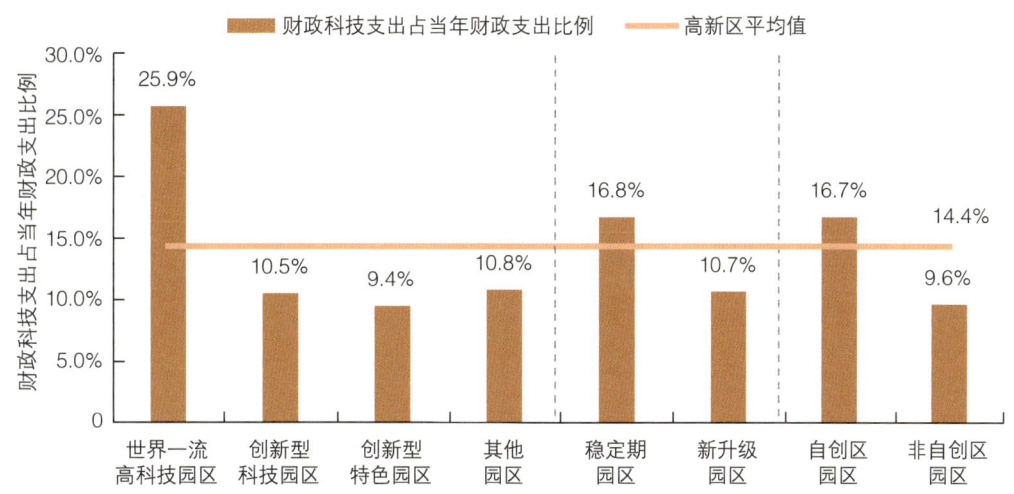

图5-24 2022年不同类别国家高新区财政科技支出占当年财政支出比例情况

从省份分布情况来看，2022年，国家高新区财政科技支出占当年财政支出比例^①高于50%的为上海。除此之外，安徽和天津两个省份高新区的占比均在20%以上（表5-3）。从两年变化来看，有11个省份的高新区该比例出现上升，19个省份出现下降。

表5-3　2021—2022年国家高新区财政科技支出占当年财政支出比例的省份分布情况

省份	2022年高新区财政科技支出占比	2021年高新区财政科技支出占比	省份	2022年高新区财政科技支出占比	2021年高新区财政科技支出占比
上海	82.6%	86.2%	湖南	11.1%	12.7%
安徽	34.4%	39.0%	广西	10.6%	12.3%
天津	26.7%	24.6%	吉林	9.8%	10.2%
江西	17.0%	11.0%	山东	9.7%	9.5%
福建	16.7%	18.8%	重庆	9.5%	13.1%
广东	15.5%	14.3%	江苏	9.4%	9.8%
内蒙古	15.3%	13.0%	山西	8.6%	20.3%
甘肃	15.1%	13.8%	海南	6.9%	5.3%
浙江	14.7%	13.5%	云南	6.5%	8.5%

---

① 部分国家高新区没有一级财政，财政支出、财政科技支出数据分别使用"管委会管理并支出的园区发展专项资金额"和"专项资金中用于科技支出金额"代替。

续表

省份	2022年高新区财政科技支出占比	2021年高新区财政科技支出占比	省份	2022年高新区财政科技支出占比	2021年高新区财政科技支出占比
四川	14.5%	12.2%	黑龙江	6.2%	4.0%
辽宁	14.4%	16.7%	河南	6.1%	17.2%
陕西	13.5%	15.5%	河北	5.6%	5.8%
湖北	12.4%	12.0%	青海	2.3%	3.4%
北京	11.6%	99.5%	新疆	1.4%	1.6%
贵州	11.4%	11.7%	西藏	0.4%	—
宁夏	11.1%	11.7%			

（三）科技活动经费大幅增长，无形资产摊销增长最快

截至2022年底，国家高新区的企业科技活动经费支出合计为26 539.4亿元，同比增长13.0%。从科技活动经费支出明细来看，人员人工费用支出为12 016.6亿元，直接投入费用为7326.8亿元，折旧费用与长期待摊费用为1047.9亿元，无形资产摊销费用为422.8亿元，设计费用为531.4亿元，装备调试费用与试验费用为567.6亿元，委托外单位开展科技活动费用为3184.7亿元。相比2021年，各项科技活动经费支出均有所提升，其中无形资产摊销费用增长最快，同比增速为18.7%（图5-25）。

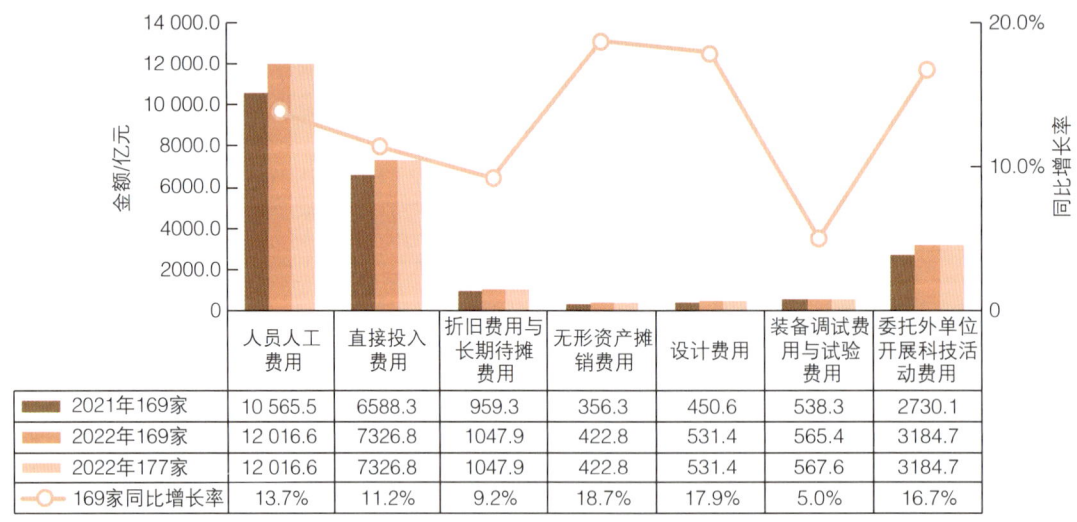

图5-25　2021—2022年国家高新区企业的各项科技活动费用支出情况

从科技活动经费支出的分布结构来看，2022年，国家高新区企业的人员人工费用支出占比最高，为45.3%；其次是直接投入费用，占比为27.6%（图5-26）。

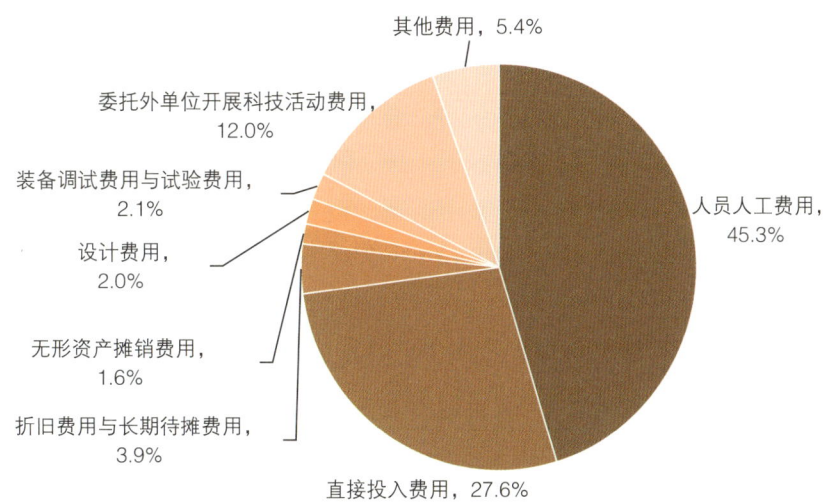

图5-26　2022年国家高新区企业的各项科技活动费用支出的分布情况

三、创新主体规模不断壮大

党的二十大报告指出："完善科技创新体系。坚持创新在我国现代化建设全局中的核心地位。"进一步明确提出"健全新型举国体制，强化国家战略科技力量"的重要任务。引进和培育科技研发主体一直是国家高新区推动科技创新发展的重要抓手。高等学校、科研院所、企业都是国家高新区创新体系的重要组成部分，是进行科学研究、技术开发、技术产业化的重要主体。国家高新区创新资源集聚评价中，体现科研主体发展的指标有两个，分别为省级及以上各类研发机构数量[①]、当年认定的高新技术企业数量。

（一）积极布局国家重大科技基础设施，各类研发机构总数超三万家

国家高新区作为创新高地，积极推动国家重大科技基础设施建设，2022年调查问

---

① 省级及以上各类研发机构数量具体所包含的机构类型参见附录。其中，从2016年开始该指标新纳入"国家和地方联合实验室、其他国家级研发机构和新型产业技术研发机构"三类机构数；从2019年开始，该指标去掉了"外资研发机构"。

卷显示，在177家国家高新区中，有52家布局建设国家重大科技基础设施。中关村科技园布局建设北京怀柔综合性国家科学中心，上海张江布局建设上海同步辐射光源、国家蛋白质科学研究（上海）设施等，合肥高新区布局建设合肥国家实验室，深圳高新区布局建设鹏城云脑、鹏城靶场、国家超级计算深圳中心，威海高新区布局建设工业和信息化部威海电子信息技术综合研究中心等。在科学城方面，2022年调查问卷显示，在177家国家高新区中有122家积极推动科学城建设，中关村科技园建设中关村科学城、怀柔科学城、未来科技城，石家庄高新区建设生物医药科技创新谷，无锡高新区建设太湖湾科创城、昆山高新区建设阳澄湖两岸科创中心等。

同时，为增强知识和技术的源头供给，国家高新区培育和集聚了众多的研究机构。2010—2022年，国家高新区省级及以上各类研发机构数量整体呈增长趋势，2022年为33 146家，以原169家国家高新区进行比较，同比增长5.2%（图5-27），平均每个国家高新区拥有省级及以上各类研发机构187家。

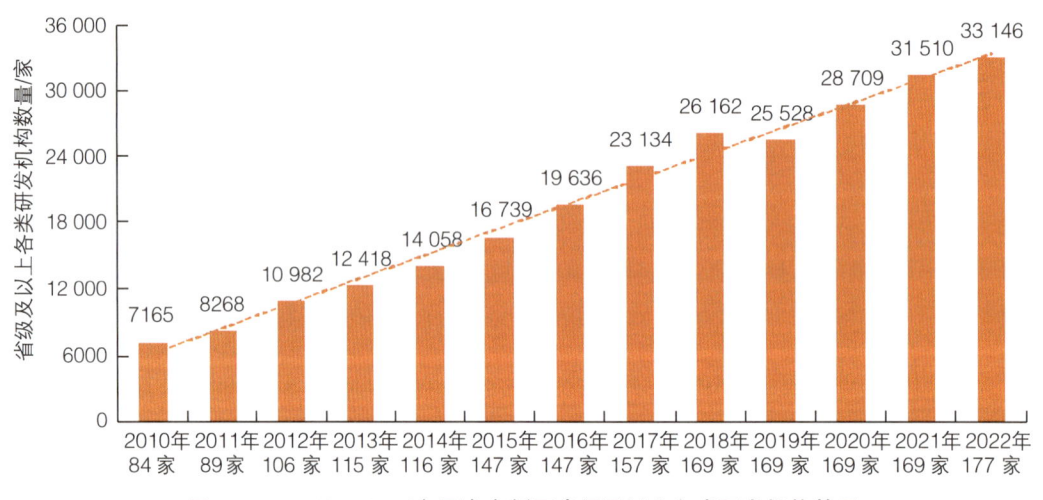

图5-27　2010—2022年国家高新区省级及以上各类研发机构数量

具体来看，截至2022年底，国家高新区内拥有国家认定的企业技术中心（包含分中心）1085家，同比增长8.1%；拥有国家或行业归口研究院所1137家，同比增长2.9%。国家高新区集聚了全国80%以上的国家工程研究中心、全国重点实验室、国家工程实验室，其中累计建设全国重点实验室435家、国家工程研究中心（包含分中心）155家、国家工程技术研究中心292家、国家工程实验室122家、国家地方联合工程研究中心（工程实验室）556家（图5-28）。

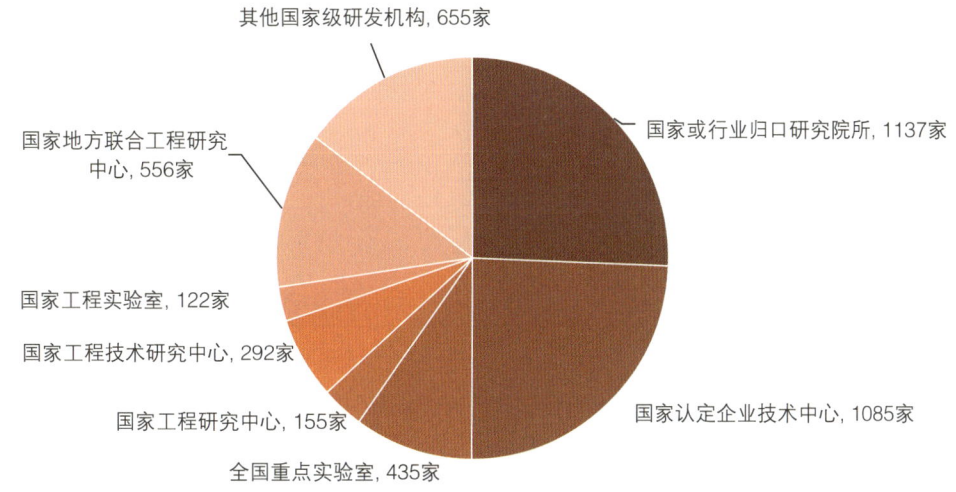

图5-28　2022年国家高新区各类国家级研发机构数量分布情况

此外，作为促进科技和经济有效结合的重要市场化组织形式，新型研发机构在高新区中得到迅速发展。从国家层面到省份层面纷纷推出促进新型研发机构发展的政策和举措，进一步优化科研力量布局，强化产业技术供给，促进科技成果转移转化，推动科技和经济深度融合。2022年，国家高新区拥有各类新型产业技术研发机构3255家，同比增长率为20.0%；其中省级及以上新型产业技术研发机构1653家，同比增长率为21.1%。

从新型产业技术研发机构的区域分布来看，2022年，国家高新区新型产业技术研发机构主要集中在东部地区（1591家），其中省级及以上新型产业技术研发机构834家，以江苏、广东、湖北等省份表现最为突出；中部地区、西部地区高新区分别拥有560家、173家省级及以上新型产业技术研发机构；东北地区高新区拥有86家省级及以上新型产业技术研发机构（图5-29）。

按不同区域国家高新区、不同地区国家高新区、不同类别国家高新区、不同省份国家高新区对省级及以上各类研发机构数量进行分析。

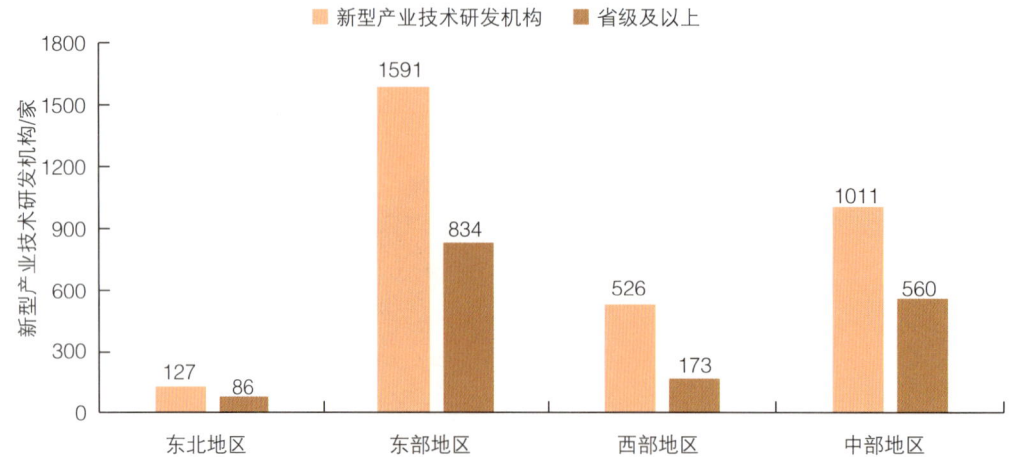

图5-29 2022年国家高新区新型产业技术研发机构数量的地区分布情况

从区域分布情况来看，长江经济带的省级及以上各类研发机构数量最多，为16 488家，占高新区整体比重为49.7%，远高于其他区域；其次是长三角区域，省级及以上各类研发机构数量为9249家，占高新区整体比重为27.9%；京津冀、粤港澳大湾区和黄河流域高新区省级及以上各类研发机构数量占高新区整体比重不到20%，具体数量分别为2862家、4033家和4366家（图5-30）。

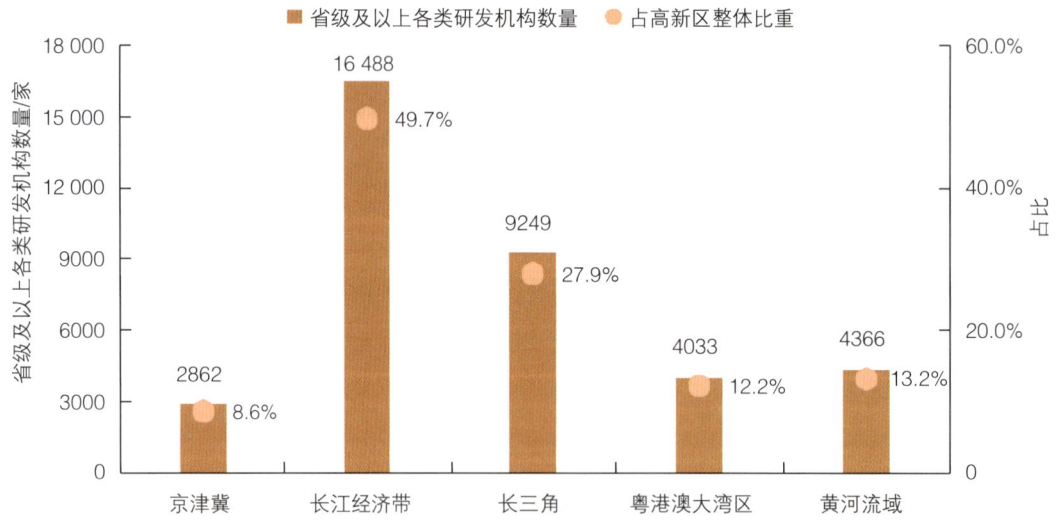

图5-30 2022年重大战略区域国家高新区省级及以上各类研发机构数量的分布情况

从地区分布情况来看，2022年，东北地区、东部地区、西部地区、中部地区国家高新区分别集聚省级及以上各类研发机构1912家、18 218家、4989家、8027家，55.0%的研发机构集中在东部地区高新区。观察两年变化，从数量上看，四大区域的省级及以上各类研发机构数量较上年均有所增长；从占高新区整体比重来看，中部区域有所提升，东部区域略有下降，东北地区和西部地区与上年持平（图5-31）。

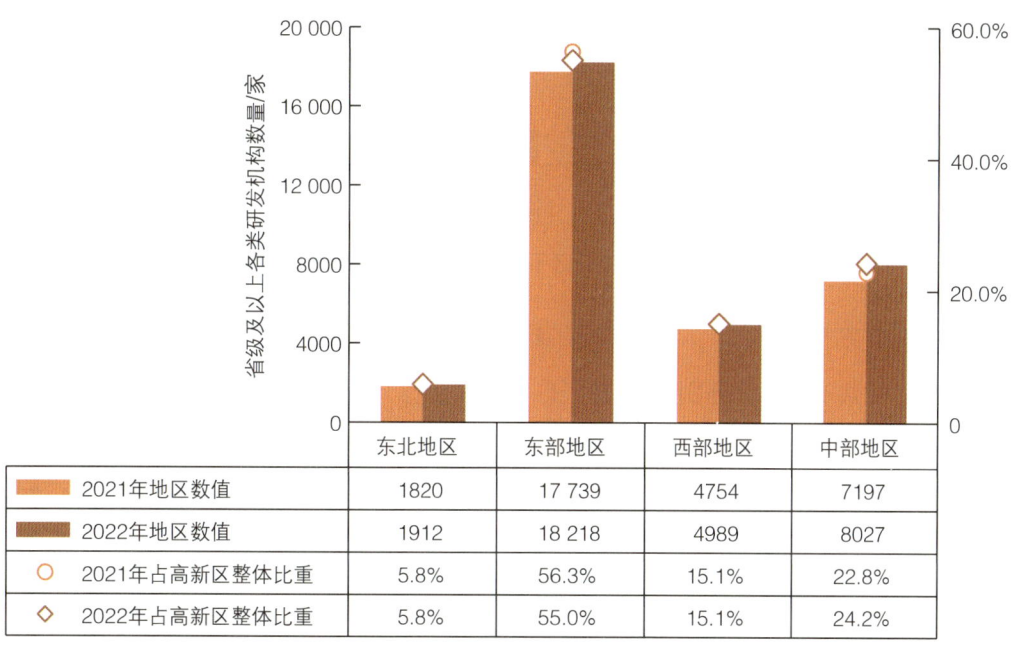

图5-31　2021—2022年国家高新区省级及以上各类研发机构数量的地区分布情况

从不同类别国家高新区来看，2022年，平均每家世界一流高科技园区、创新型科技园区、创新型特色园区的省级及以上各类研发机构数量分别为915家、385家、209家，均高于国家高新区平均值（187家），且远高于其他园区平均值，三类园区的研发机构资源相对丰富，尤其世界一流高科技园区平均值是国家高新区平均值的4.9倍；稳定期园区的省级及以上各类研发机构数量平均值为410家，是新升级园区的4.6倍；自创区园区的省级及以上各类研发机构数量平均值为361家，是非自创区园区的4.3倍（图5-32）。

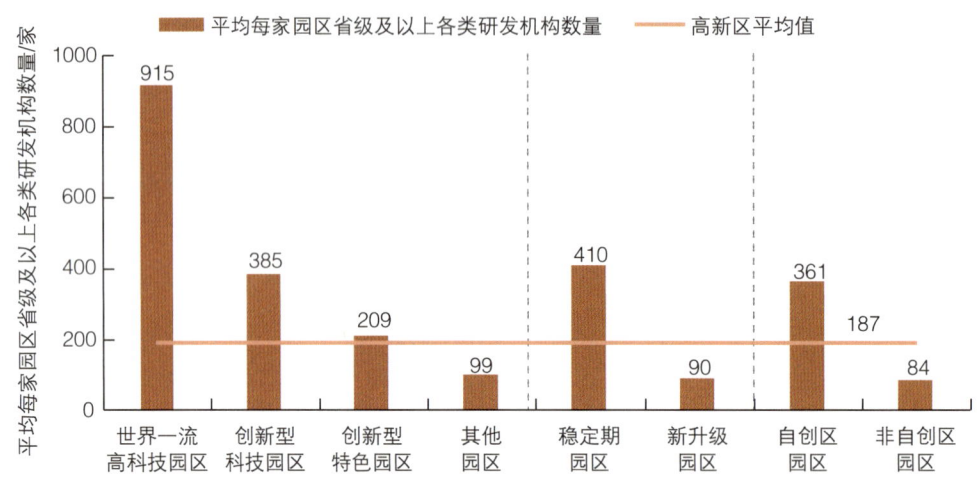

图5-32 2022年不同类别国家高新区平均省级及以上各类研发机构数量的分布情况

从省份分布情况来看，2022年国家高新区省级及以上各类研发机构数量超过1000家的省份共有9个，分别为江苏、广东、湖北、浙江、北京、河南、山东、湖南和安徽，这9个省份集聚了高新区近七成的研发机构；其中，江苏、广东分别拥有省级及以上各类研发机构5385家、4493家，占国家高新区整体的比例分别为16.2%、13.6%，远超其他省份（表5-4）。

表5-4 2022年国家高新区省级及以上各类研发机构数量的省份分布情况

省份	高新区省级及以上各类研发机构数量/家	占国家高新区整体的比例	省份	高新区省级及以上各类研发机构数量/家	占国家高新区整体的比例
江苏	5385	16.2%	广西	577	1.7%
广东	4493	13.6%	吉林	524	1.6%
湖北	2363	7.1%	河北	428	1.3%
浙江	2168	6.5%	黑龙江	415	1.3%
北京	2056	6.2%	天津	377	1.1%
河南	2013	6.1%	贵州	348	1.0%
山东	1893	5.7%	青海	275	0.8%
湖南	1815	5.5%	新疆	266	0.8%
安徽	1000	3.0%	甘肃	262	0.8%
辽宁	973	2.9%	云南	227	0.7%
四川	950	2.9%	山西	227	0.7%

续表

省份	高新区省级及以上各类研发机构数量/家	占国家高新区整体的比例	省份	高新区省级及以上各类研发机构数量/家	占国家高新区整体的比例
重庆	928	2.8%	内蒙古	184	0.6%
陕西	909	2.7%	宁夏	58	0.2%
上海	693	2.1%	海南	42	0.1%
福建	683	2.1%	西藏	5	0.0%
江西	609	1.8%			

（二）当年认定高企超五万家，创新能力指标贡献占七成

培育和发展高新技术企业一直是国家高新区推动创新发展工作的重要工作内容。2022年，国家高新区火炬入统的高新技术企业数共计138 752家，同比增长20.7%，占高新区入统企业总数的67.4%（以下简称"入统高企率"），该比例较上年提高4.1个百分点。

国家高新区高新技术企业的新生力量不断壮大。2010年，高新区当年认定的高新技术企业数量仅为4527家，2022年达53 044家，是2010年的11.7倍，以原169家国家高新区进行比较，同比增长25.7%，国家高新区高新技术企业培育和认定工作卓有成效（图5-33）。

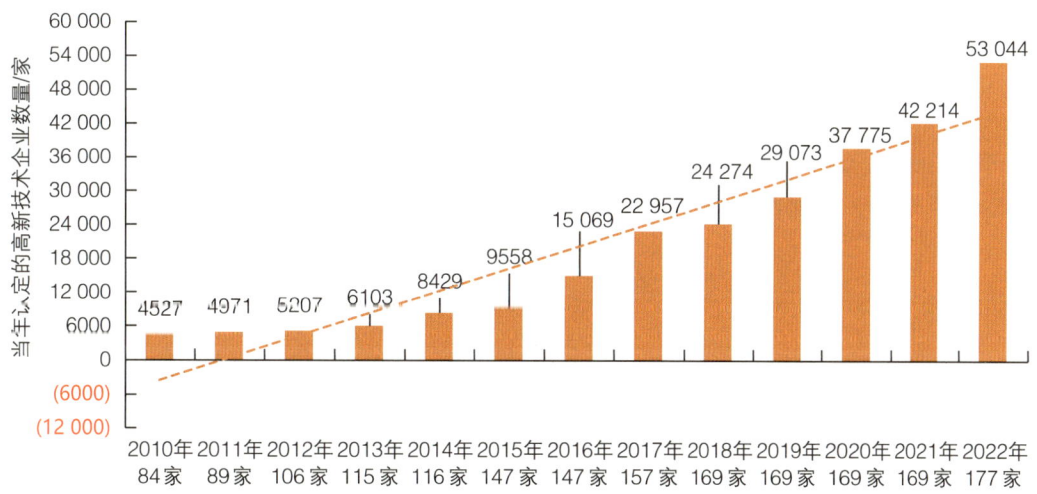

图5-33　2010—2022年国家高新区当年认定的高新技术企业数量

从具体园区来看，2022年，入统高新技术企业在1000家以上的国家高新区较上年增加4家，共计31家，分别为中关村、上海张江、南京、深圳、武汉、西安、成都、广州、天津、苏州工业园、合肥、长沙、大连、郑州、杭州、宁波、济南、青岛、佛山、沈阳、厦门、重庆、苏州、无锡、珠海、石家庄、福州、常州、太原、昆山和萧山高新区（图5-34）。其中，仅中关村就拥有入统高新技术企业16 378家，占国家高新区整体的11.8%。

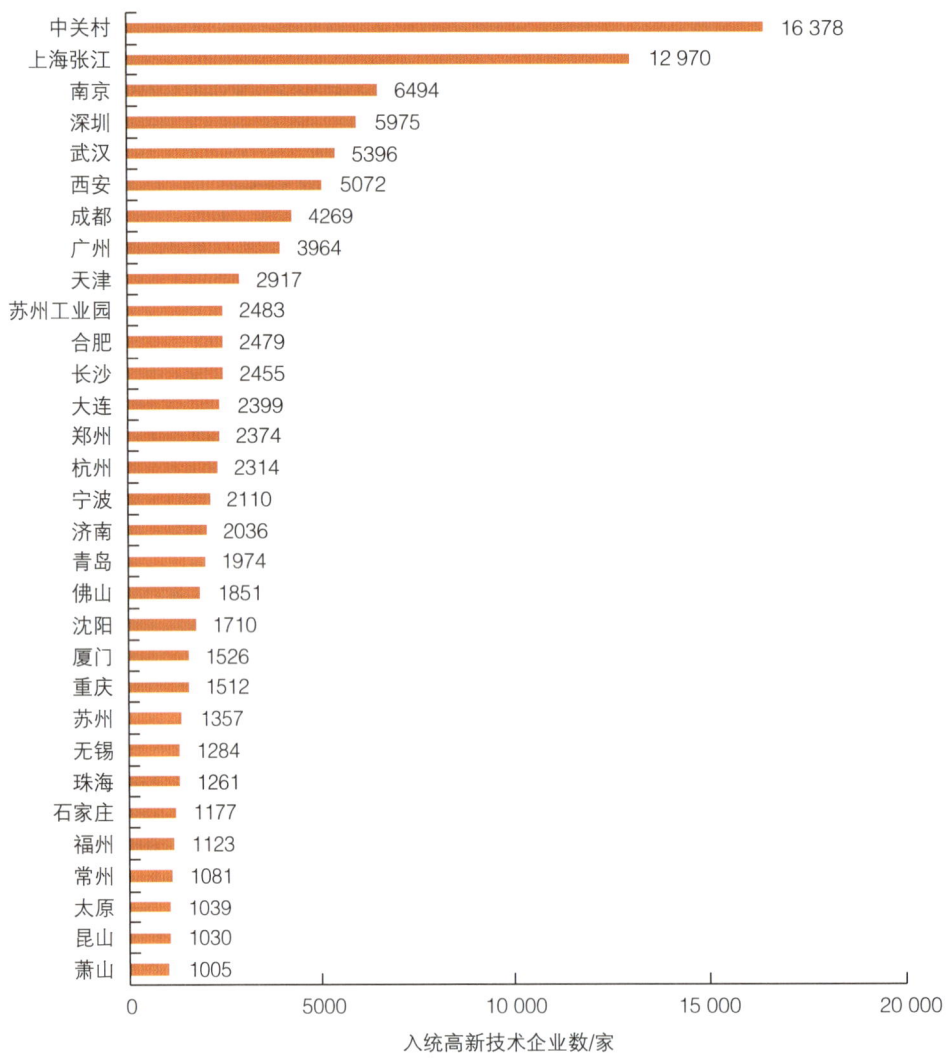

图5-34　2022年入统高新技术企业数超过1000家的国家高新区

按区域国家高新区、不同地区国家高新区、不同类别国家高新区、不同省份国家高新区对当年认定的高新技术企业数量进行分析。

从重大战略区域分布情况来看，京津冀、长江经济带、长三角、粤港澳大湾区、黄河流域当年认定的高新技术企业数量分别为6916家、26 691家、17 232家、5828家和6060家（图5-35）。其中，占高新区整体比重最高的为长江经济带，达到50.3%，远远高于其他四个区域。

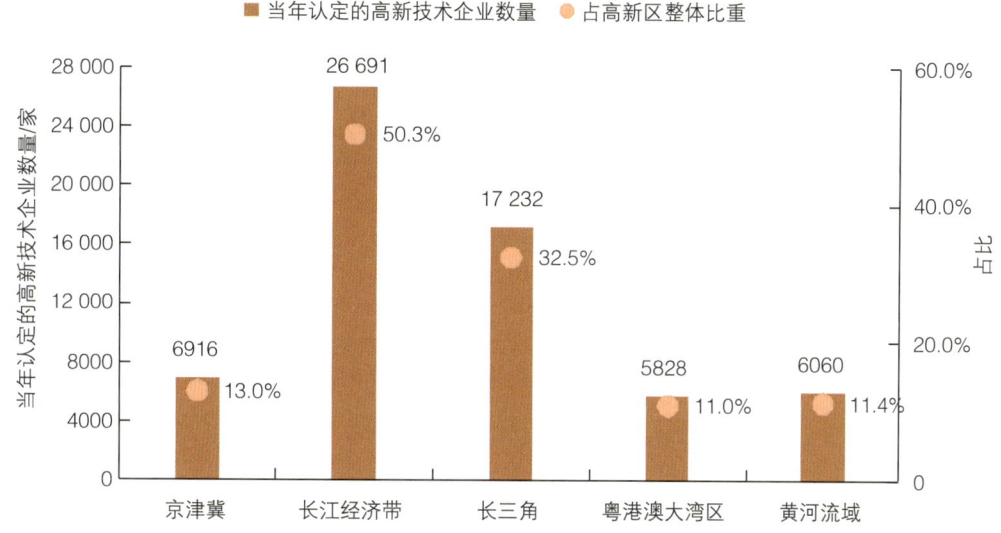

图5-35　2022年重大战略区域国家高新区当年认定的高新技术企业数量的分布情况

从地区分布情况来看，2022年，东北地区、东部地区、西部地区和中部地区国家高新区当年认定的高新技术企业数量分别为2956家、33 201家、7435家和9452家，62.6%的当年认定的高新技术企业集中在东部地区高新区（图5-36）。从两年变化来看，2022年，四大地区高新区当年认定的高新技术企业数量较上年均有所增加；从占高新区整体比重来看，东部地区和中部地区略有下降，其他两个地区均有小幅度的提升。

从不同类别国家高新区来看，2022年，世界一流高科技园区、创新型科技园区、创新型特色园区、其他园区当年认定的高新技术企业数量平均分别为2274家、501家、322家和101家，世界一流高科技园区头部效应明显，分别是创新型科技园区、创新型特色园区和其他园区的4.5倍、7.1倍和22.5倍。同时，2022年稳定期园区、自创区园区当年认定的高新技术企业数量平均分别为766家、651家，分别是新升级园区、非自创区园区的8.1倍、7.2倍（图5-37）。

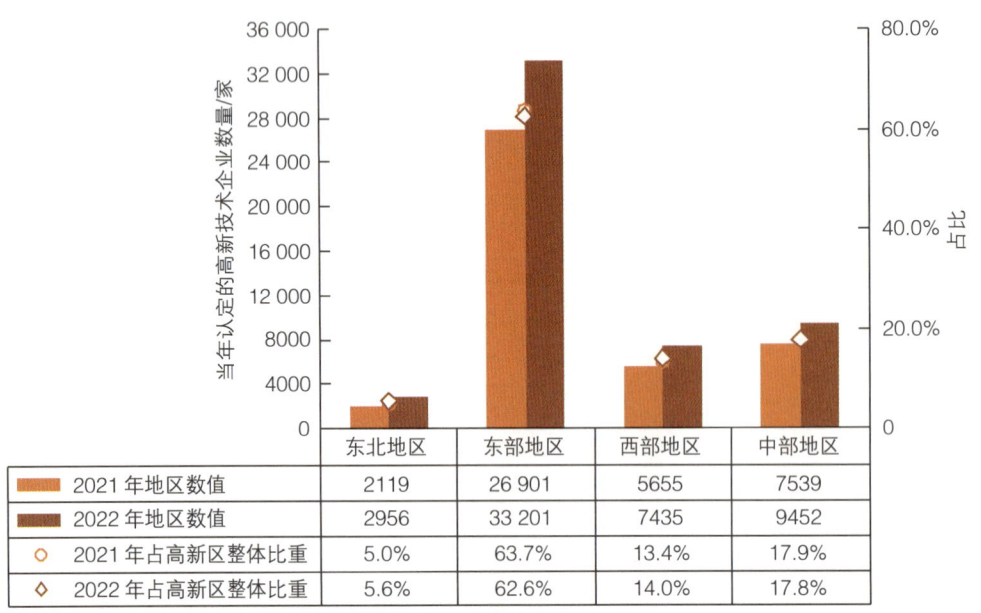

图5-36　2021—2022年国家高新区当年认定的高新技术企业数量的地区分布情况

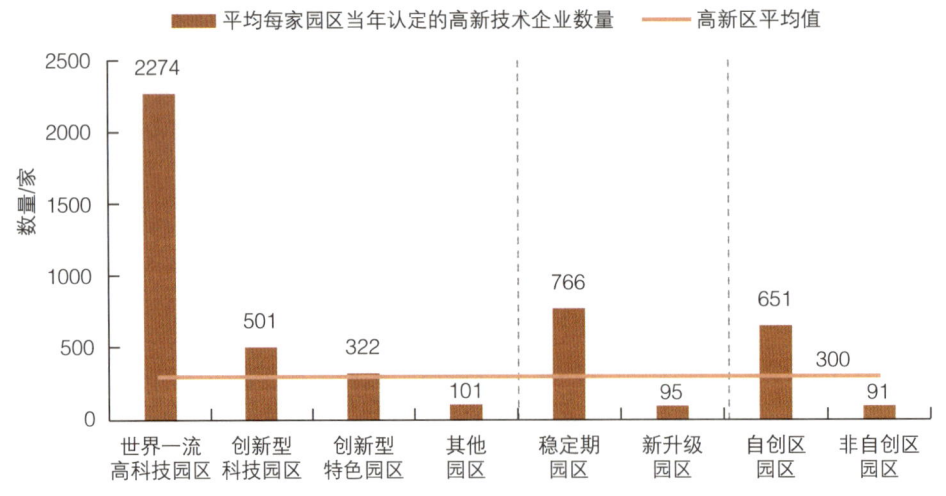

图5-37　2022年不同类别国家高新区当年认定的高新技术企业数量的分布情况

从省份分布情况来看，2022年，当年认定的高新技术企业数量超过1000家的国家高新区共计15家，较上年增加1家，分别为江苏、广东、上海、北京、湖北、浙江、山东、陕西、四川、辽宁、河南、福建、湖南、安徽和天津，15家高新区当年认定的高新技术企业数量合计47 562家，占国家高新区整体的比例为89.7%；其中江苏、广东和上海当年认定的高新技术企业数量分别为7163家、6182家和5374家，占国家高新区整体的比例均在10%以上（表5-5）。

表5-5 2022年国家高新区当年认定的高新技术企业数量的省份分布情况

省份	高新区当年认定的高新技术企业数量/家	占国家高新区整体的比例	省份	高新区当年认定的高新技术企业数量/家	占国家高新区整体的比例
江苏	7163	13.5%	重庆	892	1.7%
广东	6182	11.7%	广西	672	1.3%
上海	5374	10.1%	吉林	548	1.0%
北京	4944	9.3%	黑龙江	460	0.9%
湖北	3703	7.0%	江西	431	0.8%
浙江	3165	6.0%	山西	420	0.8%
山东	2575	4.9%	贵州	255	0.5%
陕西	2537	4.8%	甘肃	196	0.4%
四川	2312	4.4%	云南	195	0.4%
辽宁	1948	3.7%	新疆	166	0.3%
河南	1697	3.2%	海南	140	0.3%
福建	1686	3.2%	内蒙古	138	0.3%
湖南	1671	3.2%	宁夏	29	0.1%
安徽	1530	2.9%	青海	26	0.0%
天津	1075	2.0%	西藏	17	0.0%
河北	897	1.7%			

无论是在创新投入、创新成果产出还是创新经济方面，高新技术企业的贡献基本都在七成以上，高新技术企业已经成为支撑国家高新区创新发展的中坚力量。

从创新投入情况来看，2022年，国家高新区高新技术企业科技活动人员合计510.7万人，占国家高新区整体的比例为84.5%；R&D人员全时当量172.4万人年，占国家高新区整体的比例为82.0%；R&D经费内部支出9166.0亿元，占国家高新区整体的比例为81.7%（表5-6）。高新技术企业科技活动人员、R&D经费内部支出占国家高新区整体的比例均在80%以上，说明高新技术企业是高新区开展创新活动的主体。

表5-6　2022年国家高新区高新技术企业主要创新投入指标及占比情况

类别	科技活动人员合计/万人	R&D人员折合全时当量/万人年	R&D经费内部支出/亿元
高新技术企业	510.7	172.4	9166.0
国家高新区整体	604.5	210.3	11 213.2
占国家高新区整体的比例	84.5%	82.0%	81.7%

从创新成果产出情况来看，2022年，国家高新区高新技术企业当年申请专利、申请发明专利分别为95.2万件、48.7万件，占国家高新区整体的比例分别为83.3%、81.7%；授权专利、授权发明专利分别为72.6万件、24.0万件，占国家高新区整体的比例分别为86.5%、85.3%；拥有有效专利、有效发明专利分别为388.4万件、127.9万件，占国家高新区整体的比例分别为86.5%、85.9%（图5-38）。高新技术企业当年形成国际标准485项，当年形成国家或行业标准6734项，占国家高新区整体的比例分别为68.5%、55.6%。除标准制定之外，2022年，高新技术企业当年的主要创新成果指标占国家高新区整体的比例均高于80%。

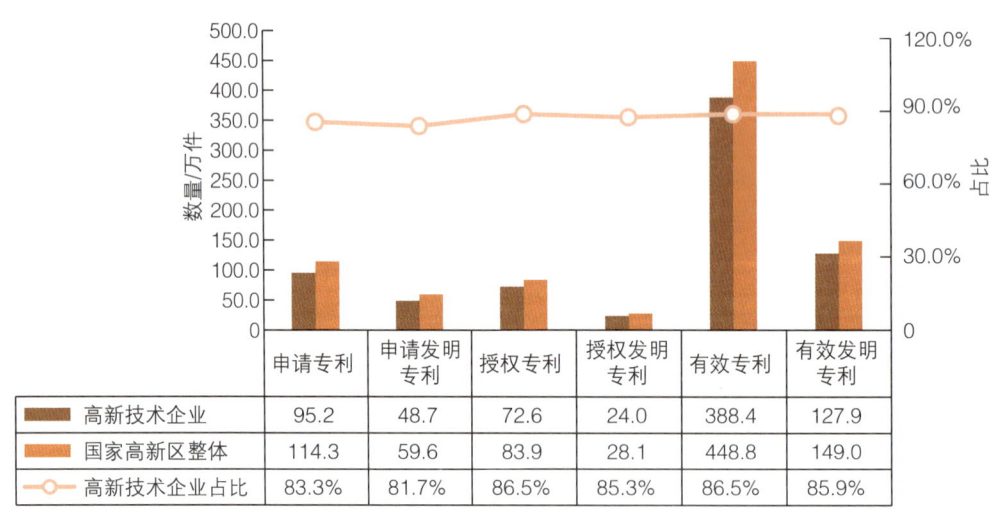

图5-38　2022年国家高新区高新技术企业专利成果产出及占比情况

高新技术企业对高新区创新经济方面的贡献较为显著。2022年，国家高新区高新技术企业实现技术收入54 641.5亿元、认定登记的技术合同成交金额达12 585.4亿元，占国家高新区整体的比例分别为73.9%、86.7%；高新技术产品销售收入

173 928.3亿元、新产品销售收入82 497.0亿元，占国家高新区整体的比例分别为80.7%、76.3%，占比均在70%以上（图5-39）。

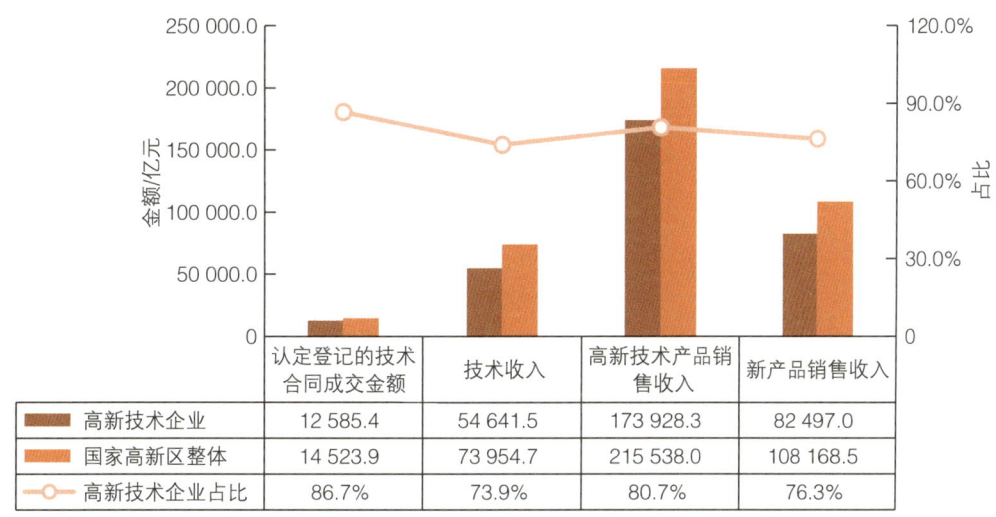

图5-39　2022年国家高新区内高新技术企业主要创新经济指标及占比情况

高新技术企业的创新优势正逐步转化为规模经济优势。从主要经济指标来看，2022年，高新技术企业营业收入、工业总产值、净利润、上缴税额、出口总额占国家高新区整体的比例在45%～60%（图5-40），与上年相比，主要经济指标有所提升。

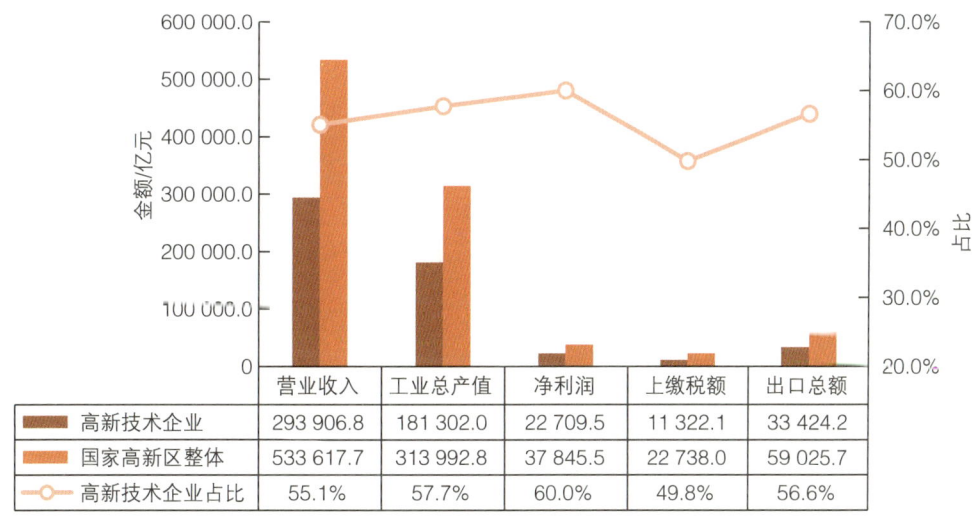

图5-40　2022年国家高新区内高新技术企业主要经济指标及占比情况

国家高新区创新能力评价报告2023

第六章 创新全球化水平持续提升

以习近平同志为核心的党中央高度重视国际科技交流合作，持续推动建设具有全球竞争力的开放创新生态。党的二十大报告提出："扩大国际科技交流合作，加强国际化科研环境建设，形成具有全球竞争力的开放创新生态。"习近平总书记强调，"国际科技合作是大趋势。我们要更加主动地融入全球创新网络，在开放合作中提升自身科技创新能力。越是面临封锁打压，越不能搞自我封闭、自我隔绝，而是要实施更加开放包容、互惠共享的国际科技合作战略"。国家高新区是推动我国经济增长的重要引擎和对外开放的重要窗口，在深度融入共建"一带一路"大格局、打造"一带一路"开放合作新高地方面贡献了积极力量。创新国际拓展主要考察国家高新区在全球范围内开展创新合作和进行创新资源整合的水平。国家高新区创新能力指数测算结果显示，2010—2022年，国家高新区创新国际拓展指数稳步上升，2022年达到654.0点，同比增长11.8点，增速为1.8%（图6-1）。

创新国际拓展下设5个二级指标，分别为内资控股企业设立的境外研发机构数量、内资控股企业万人拥有欧美日专利授权数量及境外注册商标数量、技术服务出口占出口总额比例、企业委托境外开展研发活动费用支出、企业从业人员中海外留学归国人员和外籍常驻员工所占比重。2022年，5个二级指标数值分别为1734家、143件、5.9%、280.5亿元、1.3%，同比增长分别为6.3%、9.8%、−8.7%、−3.2%、5.3%，除"技术服务出口占出口总额比例""企业委托境外开展研发活动费用支出"外，其他指标较2021年均有上升，其中"内资控股企业万人拥有欧美日专利授权数量及境外注册商标数量"指标增速最高（图6-2）。

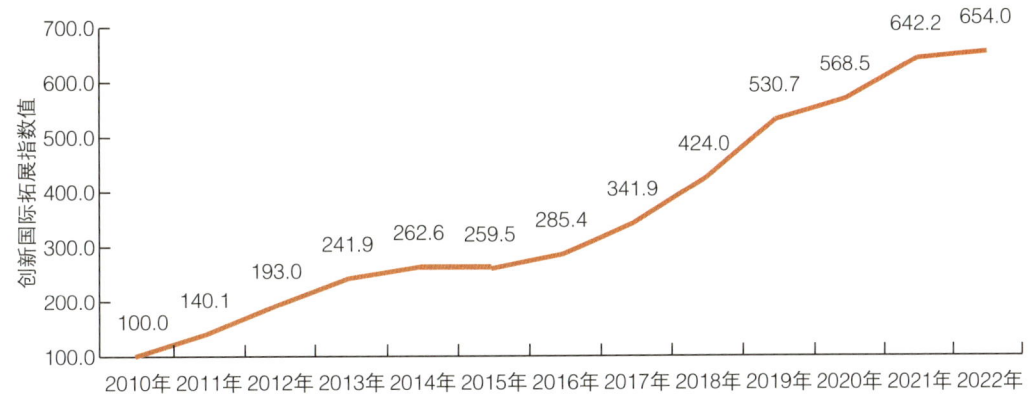

图6-1 国家高新区创新国际拓展指数趋势图

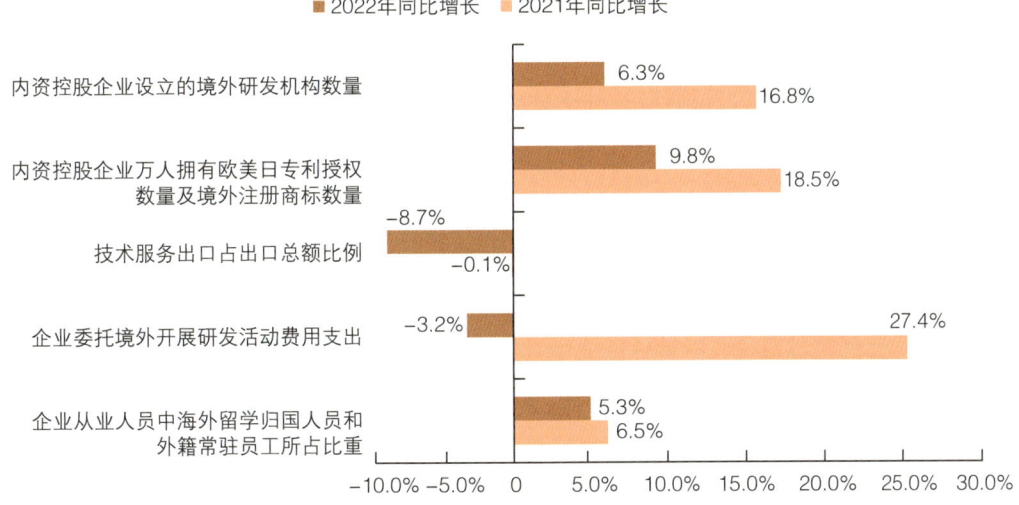

图6-2 2021—2022年国家高新区创新国际拓展指标的增长率对比

下面围绕5个二级指标，分别从高层次国际人才汇聚、高水平国际合作、高质量创新成果、高附加值国际贸易等四个方面，对国家高新区创新全球化水平进行详细分析和阐述。

一、高层次国际人才加速汇聚

习近平总书记指出，人才是实现民族振兴、赢得国际竞争主动的战略资源。科技创新人才属于战略性稀缺资源，不仅是国家高新区实现创新驱动发展的核心力量，也是国家高新区形成国际竞争力的关键力量。在高新区创新国际拓展评价中，体现高层次国际人才汇聚方面的指标为"企业从业人员中海外留学归国人员和外籍常驻员工所占比重"。

（一）海外人才引进力度加大，东部地区占比持续领先

国家高新区通过优化人才政策体系、创新支持方式、改善人才发展环境等多种方式，吸引了大量国际高端人才向高新区聚集。截至2022年底，国家高新区企业从业人员中有外籍常驻人员7.2万人，引进外籍专家1.3万人，有留学归国人员27.3万人，均实现不同程度的增长。

从地区分布来看，2022年，东部地区高新区企业中留学归国人员和外籍常驻人员数分别为20.8万人、5.0万人，占国家高新区整体的比例分别为76.2%、69.4%；中部地区分别为4.1万人、1.6万人，占比分别为15.0%、22.2%；西部地区分别为1.6万人、0.4万人，占比分别为5.9%、5.6%；东北地区分别为0.8万人、0.2万人，占比分别为2.9%、2.8%（图6-3）。可以看出，东部地区高新区对海外人才具有绝对的吸引力，留学归国人员和外籍常驻人员占国家高新区整体的比重均达到七成左右。

具体到单个园区，2022年，企业留学归国人员数量超过1000人的高新区共有29家，拥有国家高新区88.3%的留学归国人员；其中，中关村拥有63 209人，位居第一，上海张江拥有47 950人，位居第二，占国家高新区整体的比例分别为23.1%、17.6%；深圳、苏州工业园和合肥高新区企业留学归国人员数在10 000人以上；武汉、南京、广州、杭州、西安和大连6家高新区企业留学归国人员数也在5000人以上（图6-4）。

2022年，企业外籍常驻人员超过1000人的国家高新区有18家，拥有国家高新区70.6%的外籍常驻人员；其中拥有外籍常驻人员最多的园区是上海张江和苏州工业园高新区，分别拥有8544人和7962人，占国家高新区整体的比例分别为12.0%和11.1%；其次为武汉和中关村高新区，均在4000人以上，占国家高新区整体的比例为6%左右（图6-5）。

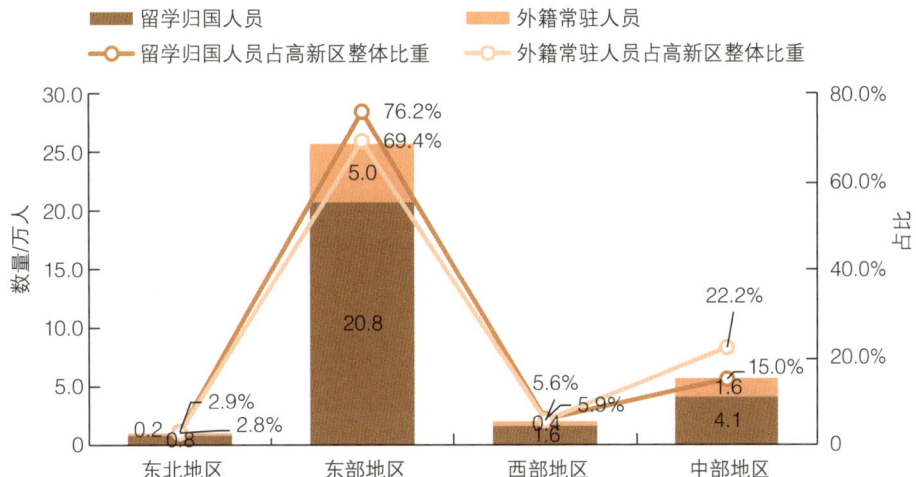

图6-3　2022年国家高新区企业留学归国人员和外籍常驻人员的地区分布情况

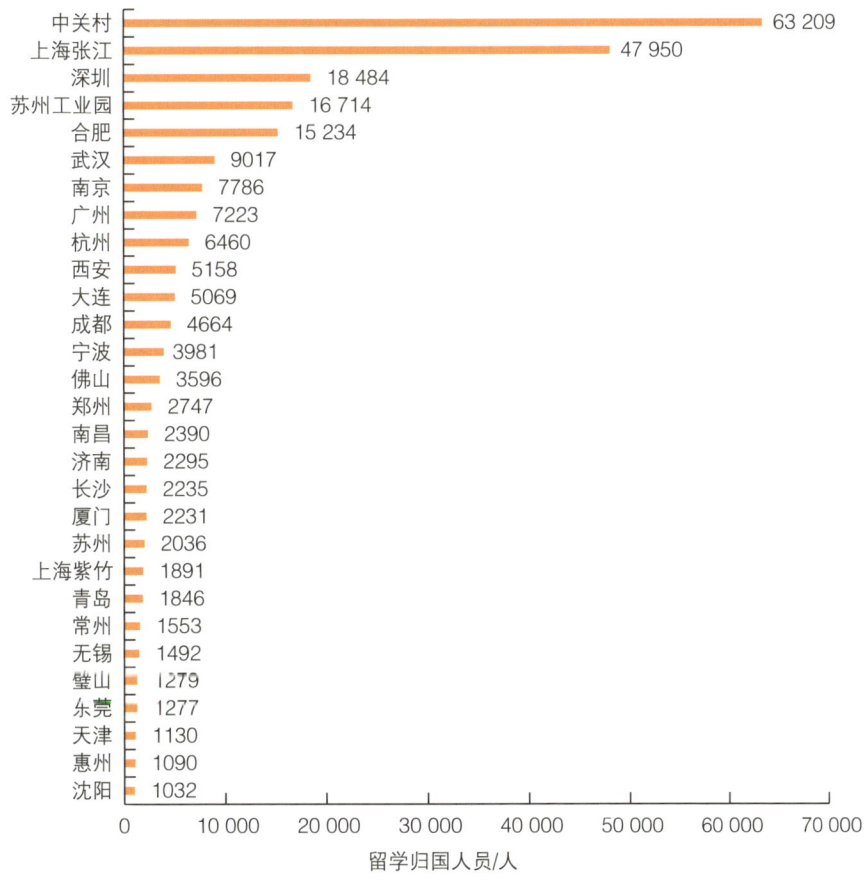

图6-4　2022年企业留学归国人员超过1000人的国家高新区

第六章　创新全球化水平持续提升　147

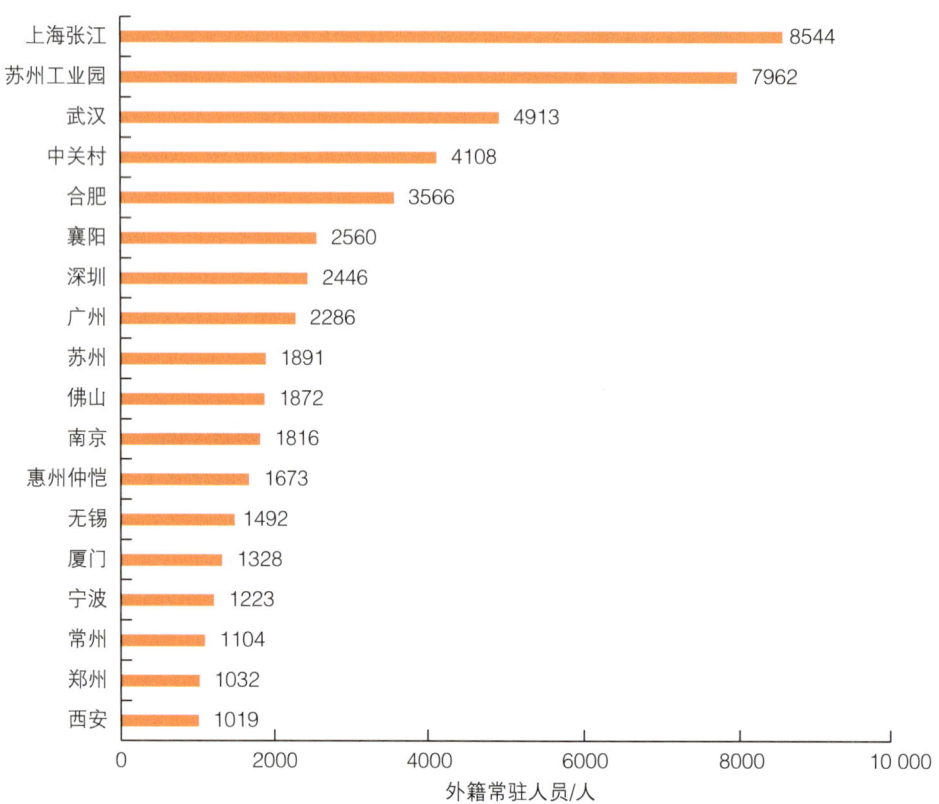

图6-5　2022年企业外籍常驻人员超过1000人的国家高新区

（二）企业国际人才占比攀升，成熟园区具有显著优势

国际人才所占比重在一定程度上可以反映一个区域人才国际化的水平。自2010年以来，国家高新区企业从业人员中海外留学归国人员和外籍常驻员工所占比重呈波动上升趋势，2022年占比为1.32%，达到2010年以来最高水平（图6-6）。

分区域来看，2022年，京津冀和长三角区域国家高新区企业从业人员中海外留学归国人员和外籍常驻员工所占比重最高，分别为2.05%和1.99%，表现明显优于全国水平；长江经济带表现居中，为1.52%，高于全国高新区平均值；而粤港澳大湾区、黄河流域国家高新区的数值相对偏低，为1.24%、0.56%，低于高新区平均水平（图6-7）。

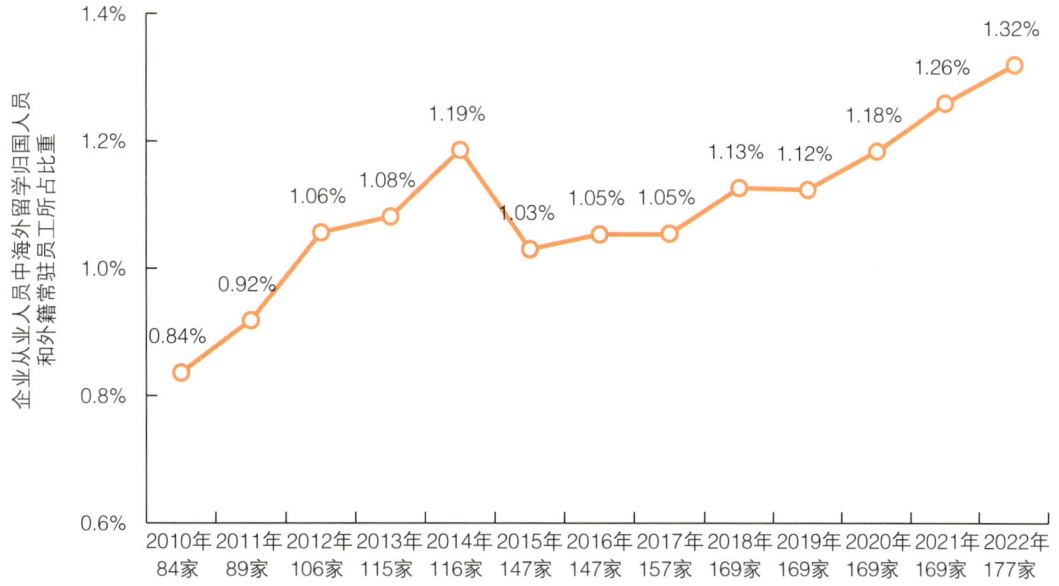

图6-6　2010—2022年国家高新区企业从业人员中海外留学归国人员和外籍常驻员工所占比重情况

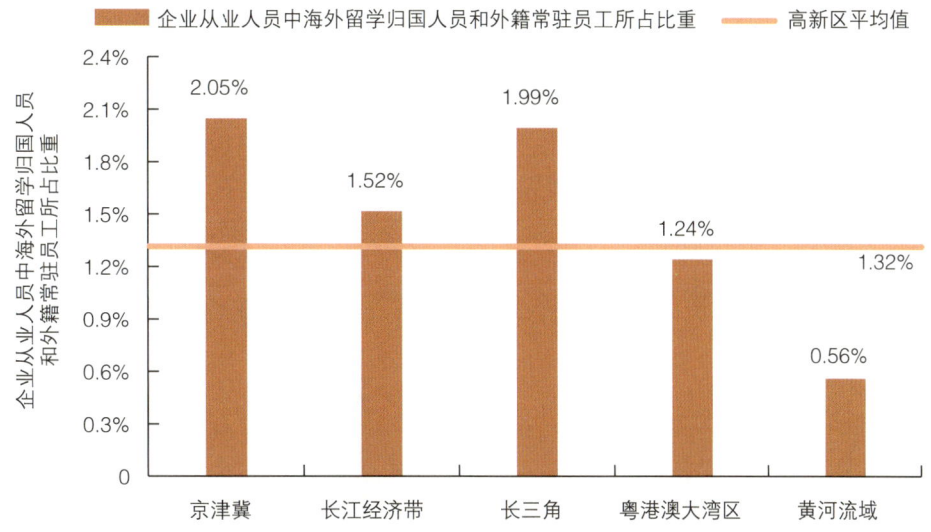

图6-7　2022年重大战略区域国家高新区企业从业人员中海外留学归国人员和外籍常驻员工所占比重的分布情况

分地区来看，2022年，东部地区和中部地区高新区企业从业人员中海外留学归国人员和外籍常驻员工所占比重较上年均有所上升，而东北地区和西部地区高新区比重略有下降（图6-8）。

第六章　创新全球化水平持续提升　149

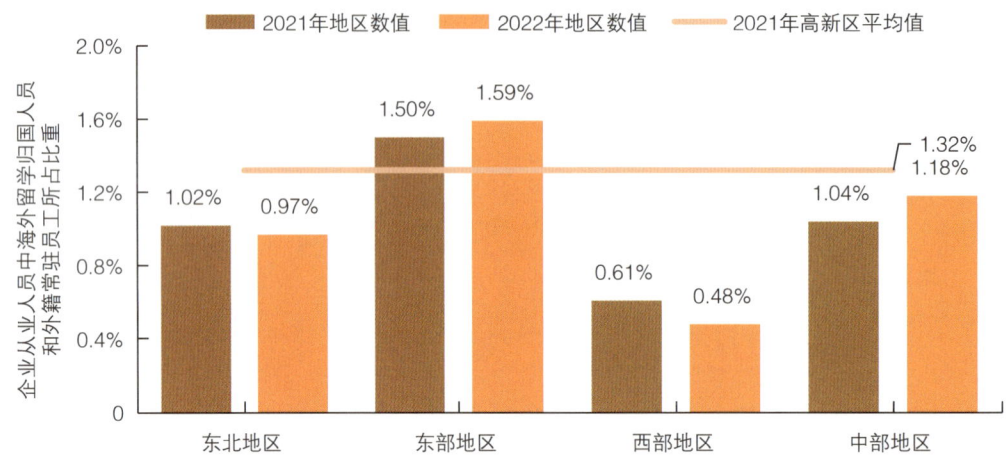

图6-8 2022年国家高新区企业从业人员中海外留学归国人员和外籍常驻员工所占比重的地区分布

分不同类型国家高新区来看，2022年，世界一流高科技园区海外留学归国人员和外籍常驻员工所占比重为2.3%，明显高于创新型科技园区、创新型特色园区和其他园区；稳定期园区海外留学归国人员和外籍常驻员工所占比重比新升级园区高出1个百分点；自创区园区比非自创区园区高出1.1个百分点；世界一流高科技园区、稳定期园区和自创区园区的比重均高于均值（1.3%）（图6-9）。

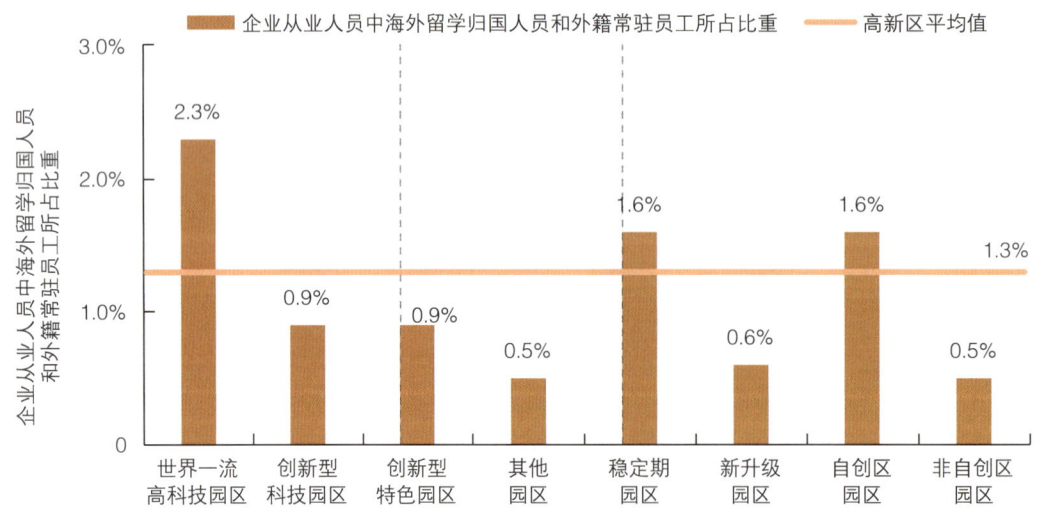

图6-9 2022年不同类别国家高新区的企业从业人员中海外留学归国人员和外籍常驻员工占比情况

分省份来看，2022年，企业从业人员中海外留学归国人员和外籍常驻员工所占比重在1%以上的省份共有8个，分别为上海、安徽、北京、江苏、辽宁、湖北、广东、浙江，其中上海最高，为2.92%。从两年对比来看，除去西藏的30个省份中，有17个省份的比重较上年有所增长，说明大部分省份的人才国际化水平有所提高（表6-1）。

表6-1 2021—2022年国家高新区企业从业人员中海外留学归国人员和外籍常驻员工所占比重的省份分布情况

省份	2022年	2021年	省份	2022年	2021年
上海	2.92%	2.79%	湖南	0.58%	0.49%
安徽	2.70%	2.71%	山东	0.58%	0.56%
北京	2.41%	2.25%	宁夏	0.51%	0.45%
江苏	1.71%	1.68%	重庆	0.51%	0.47%
辽宁	1.35%	1.44%	河北	0.47%	0.39%
湖北	1.20%	1.01%	内蒙古	0.35%	0.34%
广东	1.19%	1.05%	黑龙江	0.32%	0.36%
浙江	1.04%	0.96%	云南	0.28%	0.18%
江西	0.96%	1.03%	海南	0.25%	0.27%
西藏	0.92%	—	山西	0.24%	0.22%
河南	0.81%	0.62%	广西	0.24%	0.24%
陕西	0.70%	1.13%	贵州	0.18%	0.19%
福建	0.70%	0.69%	甘肃	0.17%	0.17%
四川	0.64%	0.78%	新疆	0.15%	0.16%
天津	0.63%	0.60%	青海	0.09%	0.12%
吉林	0.62%	0.69%			

具体到单个园区，2022年，企业从业人员中海外留学归国人员和外籍常驻员工所占比重在1%以上的国家高新区共有10家。其中，苏州工业园海外留学归国人员和外籍常驻员工所占比重最高，为7.4%；其次为上海紫竹高新区，占比为5.7%；合肥高新区占比为5.1%，其他园区占比均在3%以下（图6-10）。

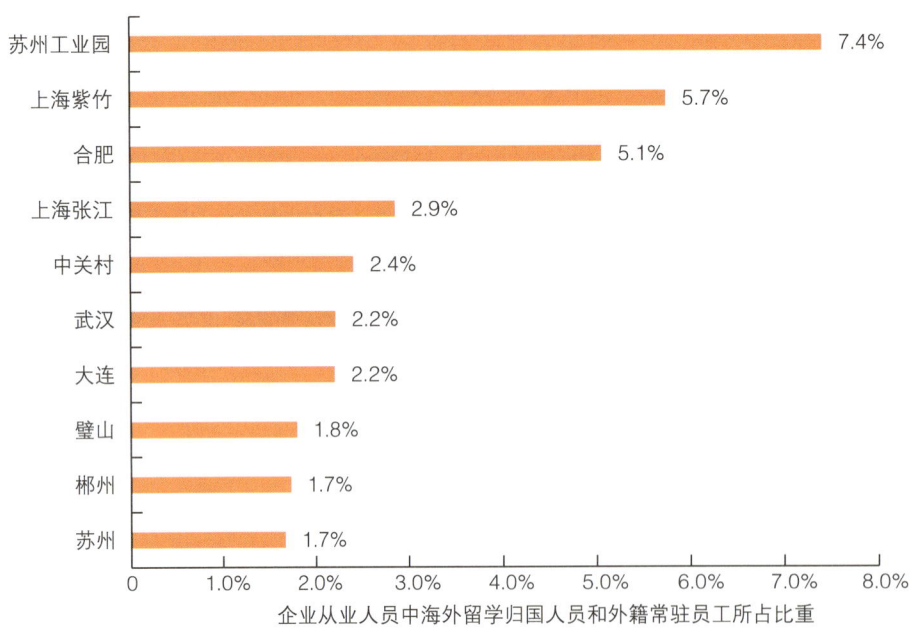

图6-10　2022年企业留学归国人员和外籍常驻人员所占比重前十的国家高新区

二、高水平国际合作不断深化

国家高新区长期以来坚持探索和推动在国际科技园区间建设长效合作机制，围绕重点产业领域深入挖掘企业和机构需求，以全球化的视野推动资本与人才的国际流动，不断提升企业创新的全球竞争力。在国家高新区创新国际拓展评价中，主要以"内资控股企业设立的境外研发机构数量""企业委托境外开展研发活动费用支出"两个指标来表征高水平国际合作方面情况。

（一）内资企业加速海外拓展，国际研发机构数量持续增长

国家高新区作为国家创新体系的重要组成部分，在科技园区的国际合作、进行创新创业的国际交流以及人才的国际流动方面发挥着重要作用。2022年，在推进高新技术产业国际化工作方面，国家高新区表现出积极态势。在接受调查的177家国家高新区中，有近半数参与了"一带一路"科技创新行动计划，有七成以上正在进行创新创业的国际交流与合作，有50.8%的国家高新区建立了海外人才工作站，并且有81.9%的国家高新区为国际高端人才提供了各类便利化服务[①]（图6-11）。

---
① 资料来源：调查问卷。

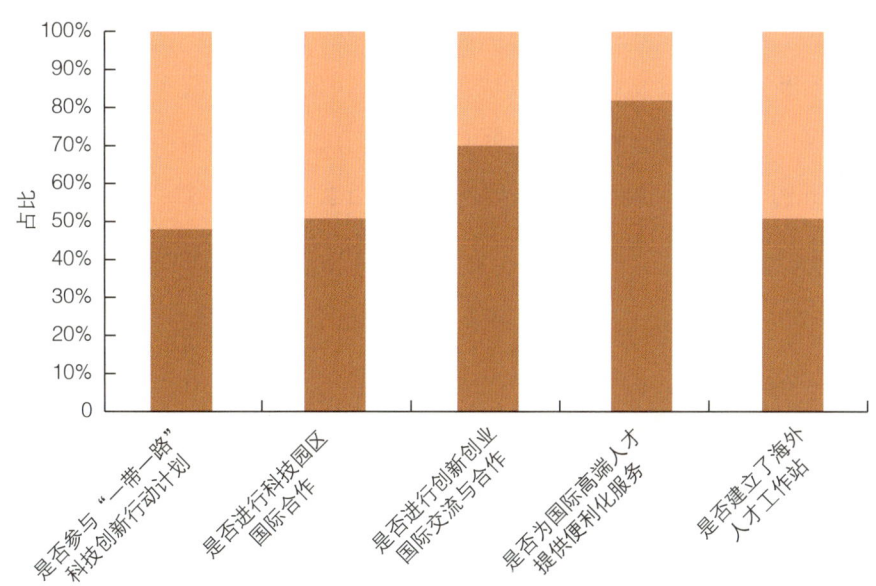

图6-11　2022年国家高新区推进高新技术产业国际化情况

外资研发机构在国家高新区扮演着非常关键的角色，既是连接全球创新资源的桥梁，又是促进创新技术扩散、推动科技领域开放合作的重要平台。2013—2022年，国家高新区的外资研发机构数量整体上呈现出增长的趋势。随着全球疫情防控策略的逐步调整和疫情接近尾声，2022年国家高新区的外资研发机构数量也继续保持小幅增长，达到4847家，同比增长6.1%（图6-12）。

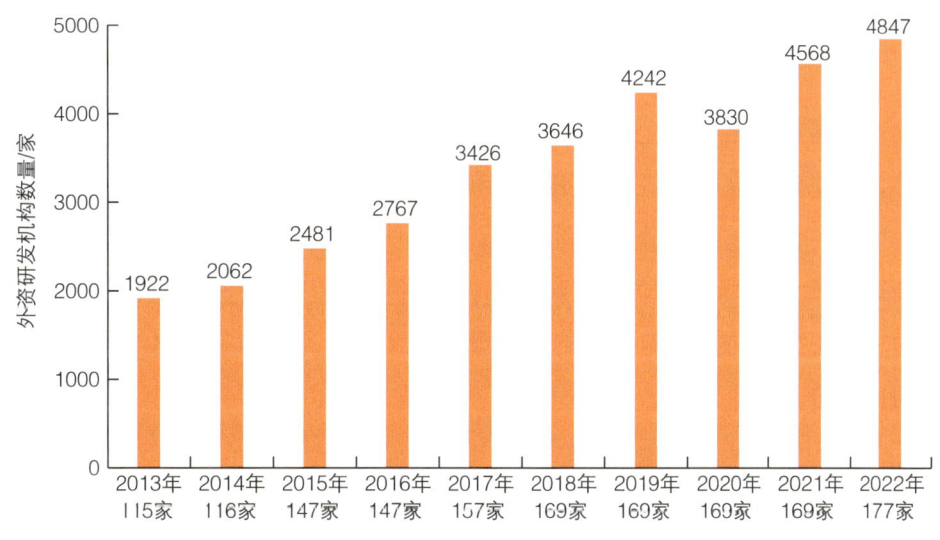

图6-12　2013—2022年国家高新区拥有的外资研发机构数量情况

第六章　创新全球化水平持续提升　153

鼓励企业"走出去"是中国拓展国际合作、促进经济全球化的重要举措之一。国家高新区不断通过政策支持、税收优惠、资金援助、信息服务等方式，降低企业"走出去"的门槛和风险，增强其国际竞争力。2022年，国家高新区企业共设立境外营销服务机构6916家、境外技术研发机构2345家、境外生产制造基地961家，境外技术研发机构数量基本保持稳定，受疫情影响境外生产制造基地同比下降64.8%（图6-13）。

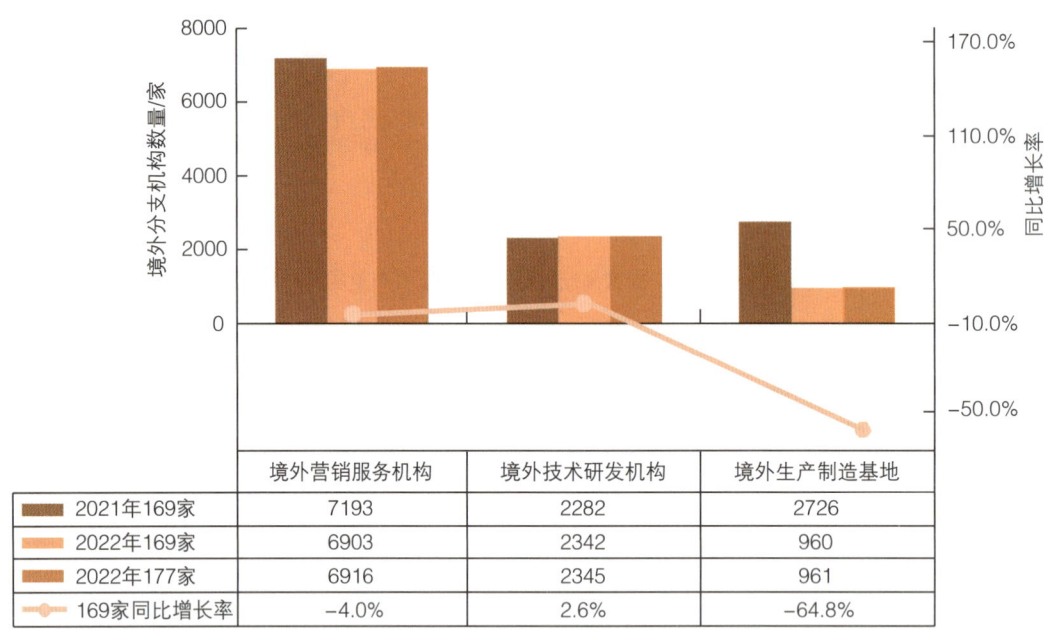

图6-13　2021—2022年国家高新区企业设立的境外分支机构数量情况

国家高新区鼓励区内本土企业积极参与国际创新合作，将价值链中的研发环节延伸到境外，在境外设立研发机构，更好地利用创新资源，融入国际创新网络。一些先进园区，如中关村科技园在硅谷、以色列，上海张江在波士顿，苏州高新区在德国，无锡高新区在欧洲多国均建立了创新中心。2010—2022年，国家高新区内资控股企业设立的境外研发机构数量整体保持快速增长，2022年为1734家，同比增长6.5%，是2010年的16.7倍（图6-14）。

考虑到地区要素差异，下面按不同地区国家高新区、不同类别国家高新区、不同省份国家高新区分别对评价指标"内资控股企业设立的海外研发机构"进行分析。

从不同区域来看，2022年，长江经济带国家高新区内资控股企业设立的境外研发机构数量保持领先，为1016家，占高新区整体比重为58.6%；其次是长三角和粤港澳大湾区，分别为721家、299家；而黄河流域、京津冀仅有136家和82家（图6-15）。

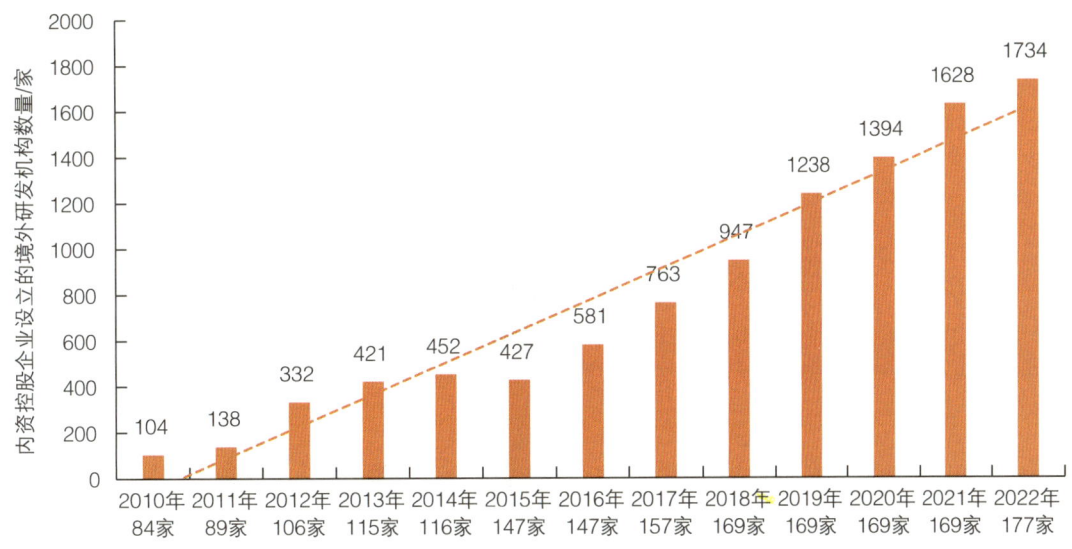

图6-14　2010—2022年国家高新区内资控股企业设立的境外研发机构数量情况

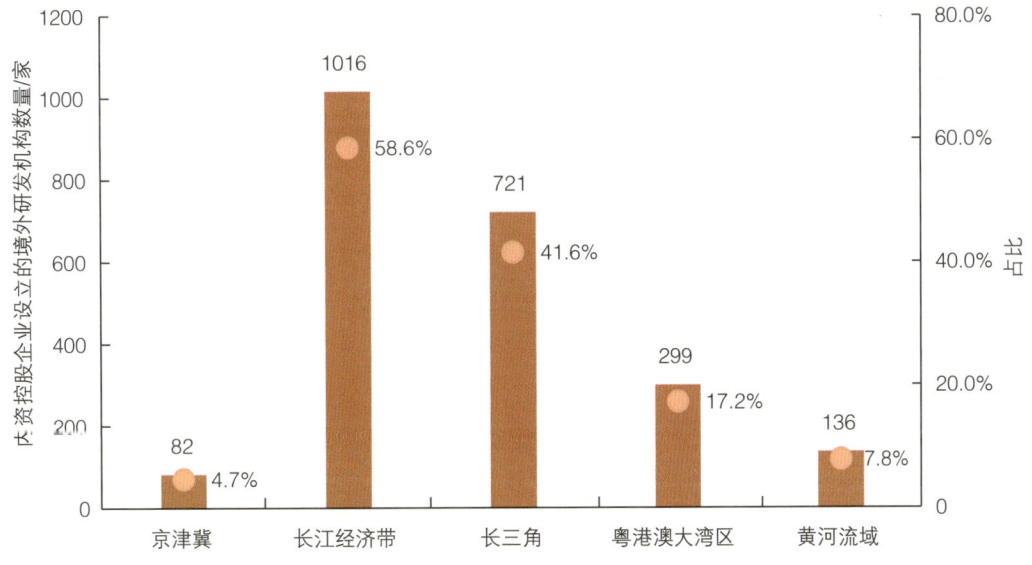

图6-15　2022年重大战略区域国家高新区内资控股企业设立的海外研发机构的分布情况

从不同地区来看，2022年，东部地区国家高新区内资控股企业设立的境外研发机构数量依旧保持领先，为1215家，其次是中部和西部地区，分别为351家、131家。从两年变化来看，东北和东部地区国家高新区内资控股企业设立的境外研发机构数量占高新区整体的比重较2021年有所下降，而西部和中部地区的占比有所上升，其中东部地区下降的百分比恰好等于中部地区上升的百分比，为1.9个百分点（图6-16）。这说明中西部地区国家高新区走出去的能力和意愿在不断增强。

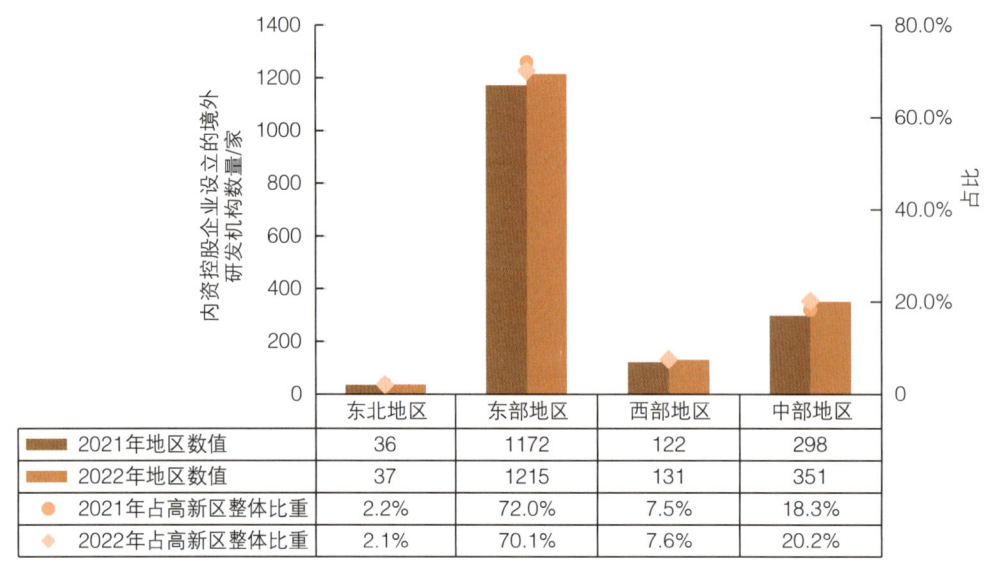

图6-16　2021—2022年国家高新区内资企业设立的海外研发机构的地区分布情况

从不同类别国家高新区来看，2022年，平均每家世界一流高科技园区、创新型科技园区和创新型特色园区中的内资控股企业设立的海外研发机构数均高于国家高新区平均值，其中世界一流高科技园区是高新区均值的7.3倍；同时，稳定期园区明显高于新升级园区，自创区园区明显高于非自创区园区（图6-17）。数据显示，发展较为成熟的园区在整合海外研发资源方面具有明显的优势。

从不同省份来看，2022年，国家高新区内资控股企业设立的境外研发机构数量超过100家的省份共有5个，分别为江苏、广东、上海、湖北和山东，占国家高新区整体的比例之和超过67%，其中，江苏和广东的占比均超过18%，是国家高新区本土企业研发机构走向世界的重要支撑省份；而贵州、宁夏、山西、海南等省份则相对较低，最高仅为2家，黑龙江、内蒙古、青海和西藏为0家（表6-2）。

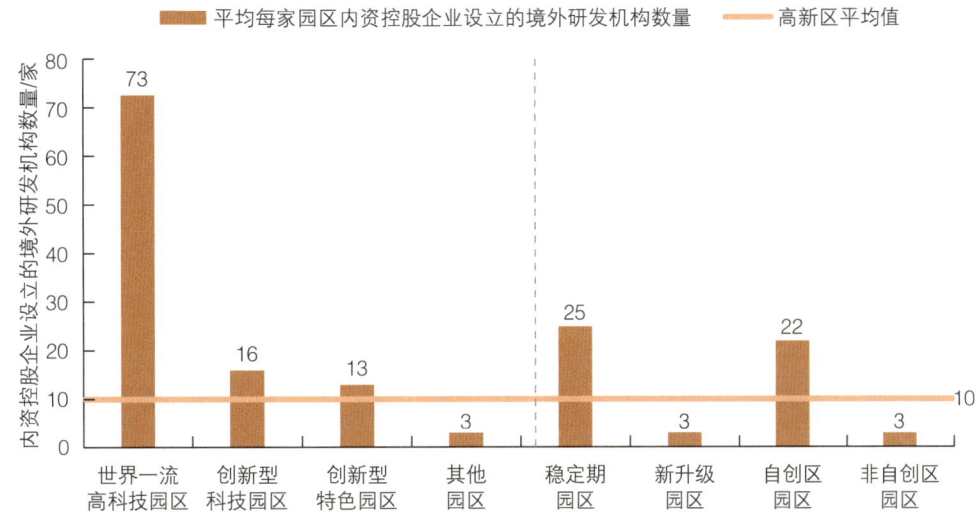

图6-17 2022年不同类别国家高新区内资控股企业设立的境外研发机构数量情况

表6-2 2022年国家高新区内资控股企业设立的境外研发机构数量的省份分布情况

省份	高新区内资控股企业设立的境外研发机构数量/家	占国家高新区整体的比例	省份	高新区内资控股企业设立的境外研发机构数量/家	占国家高新区整体的比例
江苏	410	23.64%	四川	17	0.98%
广东	315	18.17%	重庆	15	0.87%
上海	165	9.52%	天津	10	0.58%
湖北	145	8.36%	云南	10	0.58%
山东	119	6.86%	吉林	9	0.52%
浙江	84	4.84%	甘肃	7	0.40%
安徽	62	3.58%	新疆	6	0.35%
江西	58	3.34%	贵州	2	0.12%
陕西	48	2.77%	宁夏	2	0.12%
湖南	48	2.77%	山西	2	0.12%
福建	39	2.25%	海南	1	0.06%
北京	36	2.08%	黑龙江	0	0.00%
河北	36	2.08%	内蒙古	0	0.00%
河南	36	2.08%	青海	0	0.00%
辽宁	28	1.61%	西藏	0	0.00%
广西	24	1.38%			

第六章 创新全球化水平持续提升

具体到单个园区，2022年，内资控股企业设立的境外研发机构数量超过40家的国家高新区共有8家，分别为苏州工业区、上海张江、佛山、武汉、深圳、合肥、南京、广州，占国家高新区整体的45.6%；其中苏州工业园最多，为194家，占国家高新区整体的11.2%（图6-18）。

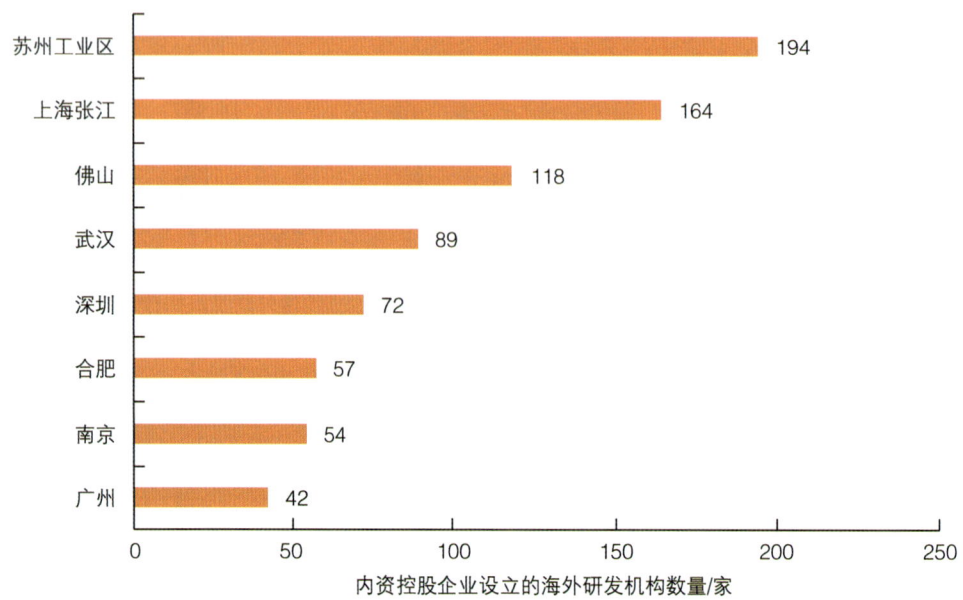

图6-18　2022年内资控股企业设立的境外研发机构数量超40家的高新区

（二）国际创新合作更加频繁，委托境外研发费用保持上升

国家高新区鼓励企业在全球范围内开展创新交流与合作。2010年以来，国家高新区企业委托境外开展研发活动费用支出整体保持上升趋势，尤其是2019年增速加快，一举突破220亿元。2022年为280.5亿元，是2010年的13.2倍（图6-19）。

分区域来看，2022年，粤港澳大湾区国家高新区企业委托境外开展研发活动费用支出最高，为131.0亿元，占国家高新区整体的46.7%；长江经济带和长三角区域数值居中，分别为83.8亿元和74.5亿元；而黄河流域、京津冀区域国家高新区企业委托境外开展研发活动的费用支出额大幅落后，分别为16.1亿元和14.4亿元，占高新区整体比重分别为5.7%和5.1%（图6-20）。

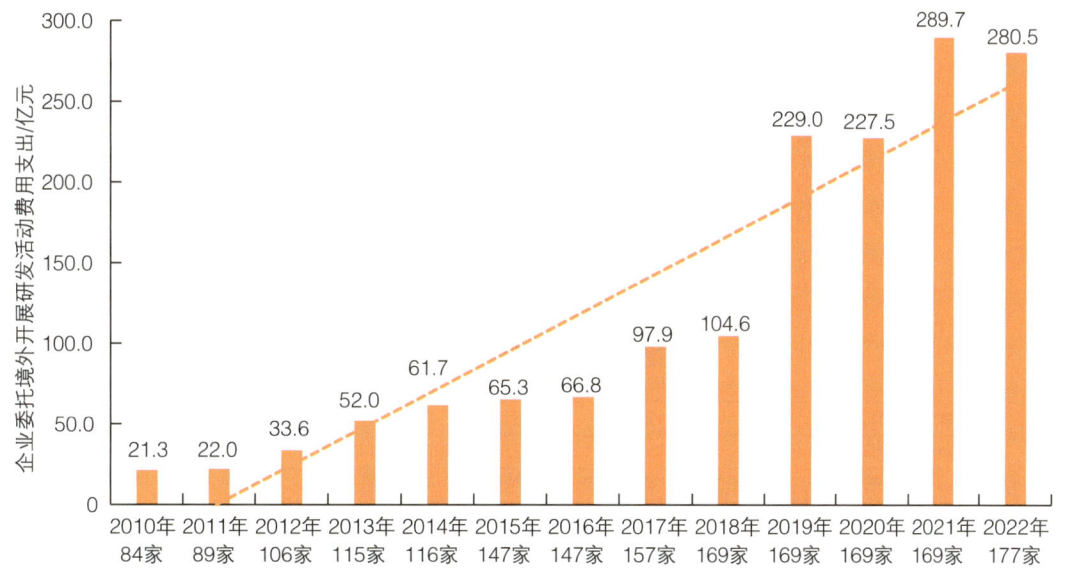

图6-19 2010—2022年国家高新区企业委托境外开展研发活动费用支出情况

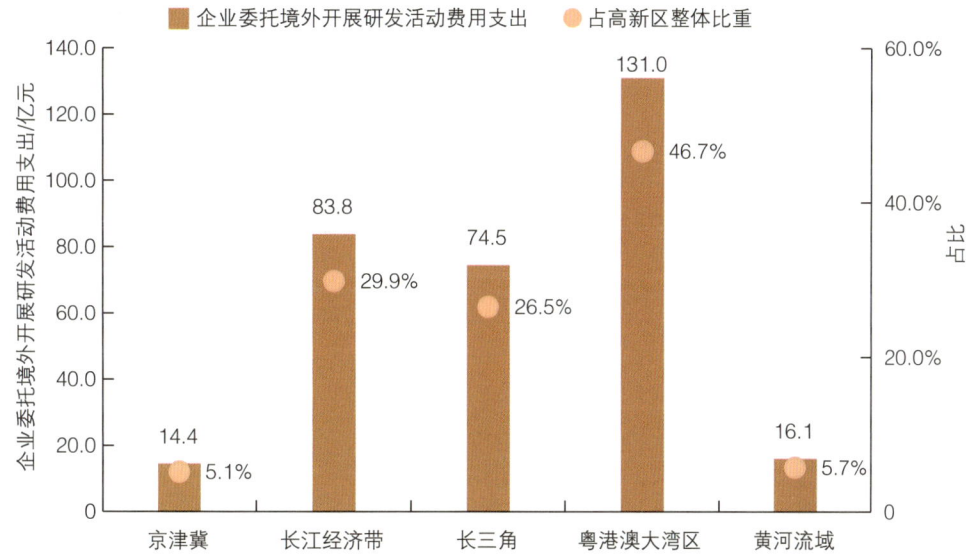

图6-20 2022年重大战略区域国家高新区企业委托境外开展研发活动费用支出情况

分地区来看,2022年,东部地区国家高新区企业委托境外开展研发活动费用支出最高,为235.0亿元,占国家高新区整体的83.8%,分别是西部地区、中部地区、东北地区的52.2倍、14.7倍、9.4倍(图6-21)。从两年变化来看,东部高新区企业委托境外开展研发活动的支出额占高新区整体比重有所回升,增长4.0个百分点;中部地区出现明显下降。

第六章 创新全球化水平持续提升 159

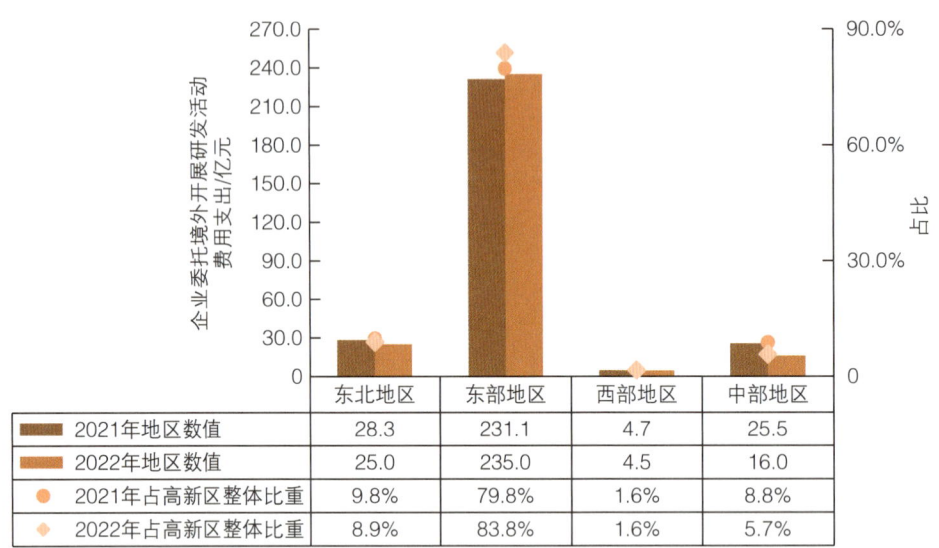

图6-21　2021—2022年各地区国家高新区企业委托境外开展研发活动费用支出情况

从不同类别国家高新区来看，2022年，平均每家世界一流高科技园区、创新型科技园区的企业委托境外开展研发活动费用支出均高于高新区平均值（1.6亿元），尤其世界一流高科技园区分别是创新型科技园区、创新型特色园区、其他园区的5.3倍、22.9倍、40.0倍；稳定期园区是新升级园区的10.5倍；自创区园区是非自创区园区的40.0倍（图6-22）。相对发达和成熟的园区体现出明显的优势。

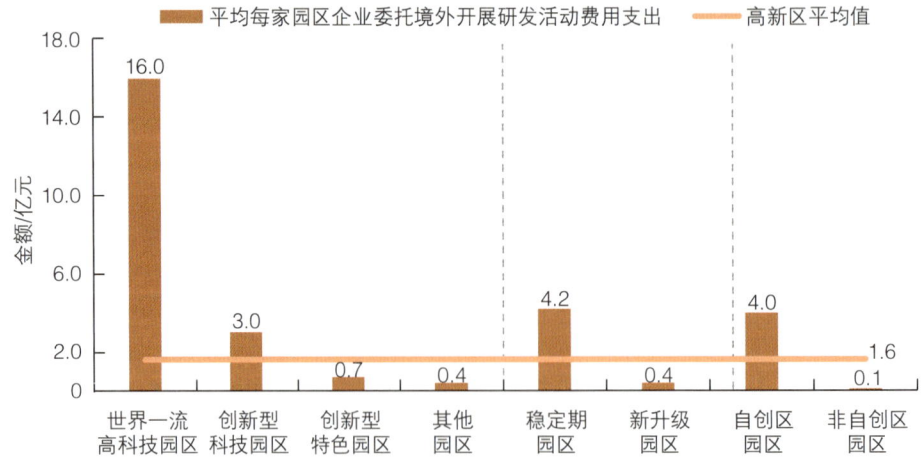

图6-22　2022年不同类别国家高新区企业委托境外开展研发活动费用支出情况

分省份来看，2022年，国家高新区企业委托境外开展研发活动费用支出前四的省份分别为广东、上海、吉林和江苏，均在23亿以上，4个省份高新区占高新区整体的比例达77.26%；而河北、辽宁、江西等16个省份高新区企业委托境外开展研发活动费用支出均不足1亿元，其中内蒙古、宁夏、青海、云南、新疆、西藏6个省份高新区为0亿元（表6-3）。

表6-3　2022年国家高新区委托境外开展研发活动费用支出的省份分布情况

省份	高新区企业委托境外开展研发活动费用支出/亿元	占国家高新区整体的比例	省份	高新区企业委托境外开展研发活动费用支出/亿元	占国家高新区整体的比例
广东	130.98	46.70%	辽宁	0.57	0.20%
上海	37.88	13.50%	江西	0.27	0.10%
吉林	24.29	8.66%	甘肃	0.22	0.08%
江苏	23.55	8.40%	黑龙江	0.13	0.05%
山东	15.25	5.44%	天津	0.10	0.04%
北京	13.74	4.90%	广西	0.09	0.03%
浙江	11.09	3.95%	海南	0.07	0.02%
河南	7.28	2.60%	山西	0.03	0.01%
湖北	4.20	1.50%	贵州	0.01	0.00%
湖南	2.28	0.81%	内蒙古	0.00	0.00%
安徽	1.95	0.70%	宁夏	0.00	0.00%
福建	1.76	0.63%	青海	0.00	0.00%
陕西	1.63	0.58%	新疆	0.00	0.00%
四川	1.35	0.48%	云南	0.00	0.00%
重庆	1.20	0.43%	西藏	0.00	0.00%
河北	0.58	0.21%			

具体到单个园区，2022年，企业委托境外开展研发活动费用支出过亿元的国家高新区有28家，分别为深圳、上海张江、东莞、长春、中关村等高新区，共计268.29亿元，占国家高新区整体的95.6%；其中，深圳高新区委托境外开展研发活动费用支出78.2亿元，占国家高新区整体的27.9%，是第二名上海张江的2.1倍（图6-23）。

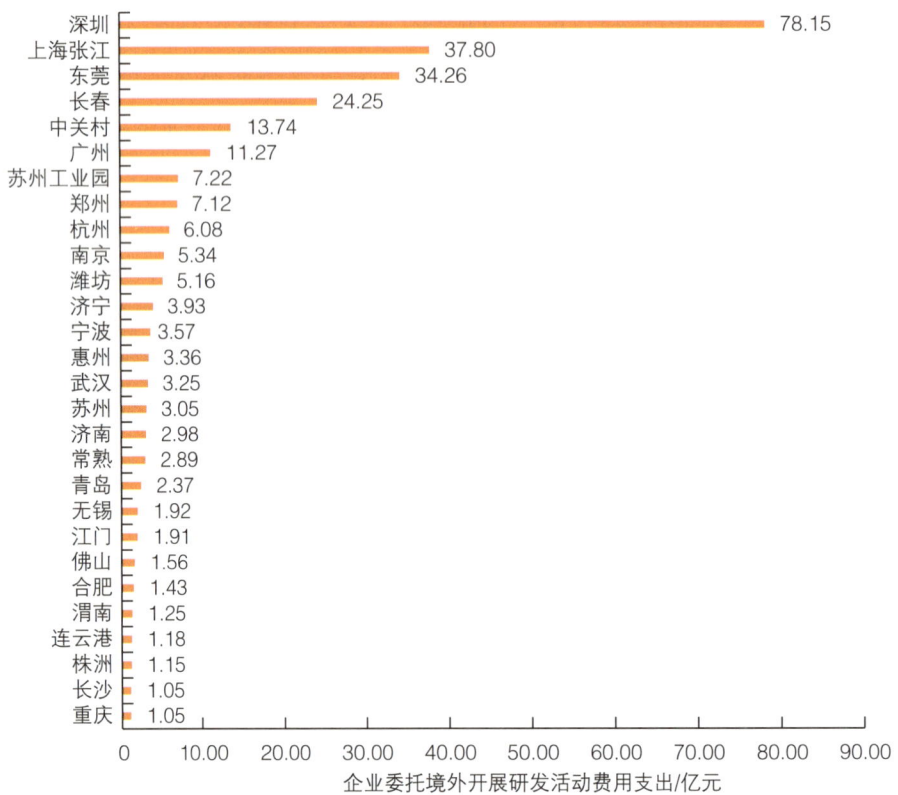

图6-23　2022年企业委托境外开展研发活动费用支出过亿元的国家高新区

三、高质量国际创新成果不断涌现

国家高新区支持和鼓励企业积极开展境外知识产权申报、参与国际标准的制订以及展开海外并购等战略举措，旨在提升企业的国际化和参与国际竞争的能力，提高企业的核心竞争力和国际影响力。在国家高新区创新国际拓展评价中，体现国际创新成果方面的指标为"内资控股企业万人拥有欧美日专利授权数量及境外注册商标数量"。

（一）国际创新成果快速增长，境外授权专利拥有量超 26 万件

国家高新区支持企业在拓展国际市场的过程中，逐步建立知识产权保护意识，提升对国际知识产权的申请、运用、保护和管理能力。2022年，国家高新区企业申请欧美日专利数和拥有欧美日专利数分别为34 710件和163 802件，同比增长分别为9.0%、

5.2%；授权欧美日专利和申请PCT国际专利分别为25 094件和34 458件，同比下降分别为1.6%和1.4%；境外授权发明专利为220 516件，同比增长16.9%，拥有境外授权专利为262 916件，同比增长20.1%（图6-24）。

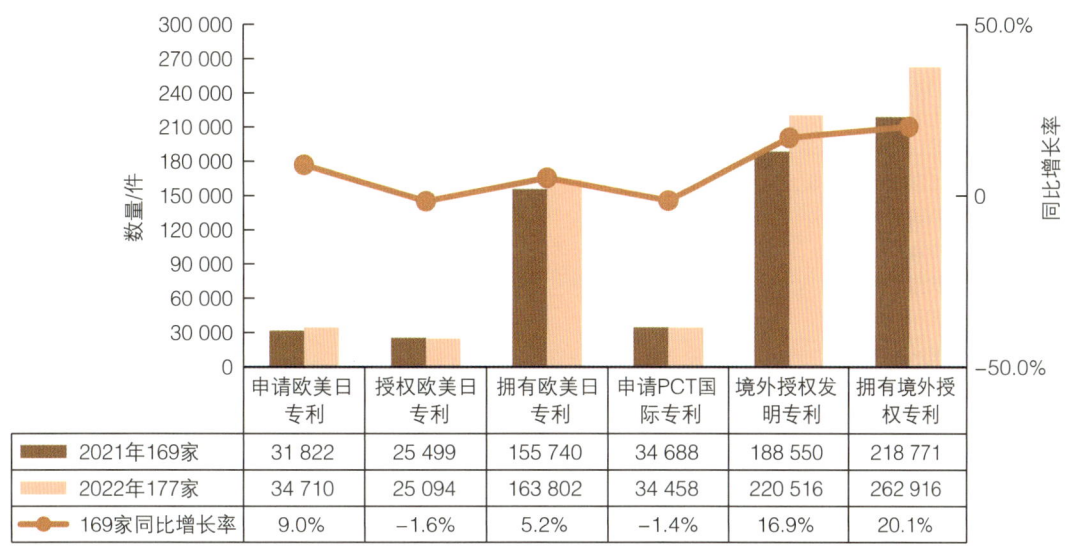

图6-24　2021—2022年国家高新区企业境外知识产权数量情况

具体到单个园区，以具有代表性的PCT国际专利为例，2022年，企业当年申请PCT国际专利数超过100件的园区有31家，其中数量最多的是深圳高新区，为10 614件，占国家高新区整体的30.8%，其次为中关村科技园区，申请数为8186件，占国家高新区整体的23.8%；上海张江、青岛高新区和苏州工业园申请数均在1000件以上，分别为3097件、1122件和1063件（图6-25）。

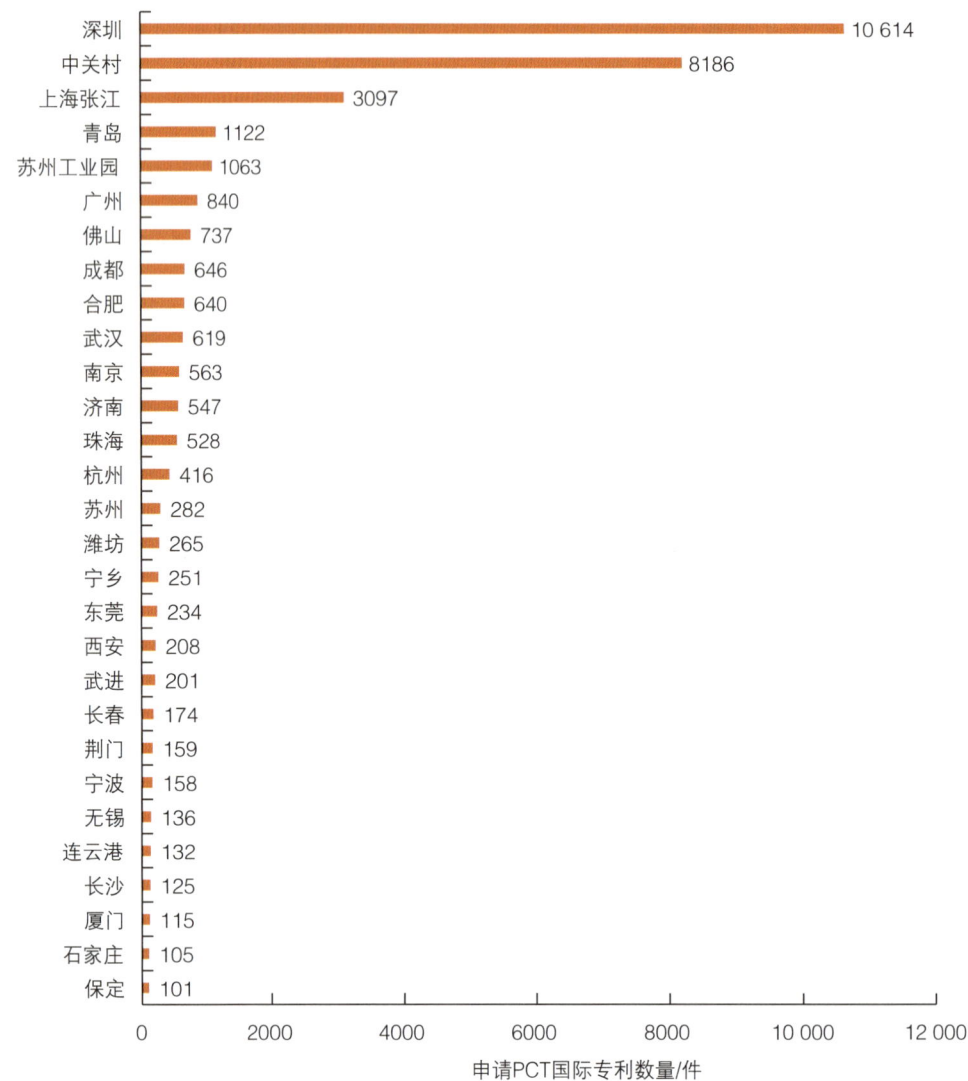

图6-25 2022年企业当年申请PCT国际专利超过100件的高新区

（二）本土企业万人专利产出效率提升，支撑国际创新发展

观察国家高新区本土企业国际创新成果的产出情况。从总量来看，2022年，国家高新区内资控股企业申请欧美日专利、授权欧美日专利、拥有欧美日专利、申请PCT国际专利、境外授权发明专利、拥有境外授权专利分别为28 989件、20 476件、135 902件、27 854件、172 853件、203 979件，占国家高新区全部企业的比例分别为83.5%、81.6%、83.0%、80.8%、78.4%、77.6%，其中境外授权发明专利较2021年提升了18个百分点（图6-26）。本土企业参与国际创新竞争的能力持续提升。

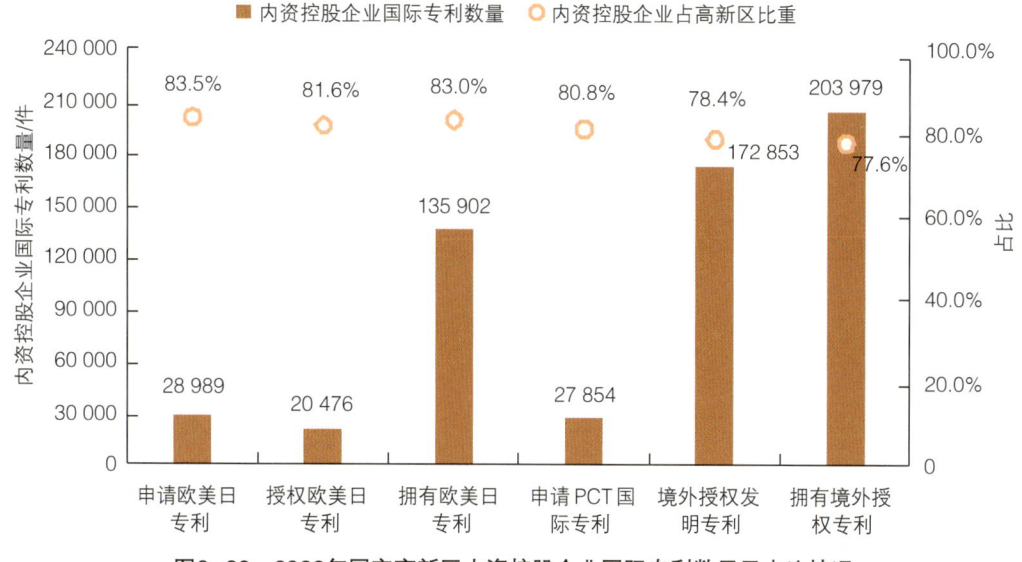

图6-26　2022年国家高新区内资控股企业国际专利数量及占比情况

从产出效率来看，2010—2022年，国家高新区内资控股企业万人拥有欧美日专利授权数量及境外注册商标数量呈上升态势，尤其自2018年以来增速明显提升，2022年为143.0件，再创新高（图6-27）。

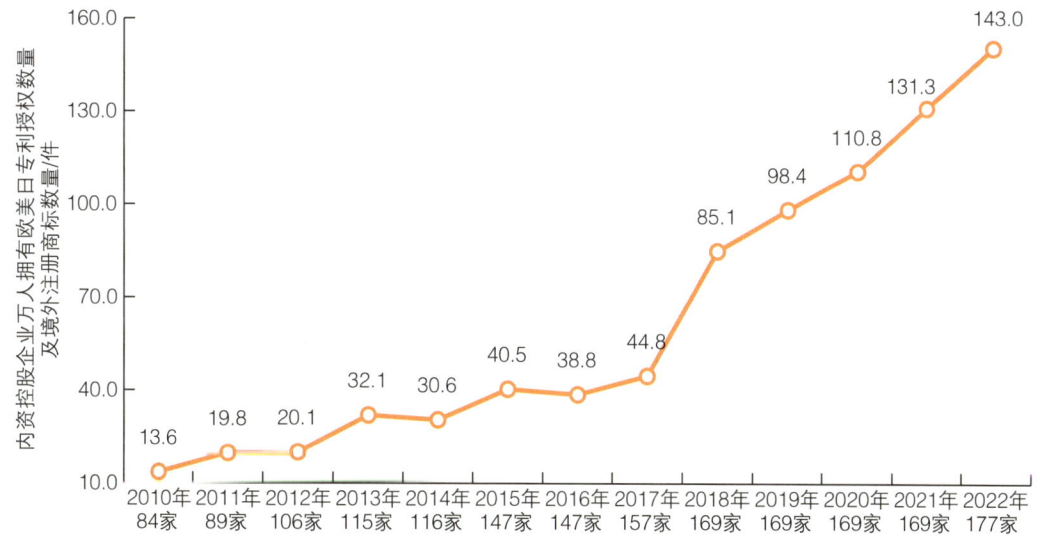

图6-27　2010—2022年国家高新区内资控股企业万人拥有欧美日专利授权数量及境外注册商标数量情况

从区域分布来看，2022年，粤港澳大湾区国家高新区内资控股企业万人拥有欧美日专利授权数量及境外注册商标数量一枝独秀，为579件，比国家高新区平均值（143件）高436件，呈现显著优势；其次是京津冀，为204件，高于高新区平均值；而长三角、长江经济带、黄河流域分别为84件、66件和34件，均低于高新区平均值（图6-28）。

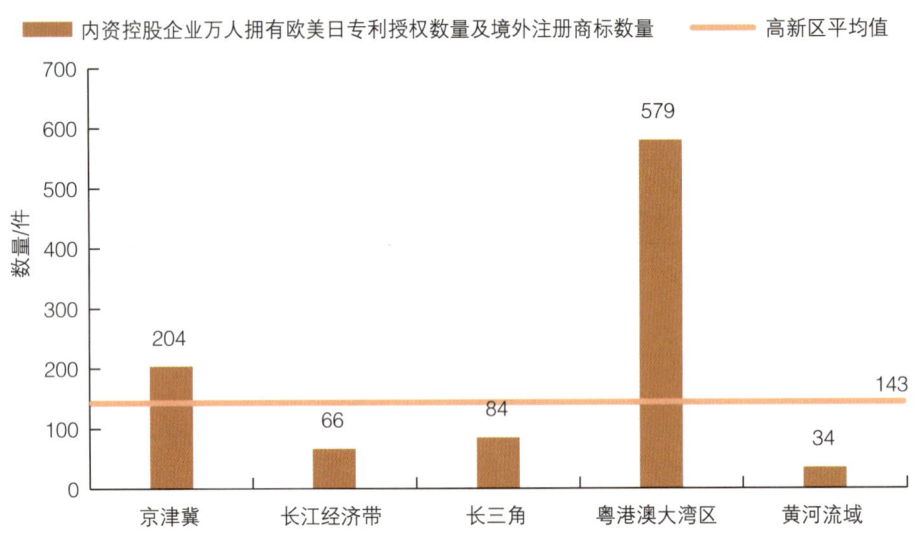

图6-28　2022年重大战略区域国家高新区内资控股企业万人拥有欧美日专利授权数量及境外注册商标数量的分布情况

从地区分布来看，2022年，东部地区高新区内资控股企业万人拥有欧美日专利授权数量及境外注册商标数量为219件，比国家高新区平均值（143件）高76件，呈现显著优势。从两年对比来看，所有地区高新区较2021年均有所提升，其中西部地区增长率最高（图6-29）。

从不同类别国家高新区来看，2022年，世界一流高科技园区内资控股企业万人拥有欧美日专利授权数量及境外注册商标数量为293件，明显高于创新型科技园区、创新型特色园区和其他园区；稳定期园区为187件，是新升级园区的5.3倍；自创区园区为186件，是非自创区园区的6.4倍；非自创区园区内资控股企业万人拥有国际创新成果数量仅为国家高新区平均值的五分之一，仍有较大的提升空间（图6-30）。

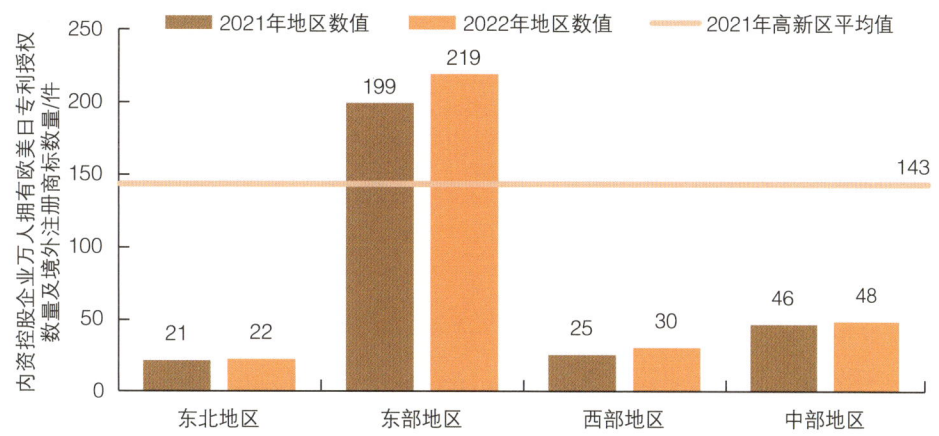

图6-29　2020—2022年国家高新区内资控股企业万人拥有欧美日专利授权数量及境外注册商标数量的地区分布情况

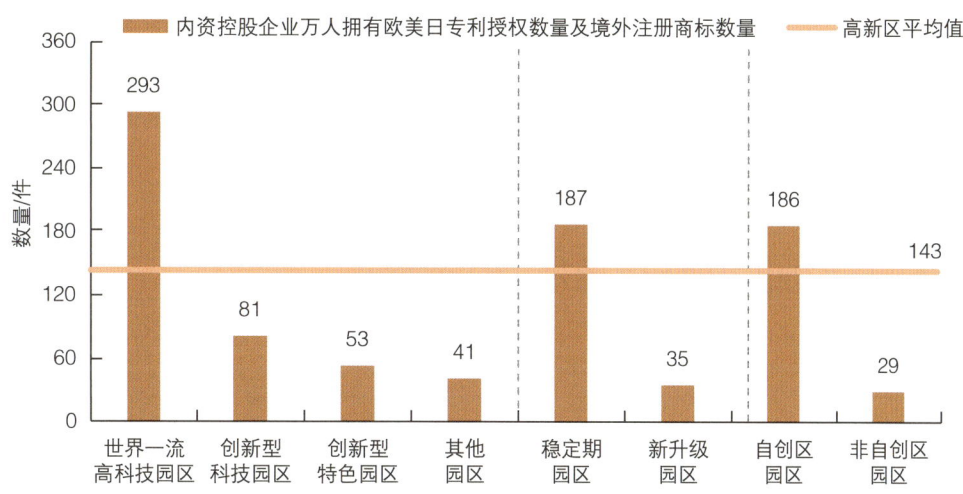

图6-30　2022年不同类别国家高新区内资控股企业万人拥有欧美日专利授权数量及境外注册商标数量对比

具体到单个园区，2022年，有3家世界一流高科技园区的内资控股企业万人拥有欧美日专利授权数量及境外注册商标数量达到100件以上，其中深圳高新区仍居首位，为550.2件；杭州名列第二，达到198.4件（图6-31）。

第六章　创新全球化水平持续提升　167

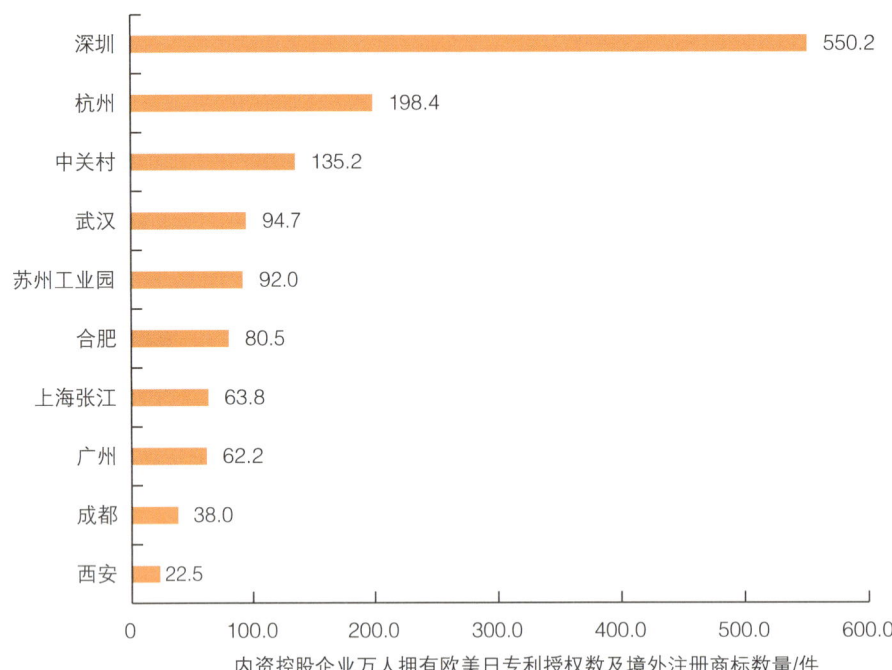

图6-31　2022年10家世界一流高科技园区内资控股企业万人拥有欧美日专利授权数量及境外注册商标数量情况

四、高附加值国际贸易规模快速增长

深度参与全球产业分工和合作是推进高水平对外开放、加快构建以国内大循环为主体、国内国际双循环相互促进的新发展格局的重要方式。国家高新区在打造"一带一路"开放合作新高地的过程中，支持区内企业积极开拓国际市场，深化国际贸易交流合作。国家高新区创新国际拓展评价中，使用"技术服务出口占出口总额比例"来体现国际贸易交流的情况。

（一）贸易出口规模达5.9亿元，利用外资金额占全国四成

2022年，国家高新区贸易规模有所提升，进出口总额达98 400.9亿元，同比增长11.1%；其中出口总额为59 025.7亿元，同比增长12.9%，占到我国出口总额（239 700亿元）的24.6%。

国家高新区高技术产业在国际市场的表现更为突出。2022年，高技术产业实现

进出口总额64 392.7亿元，同比增长15.0%，占高新区整体的比例为65.4%，该比例较2021年提高2.1个百分点。高技术产业对外出口总额为37 474.6亿元，同比增长12.8%，占国家高新区整体的比例为63.7%，与2021年一致。其中，实现高新技术产品出口23 153.5亿元，同比增长5.2%，占国家高新区整体的比例为66.7%，较2021年下降1.5个百分点；实现技术服务出口2793.7亿元，同比下降0.3%，占国家高新区整体的比例达79.9%，较2021年下降2.6个百分点（图6-32）。国家高新区高技术产业的主要进出口指标表现较佳，占高新区整体的比例均在60%以上。

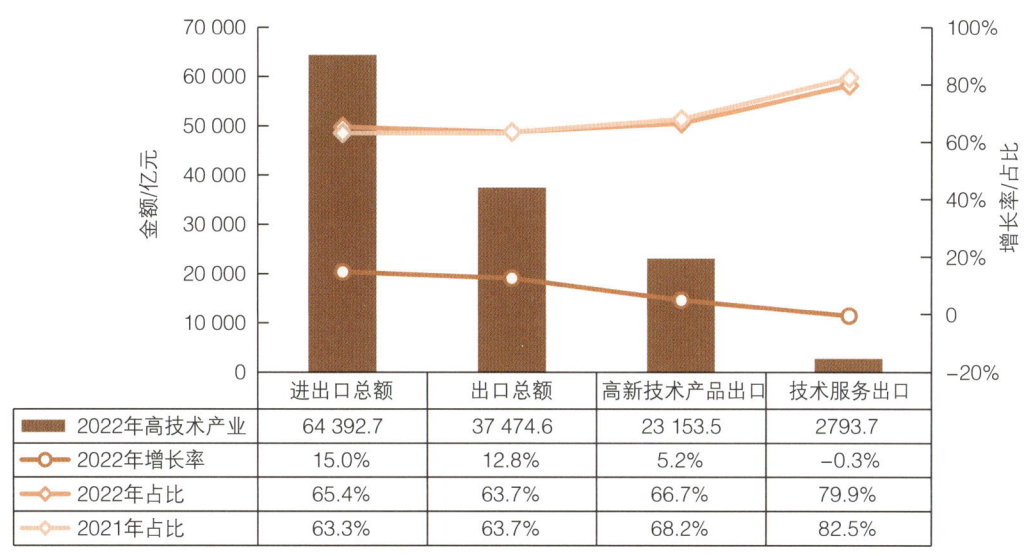

图6-32　2022年国家高新区高技术产业主要进出口指标情况

国家高新区企业通过在境外资本市场上市、融资等方式吸引了大量国际资本。2014—2022年，国家高新区当年实际利用外资金额占全国实际使用外商直接投资额的比重基本呈上升趋势（图6-33），2022年由于疫情影响有所回落，实际利用外资金额为5104.4亿元，与原169家国家高新区相比，同比下降27.2%，占全国实际使用外商直接投资金额（12 747.3亿元）的比例为40%，其中，企业海外上市融资股本为1582.7亿元，同比减少43.7%。

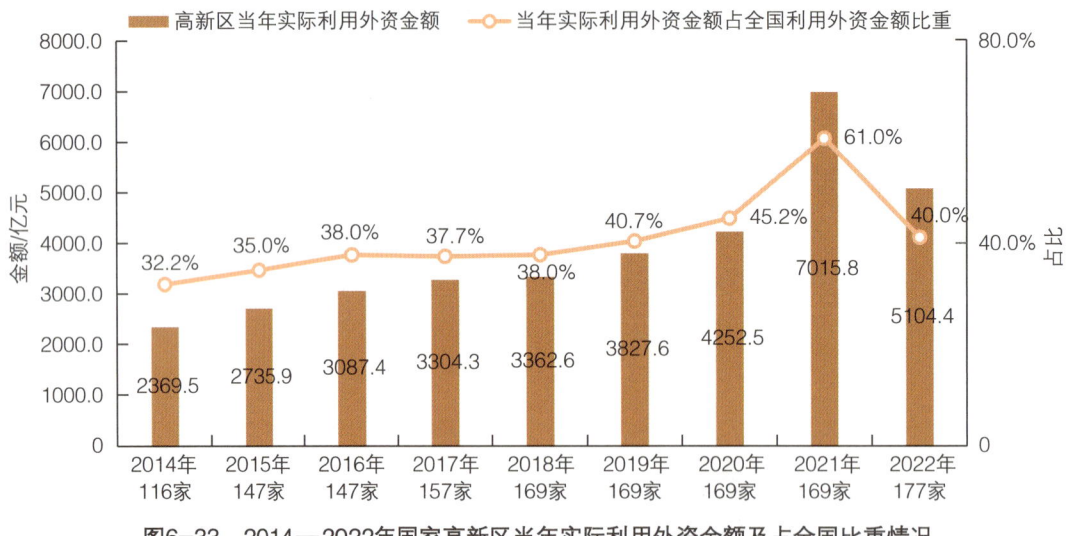

图6-33　2014—2022年国家高新区当年实际利用外资金额及占全国比重情况

（二）高技术产品出口近全国六成，技术服务出口比重持续上升

国家高新区鼓励企业开展高附加值的国际技术和服务贸易，以提升企业参与国际贸易的水平和层级，增强出口竞争力。2022年，国家高新区企业高新技术产品出口总额为34 871.5亿元，同比增长7.7%，占全国高新技术产品出口（63 391亿元）比重达55.0%；实现技术服务出口总额3497.0亿元，同比增长3.0%，占全国服务出口（28 522亿元）比重为12.3%（图6-34）。

从出口结构来看，自2015年以来，国家高新区企业技术服务出口占出口总额的比例基本呈上升态势，2022年为5.9%，较2010年提升5.0个百分点（图6-35）；高新技术产品出口占出口总额比重为59.1%，超过全国水平（23.6%）的两倍，国家高新区出口结构领先于全国。

从区域分布来看，2022年，国家高新区企业技术服务出口占出口总额比例表现最好的是京津冀，为13.1%；黄河流域、长三角区域分别为7.8%和7.1%，高于高新区平均值（5.9%）；而长江经济带和粤港澳大湾区分别为5.9%和4.0%（图6-36）。

从地区分布来看，2022年，东北地区和中部地区国家高新区企业技术服务出口占出口总额比例表现较好，分别为10.8%和8.6%，均高于高新区平均值（5.9%）；东部地区和西部地区分别为5.7%和4.0%，均低于高新区平均值（图6-37）。

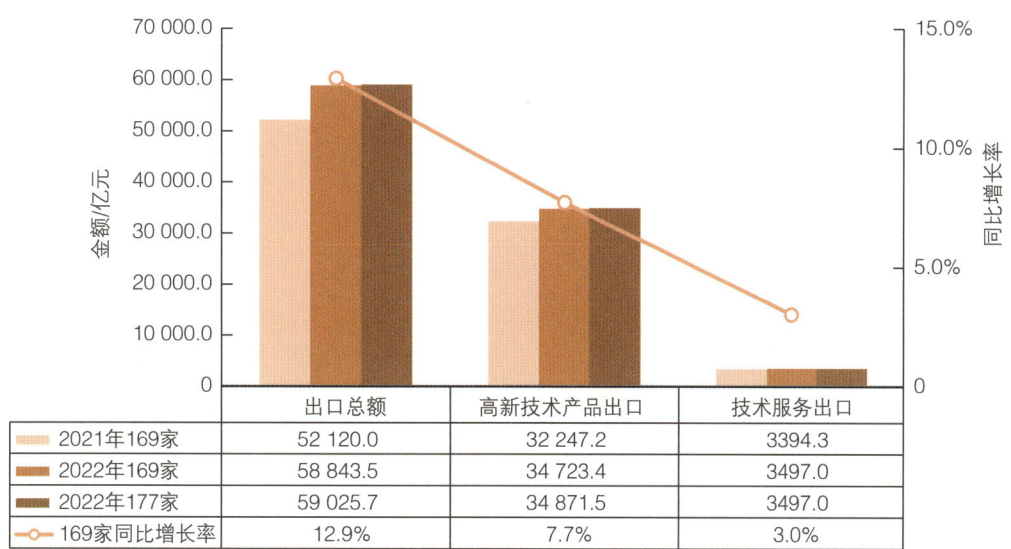

图6-34　2021—2022年国家高新区高新技术产品出口和技术服务出口情况

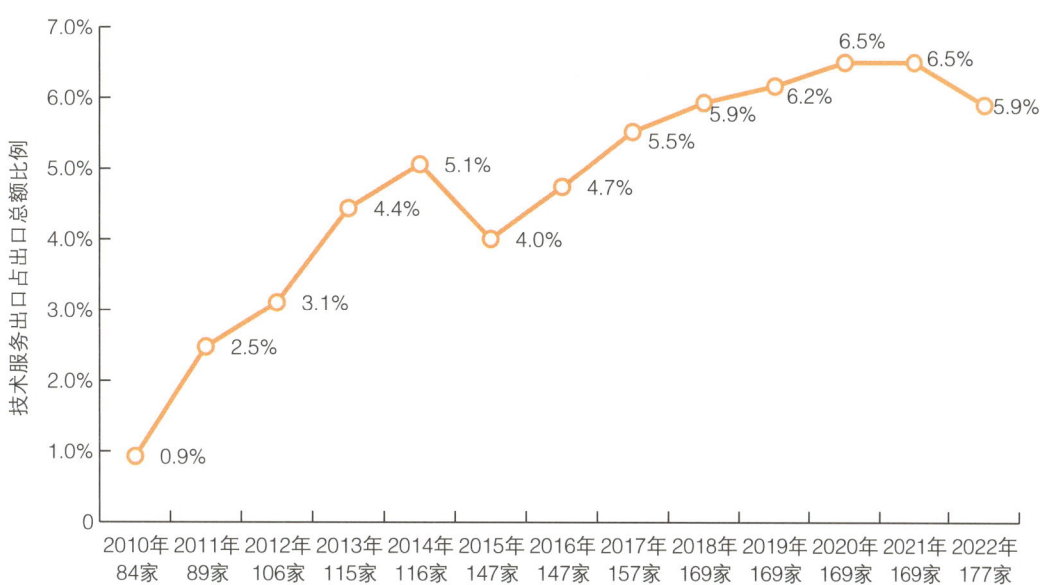

图6-35　2010—2022年国家高新区企业技术服务出口占出口总额比例情况

第六章　创新全球化水平持续提升　171

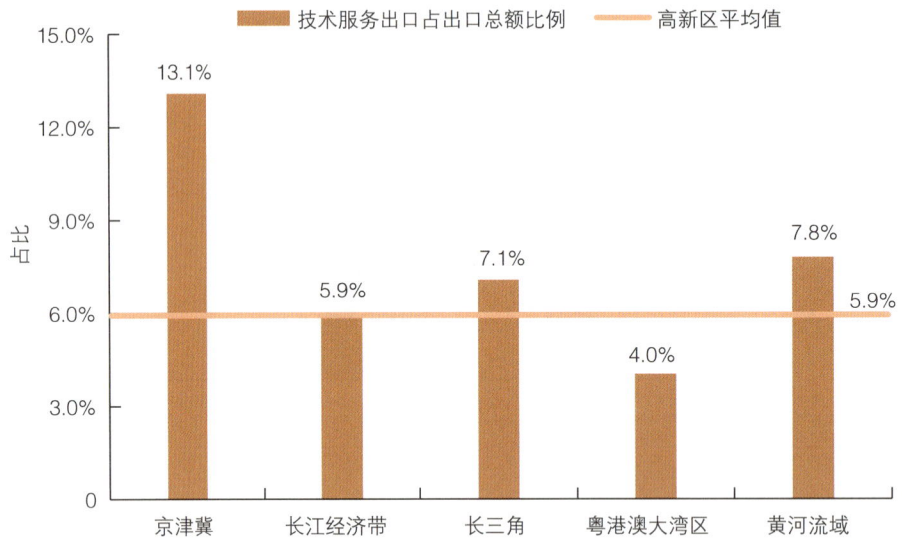

图6-36　2022年重大战略区域国家高新区企业技术服务出口占出口总额比例分布情况

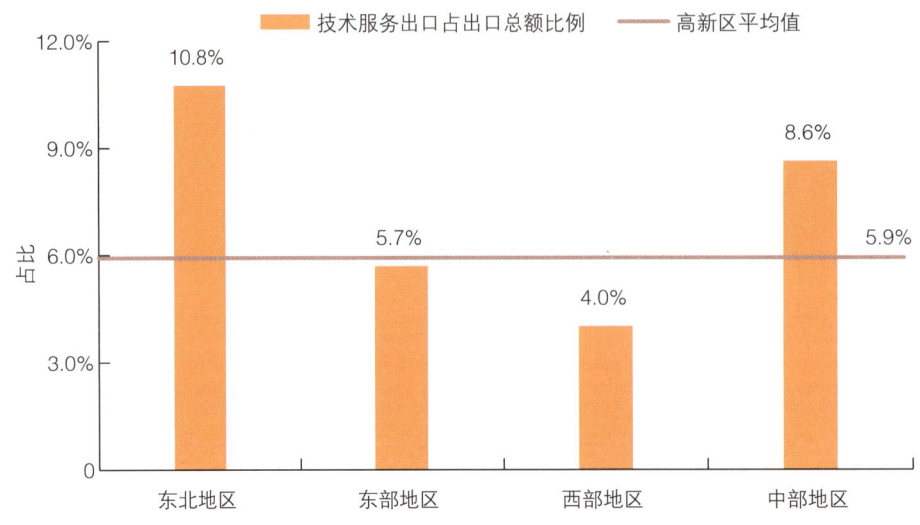

图6-37　2022年国家高新区企业技术服务出口占出口总额比例地区分布情况

从不同类别国家高新区来看，2022年，企业技术服务出口占比最高的是世界一流高科技园区群体，为8.5%，远高于高新区平均值5.9%；稳定期园区企业技术服务出口占比为6.8%，是新升级园区的2.6倍；自创区园区为6.4%，是非自创区园区的2.4倍（图6-38）。

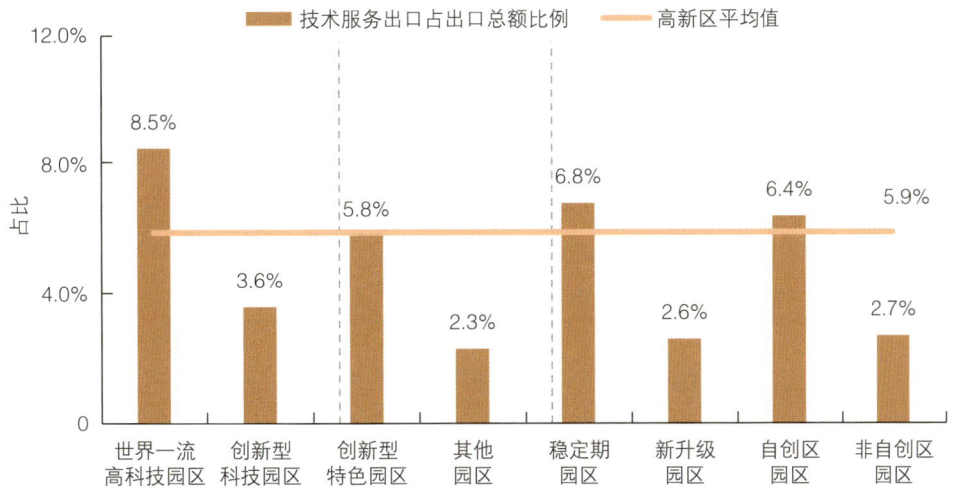

图6-38 2022年不同类别国家高新区的技术服务出口占出口总额比例情况

从省份分布来看，2022年，技术服务出口占出口总额比例在10%以上的省份共有5个，分别为陕西、安徽、北京、贵州和辽宁；广西、内蒙古和甘肃等8个省份技术服务出口占出口总额比例均在1%以下，其中，青海、新疆和西藏为0.0%。从两年对比来看，15个省份该指标出现上升，12个省份有所下降，4个省份与上年持平（表6-4）。

表6-4 2020—2022年国家高新区技术服务出口占出口总额比例的省份分布情况

省份	2022年技术服务出口占出口总额比例	2021年技术服务出口占出口总额比例	省份	2022年技术服务出口占出口总额比例	2021年技术服务出口占出口总额比例
陕西	19.9%	18.3%	河北	2.7%	1.3%
安徽	18.2%	18.2%	宁夏	2.4%	5.8%
北京	15.1%	9.9%	四川	2.1%	14.4%
贵州	12.5%	3.6%	福建	2.1%	2.0%
辽宁	12.3%	14.7%	山西	1.3%	2.4%
上海	9.8%	10.8%	重庆	1.0%	0.8%
湖南	6.3%	5.4%	云南	1.0%	0.7%
天津	5.6%	3.5%	广西	0.6%	0.4%
湖北	5.1%	4.6%	内蒙古	0.5%	0.7%
山东	5.0%	6.3%	甘肃	0.3%	0.0%
江苏	4.4%	3.8%	黑龙江	0.3%	1.1%
浙江	4.4%	3.9%	海南	0.1%	0.1%

续表

省份	2022年技术服务出口占出口总额比例	2021年技术服务出口占出口总额比例	省份	2022年技术服务出口占出口总额比例	2021年技术服务出口占出口总额比例
吉林	4.2%	6.1%	青海	0.0%	0.0%
广东	3.9%	4.6%	新疆	0.0%	0.2%
江西	3.5%	1.4%	西藏	0.0%	0.0%
河南	2.9%	4.0%			

具体到单个园区，2022年，企业技术服务出口占出口总额比例超10%的国家高新区有18家，分别为上海紫竹、延吉、合肥、西安、淮南、湘潭、大连、沈阳、中关村、贵阳、青岛、惠州、新余、郴州、璧山、杭州、阜新和承德高新区。其中，上海紫竹高新区在推动对外经贸合作、促进技术服务出口方面成效显著，技术服务出口占出口总额比例为71.7%（图6-39）。

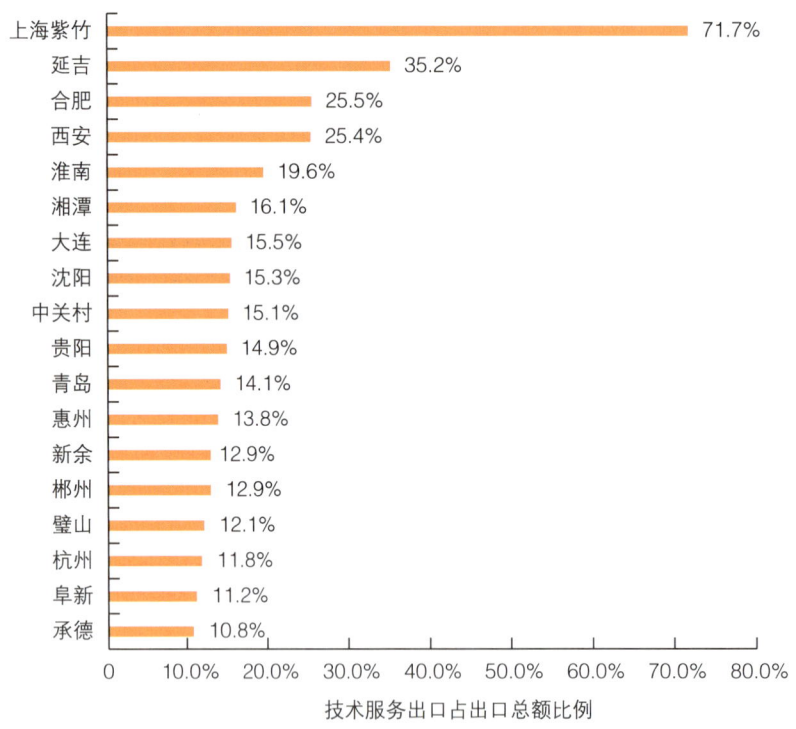

图6-39 2022年技术服务出口占出口总额比例大于10%的高新区

国家高新区创新能力评价报告2023

创新驱动经济社会 第七章
高质量发展

创新是推动高质量发展的核心动力。国家高新区创新能力评价中创新驱动发展主要考察高新区在支撑带动区域经济发展、提升劳动生产率、推动共享发展和绿色可持续发展等方面的成效。国家高新区创新能力指数测算结果显示，2010—2022年，国家高新区创新驱动发展指数呈波动上升态势，表明国家高新区在落实创新驱动发展战略，提升创新内在驱动力方面成效显著（图7-1）。2022年，国家高新区创新驱动发展指数达到156.3点，较上年增长0.5点，增速为0.3%。

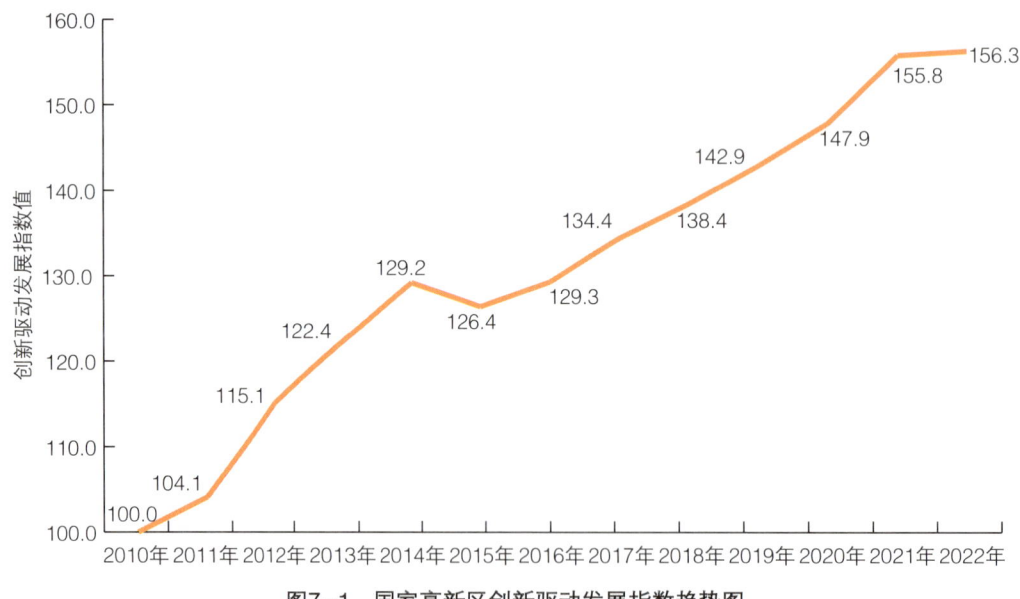

图7-1　国家高新区创新驱动发展指数趋势图

创新驱动发展下设5个二级指标，分别为高新区全口径增加值（相当于GDP）占其所在城市GDP比例[①]、企业单位增加值中劳动者报酬所占比重、工业企业万元增加值综合能耗、企业人均营业收入、企业净资产利润率。2022年，5个二级指标分别为17.1%、44.4%、0.423吨标准煤、204.1万元和9.9%，与2021年比较，高新区全口径增加值占所在城市GDP比例、企业单位增加值中劳动者报酬所占比重、企业人均营业收入3个指标均有不同程度改善[②]（图7-2）。

从增速贡献来看，以"企业人均营业收入"指标对创新驱动发展指数增长的贡献最大，其次为"工业企业万元增加值综合能耗"。

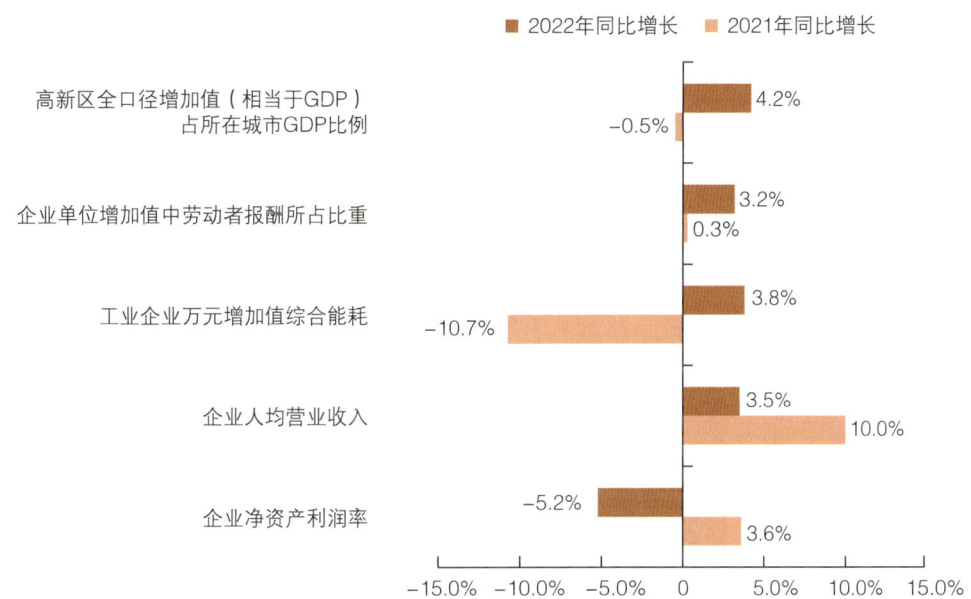

图7-2　2021—2022年国家高新区创新驱动发展各二级指标的增长率对比情况

下面围绕5个二级指标，分别从经济活动效率提升、发展成果共享、区域辐射带动、绿色低碳发展四个方面，对国家高新区创新驱动发展的情况进行分析和阐述。

---

① 算法有所改变。2016年开始由园区直接填报所在城市GDP，因此从2017年开始，园区生产总值占其所在城市GDP比例，在计算时采用加权平均值方法（将全部高新区看成一个整体，全部高新区全口径增加值之和/全部高新区所在城市GDP之和）。
② 单位增加值综合能耗为负向指标，即数值越低越好。

一、经济活动效率明显提升

当前，我国经济已进入高质量发展阶段。企业是推动经济高质量发展的主体，只有充分激发市场主体活力，推动企业创新发展，提升生产效率，才能不断推动经济可持续发展和高质量发展。在国家高新区创新驱动发展评价中，体现经济活动效率的指标为"企业人均营业收入"和"企业净资产利润率"。

（一）企业经济效率明显提升，人均指标更为平稳

国家高新区企业生产效率持续提升。2010—2022年，国家高新区企业人均营业收入整体呈现增长趋势，12年来累计提高93.7万元/人，2022年达到204.1万元/人，同比增长3.3%（图7-3）。

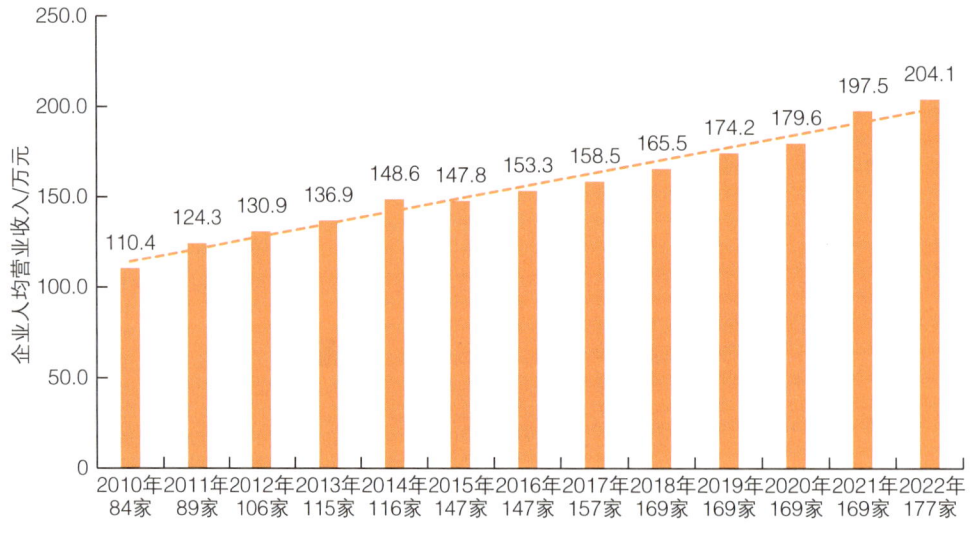

图7-3　2010—2022年国家高新区企业人均营业收入变化情况

从其他相关的人均经济指标来看，2022年，国家高新区人均工业总产值、人均净利润、人均上缴税额、人均出口总额分别为120.1万元、14.5万元、8.7万元、22.6万元，同比增长分别为2.2%、1.4%、2.4%、9.1%（表7-1）。

表7-1 2021—2022年国家高新区主要人均经济指标比较

人均指标	2022年177家	2022年169家	2021年169家	同比增长（169家）
工业总产值/万元	120.1	119.7	117.1	2.2%
净利润/万元	14.5	14.5	14.3	1.4%
上缴税额/万元	8.7	8.7	8.5	2.4%
出口总额/万元	22.6	22.7	20.8	9.1%

从重大战略区域国家高新区企业人均营业收入情况来看，2022年，京津冀高新区企业人均营业收入最高，为291.1万元，其次为长三角高新区，为201.2万元，长江经济带、黄河流域高新区企业人均营收大致相当（图7-4）。比较而言，京津冀高新区经济发展效率更高。

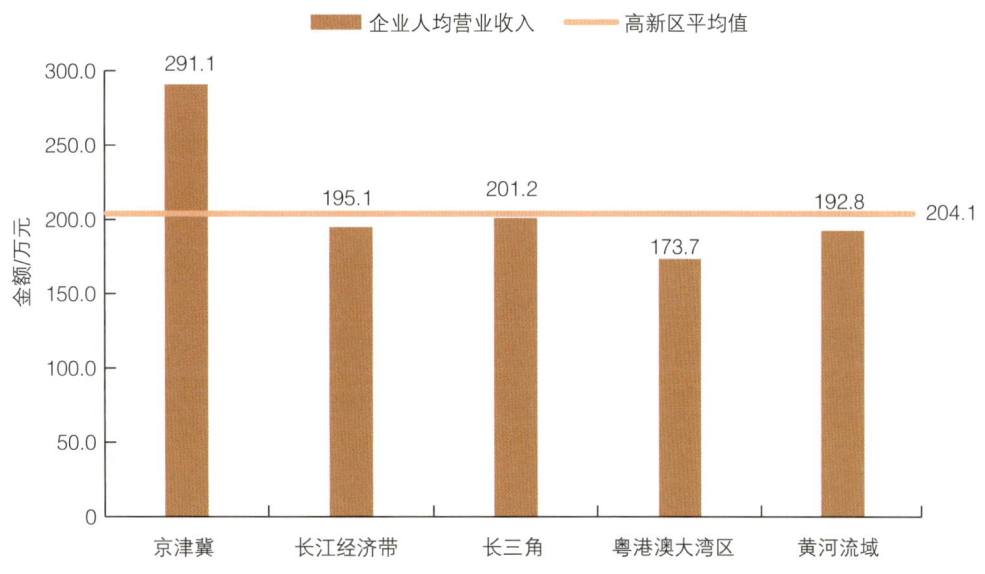

图7-4 2022年重大战略区域国家高新区的企业人均营业收入情况

从不同类别国家高新区企业人均营业收入情况来看，2022年，世界一流高科技园区企业人均营业收入最高，为234.9万元，分别高出创新型科技园区、创新型特色园区和其他园区44.2万元、52.0万元和50.9万元；稳定期园区高出新升级园区27.1万元，自创区园区高出非自创区园区23.0万元（图7-5）。可见，世界一流高科技园区、稳定期园区和自创区园区企业有更高的经济效率。

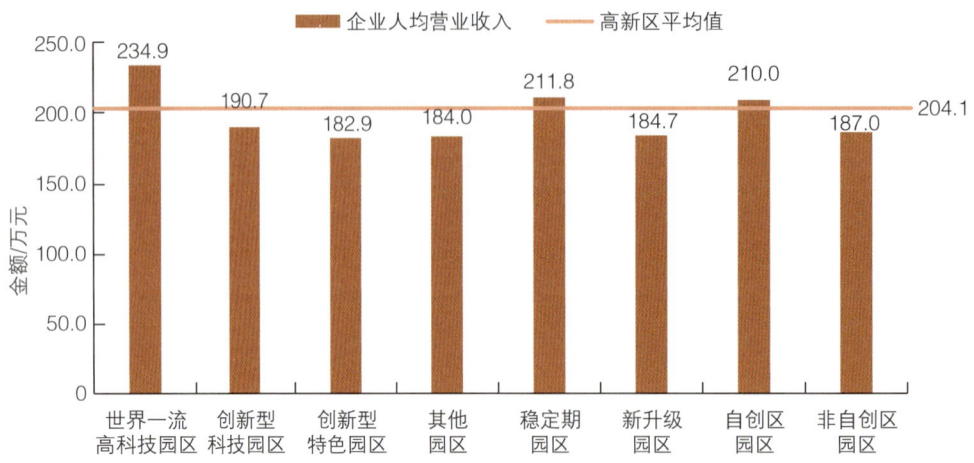

图7-5　2022年不同类别国家高新区的企业人均营业收入情况

（二）劳动生产率是全国近三倍，黄河流域企业盈利能力领先

劳动生产率可以直接反映国家高新区在知识经济下创造价值的效率。自2012年起，国家高新区的劳动生产率总体呈上升趋势，2022年为43.0万元/人[①]，同比增长3.9%，是全国全员劳动生产率（15.3万元/人）的2.8倍（图7-6）。国家高新区的高价值创造能力在我国地方经济发展中成为标杆。

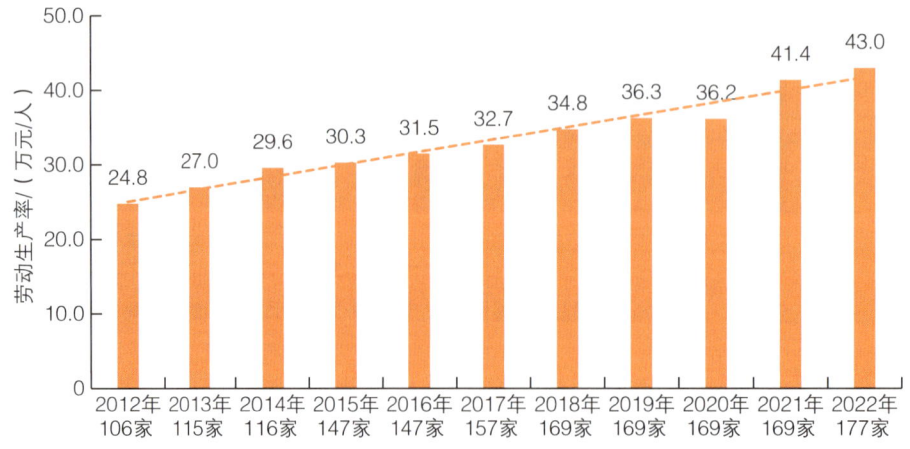

图7-6　2012—2022年国家高新区企业劳动生产率变化情况

---

① 国家高新区的劳动生产率=国家高新区增加值/年末从业人员，我国全员劳动生产率=全国生产总值/全部就业人员。

从具体园区来看，2022年，劳动生产率在30万元/人以上的国家高新区共计119家，较2021年增加13家；10家世界一流高科技园区的劳动生产率均在39万元/人以上，其中合肥、苏州工业园、中关村、杭州和上海张江高新区均超过50万元/人（图7-7）。

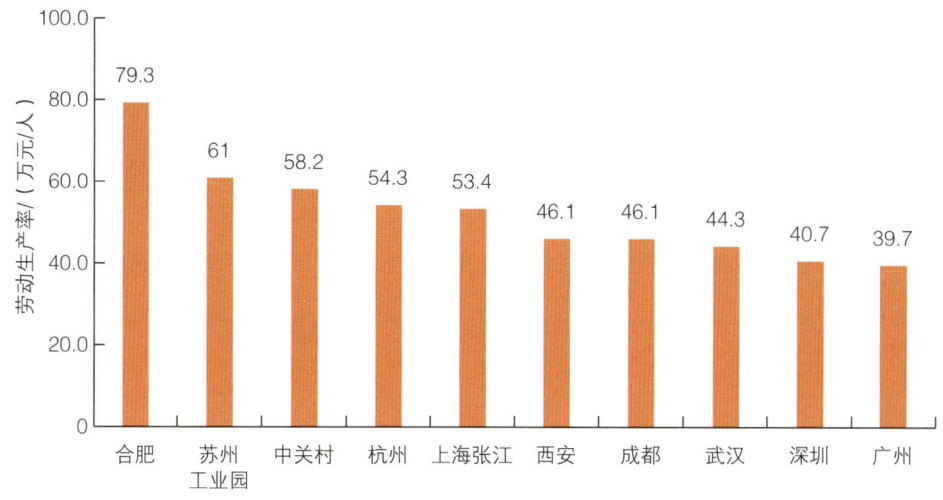

图7-7　2022年10家世界一流高科技园区劳动生产率情况

从重大战略区域来看，2022年，黄河流域高新区企业净资产利润率最高，为11.8%，粤港澳大湾区第二，为11.0%，分别比高新区平均值高出1.9个百分点和1.1个百分点，企业资产盈利能力表现优于其他区域高新区（图7-8）。

从不同类别国家高新区的情况来看，2022年，国家高新区企业净资产利润率为9.9%，较2021年下降0.5个百分点。其他园区、新升级园区、非自创区园区企业净资产利润率相对其他类型园区处于较高水平（图7-9）。需要注意的是，净资产利润率仅反映企业净资产（股权资金）的收益水平，并不考虑企业负债、资产周转等表现，在反映企业盈利能力方面具有一定的局限性。

国家高新区创新能力评价报告 2023

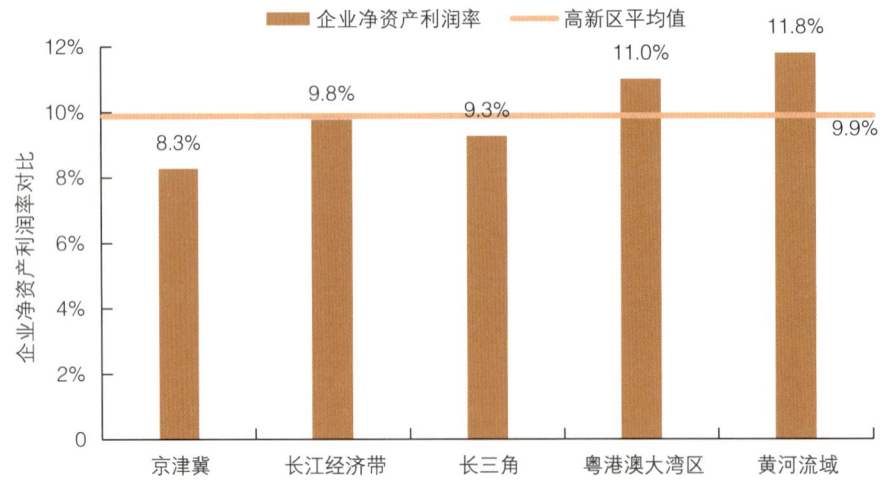

图7-8　2022年重大战略区域国家高新区企业净资产利润率对比情况

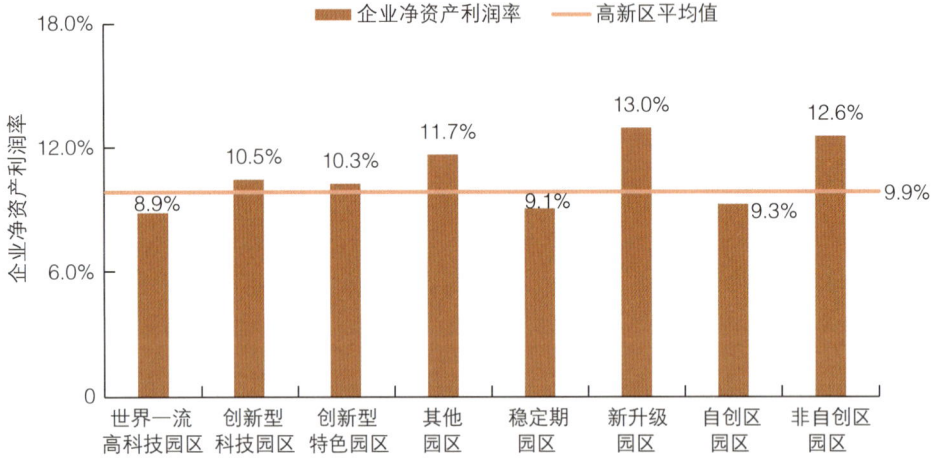

图7-9　2022年不同类别国家高新区的企业净资产利润率情况

二、经济发展成果加快普惠共享

党的二十大报告提出，"全面建设社会主义现代化国家，要坚持以人民为中心的发展思想"。"不断实现发展为了人民、发展依靠人民、发展成果由人民共享，让现代化建设成果更多更公平惠及全体人民。"共享是中国特色社会主义的本质要求，其内涵之一就是发展成果要由人民共享。收入水平的提高是人才价值实现的重要体现，是对共享发展理念的重要实践。在国家高新区创新驱动发展评价中，使用"企业单位增加值中劳动者报酬所占比重"来体现国民收入初次分配和人才价值实现方面的情况。

（一）人员薪酬水平稳步提升，上海紫竹园区表现最优

优厚待遇是国家高新区企业留住人才的重要手段，也是体现人才价值的核心指标。2011—2022年，国家高新区企业从业人员平均薪酬持续上升，2022年达到19.2万元/年，是2011年的3.0倍（图7-10），是全国城镇单位就业人员年平均工资[①]（89 633.0元）的2.1倍。相较2021年，国家高新区企业人员薪酬优势持续增强。

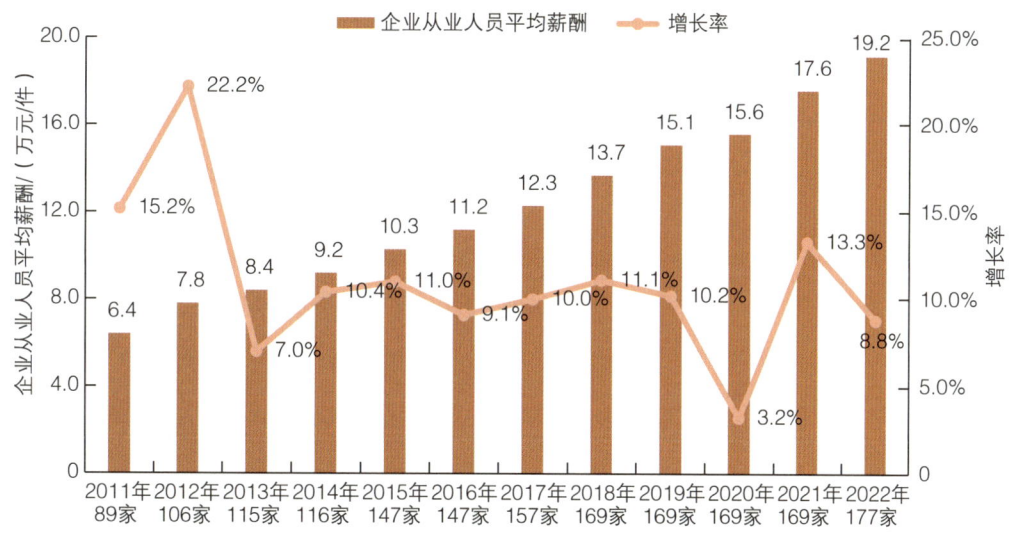

图7-10 2011—2022年国家高新区企业从业人员平均薪酬

从具体园区来看，2022年，企业从业人员平均薪酬超过15万元的高新区共有53家，较2021年增加13家，其中上海紫竹以38.1万元/年的人均薪酬排名第一，中关村、杭州、苏州工业园、上海张江和渭南高新区的人均薪酬也在25万元/年及以上（图7-11）。

---

① 全国城镇单位就业人员年平均工资，数据来自国家统计局发布的《中国统计年鉴2023》，其中表明2022年我国城镇非私营单位就业人员年平均工资为114 029元，城镇私营单位就业人员年平均工资为65 237元，该处数据是将114 029和65 237算术平均得来。

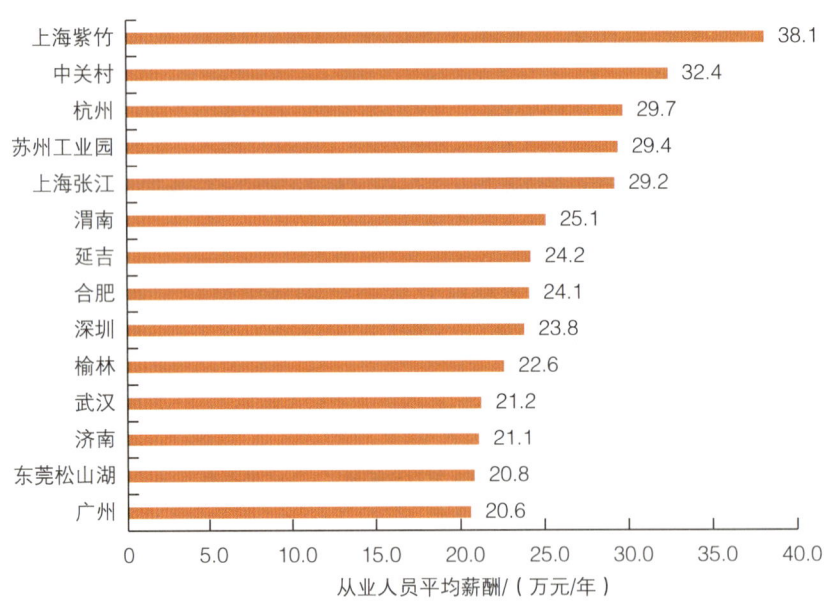

图7-11 2022年企业从业人员平均薪酬超20万元/年的国家高新区

与以硅谷为代表的世界先进园区相比，我国国家高新区从业人员待遇水平还需进一步提高。2022年，国家高新区中企业从业人员平均薪酬最高的上海紫竹为38.1万元/年，仅为美国硅谷从业人员平均薪酬（2022年120.5万元/年[①]）的31.6%，10家世界一流园区除中关村外企业从业人员平均薪酬均在30万元/年之下，与硅谷仍有明显差距（图7-12）。

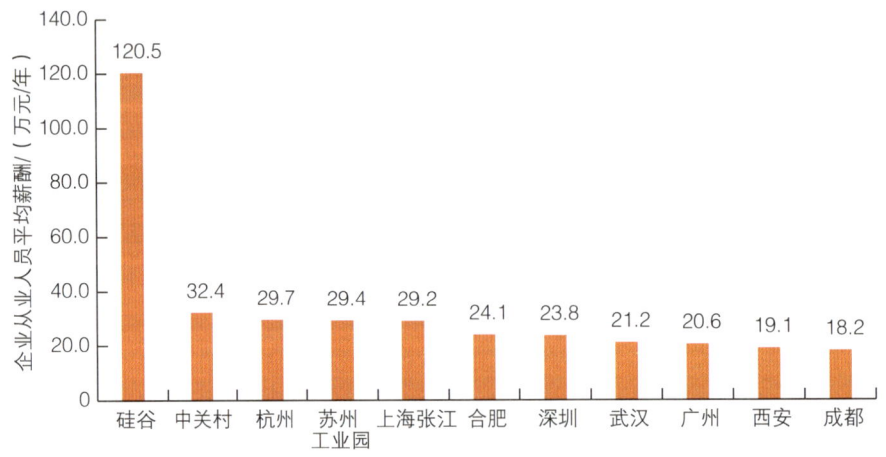

图7-12 2022年我国10家世界一流园区与美国硅谷企业从业人员平均薪酬对比情况

---

① 2022年硅谷地区人均收入约为17.9万美元，按照年平均汇率6.73折算为人民币为120.5万元。

（二）初次分配更为均衡，高技术服务业表现突出

劳动者报酬占增加值的比重可以间接反映劳动收益与资本收益的分配情况。2010—2022年，国家高新区企业单位增加值中劳动者报酬所占比重指标持续攀升，2022年达到44.4%，较2010年提高19.9个百分点（图7-13）。

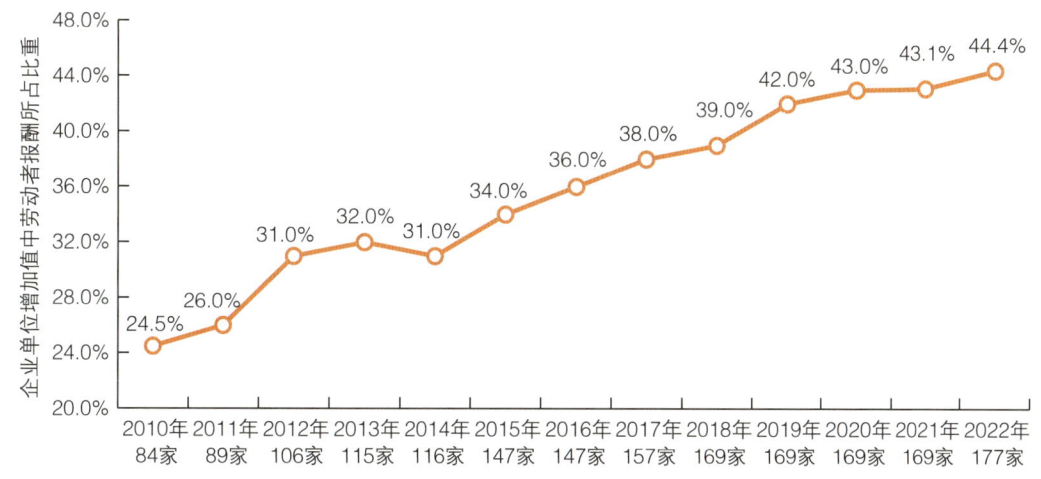

图7-13　2010—2022年国家高新区企业单位增加值中劳动者报酬所占比重

从重大战略区域看，2022年，京津冀和粤港澳大湾区国家高新区企业单位增加值中劳动者报酬所占比重较高，分别为53.3%、52.9%，高于高新区平均值8.9个百分点、8.5个百分点；其次为长三角，为46.6%，高于高新区平均值2.2个百分点；长江经济带和黄河流域则略低于高新区平均水平（图7-14）。

分不同地区来看，2022年，东北地区、东部地区、西部地区和中部地区国家高新区的企业单位增加值中劳动者报酬所占比重分别为31.9%、49.5%、35.4%、37.0%，东部地区最高，东北地区最低。从两年变化来看，东部地区、东北地区、西部地区分别增长2.1个百分点、1.1个百分点、0.5个百分点（图7-15）。东部地区经济起飞更早，具备良好的企业发展生态和更高端的产业价值链，在价值创造和初级分配上能力更强。

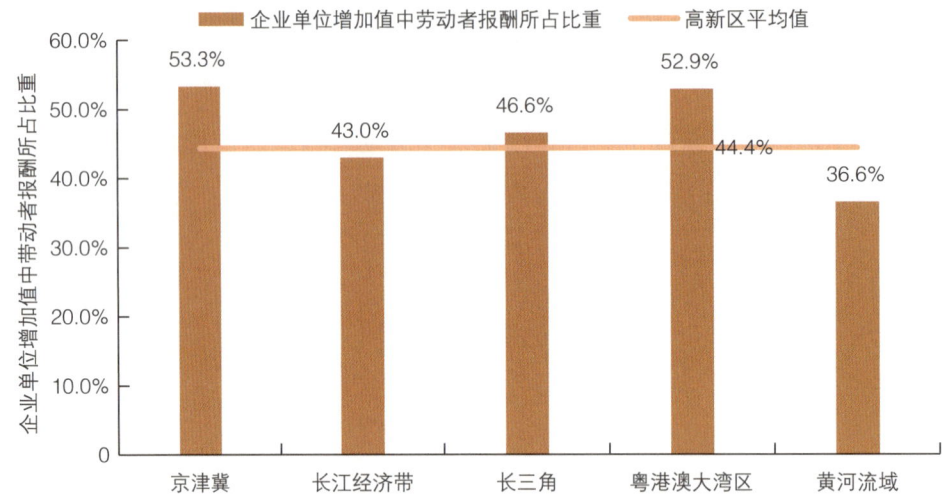

图7-14　2011—2022年重大战略区域国家高新区企业单位增加值中劳动者报酬所占比重对比情况

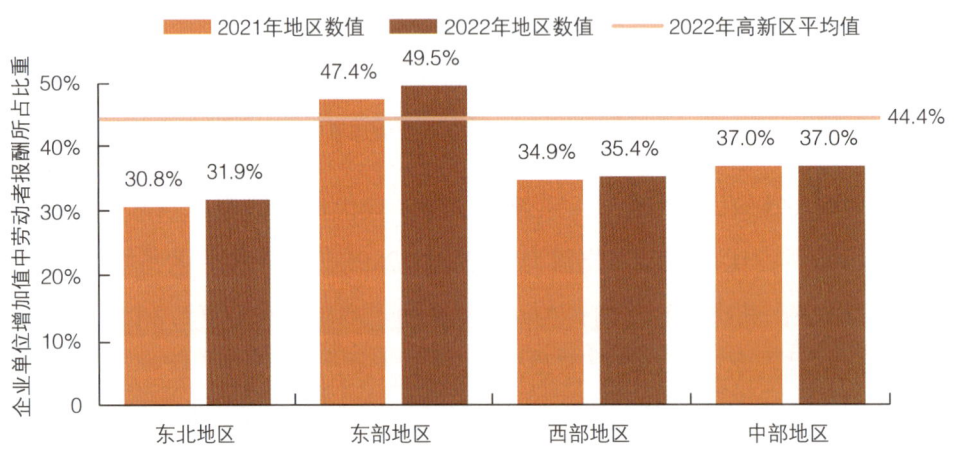

图7-15　2021—2022年国家高新区企业单位增加值中劳动者报酬所占比重地区分布情况

分不同类别国家高新区来看，2022年，世界一流高科技园区的企业单位增加值中劳动者报酬所占比重，分别高出创新型科技园区、创新型特色园区和其他园区10.2个百分点、10.3个百分点和17.2个百分点；稳定期园区高于新升级园区15.0个百分点，自创区园区高于非自创区园区15.5个百分点（图7-16）。世界一流高科技园区、稳定期园区和自创区园区发展成熟度更高，薪酬水平更为优厚，能够更好地推动人才价值的实现。

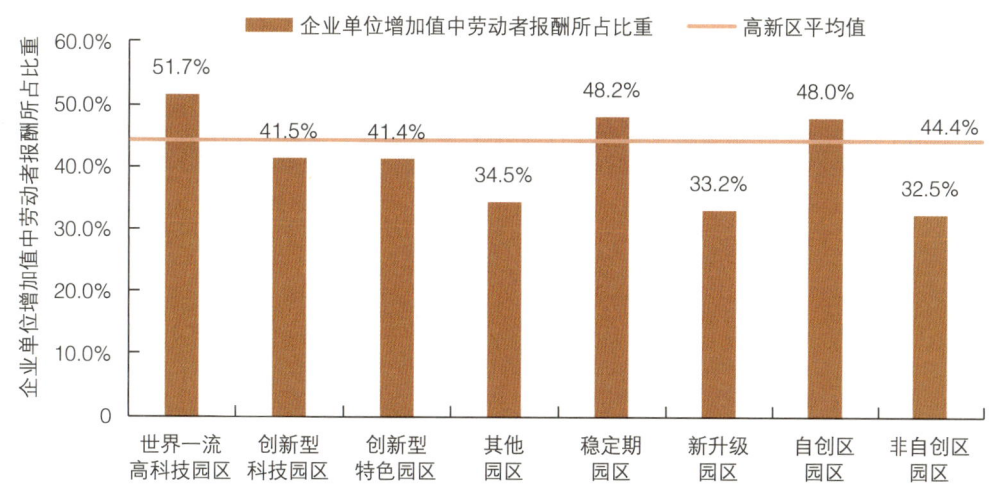

图7-16 2022年不同类别国家高新区的企业单位增加值中劳动者报酬所占比重

分省份来看，2022年，国家高新区企业单位增加值中劳动者报酬所占比重超过高新区整体平均值（44.4%）的省份有9个，分别是青海、北京、贵州、上海、广东、天津、福建、浙江和江苏。4个直辖市中，北京、上海和天津的企业单位增加值中劳动者报酬所占比重均超过48%；重庆相对较低，为38.6%。从两年变化来看，2022年，31个省份中有16个省份劳动者报酬所占比重有所提升，13个省份出现下降（表7-2）。

表7-2 国家高新区企业单位增加值中劳动者报酬所占比重的省份分布情况

省份	2022年高新区企业单位增加值中劳动者报酬所占比重	2021年高新区企业单位增加值中劳动者报酬所占比重	省份	2022年高新区企业单位增加值中劳动者报酬所占比重	2021年高新区企业单位增加值中劳动者报酬所占比重
青海	64.8%	54.7%	宁夏	38.5%	41.7%
北京	55.7%	51.1%	辽宁	38.2%	36.4%
贵州	54.9%	44.8%	甘肃	36.6%	35.6%
上海	54.8%	57.8%	黑龙江	35.9%	36.0%
广东	50.9%	46.7%	陕西	35.6%	32.8%
天津	48.5%	48.7%	海南	34.8%	27.8%
福建	48.5%	46.0%	四川	34.3%	35.1%
浙江	46.6%	42.6%	河北	34.3%	42.4%
江苏	44.7%	42.6%	新疆	32.3%	38.6%

续表

省份	2022年高新区企业单位增加值中劳动者报酬所占比重	2021年高新区企业单位增加值中劳动者报酬所占比重	省份	2022年高新区企业单位增加值中劳动者报酬所占比重	2021年高新区企业单位增加值中劳动者报酬所占比重
湖南	44.1%	45.9%	内蒙古	31.5%	29.7%
广西	44.0%	42.4%	安徽	31.3%	28.6%
河南	40.6%	43.3%	江西	29.6%	30.4%
山东	39.4%	39.6%	西藏	23.3%	—
山西	39.0%	43.1%	吉林	22.3%	22.3%
湖北	38.7%	37.5%	云南	20.0%	20.6%
重庆	38.6%	37.7%			

注："-"代表数据缺失。

具体看10家世界一流高科技园区的表现，2022年，深圳高新区的企业单位增加值中劳动者报酬所占比重最高，为58.5%；其次是中关村、杭州、上海张江和广州高新区，分别为55.7%、54.7%、54.6%和51.8%；苏州工业园、武汉和西安高新区在40%~50%；成都、合肥高新区分别为39.4%、30.4%（图7-17）。

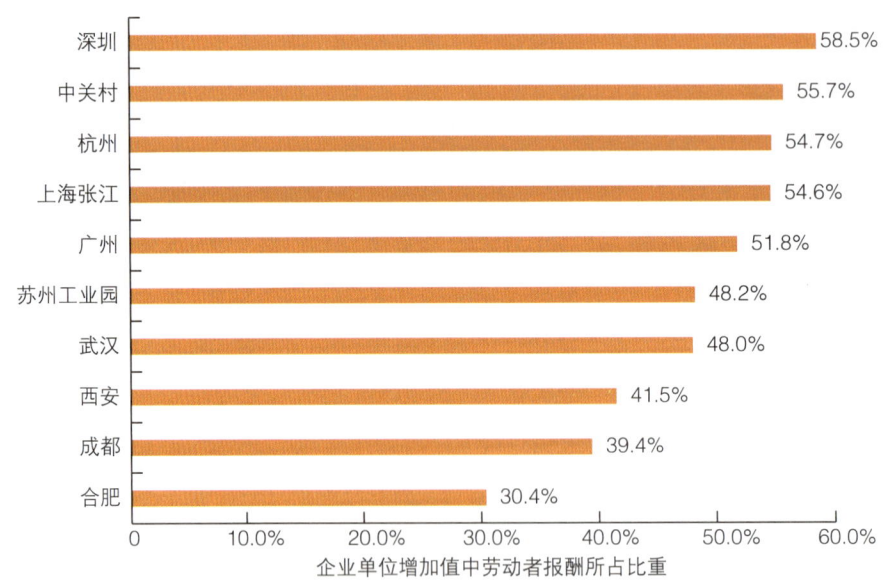

图7-17　2022年世界一流高科技园区的企业单位增加值中劳动者报酬所占比重

从高技术制造业和高技术服务业14个细分产业领域看从业人员平均薪酬与产业增

加值的比例，2022年，国家高新区6个高技术制造业中有4个细分产业的单位增加值中从业人员薪酬所占比重超过全产业的平均水平，8个高技术服务业均远高于全产业的平均水平。其中，航空航天器及设备制造业、电子商务服务、专业技术服务业中的高技术服务、研发设计服务、科技成果转化服务和知识产权及相关法律服务6个产业的增加值中从业人员薪酬所占比重均超过60%，信息服务、检验检测服务和环境检测及治理服务3个产业均在50%以上。国家高新区非高技术产业的单位增加值从业人员薪酬所占比重仅为37.5%（图7-18）。相比非高技术产业，从业人员的收入分配结构明显向高技术产业倾斜。

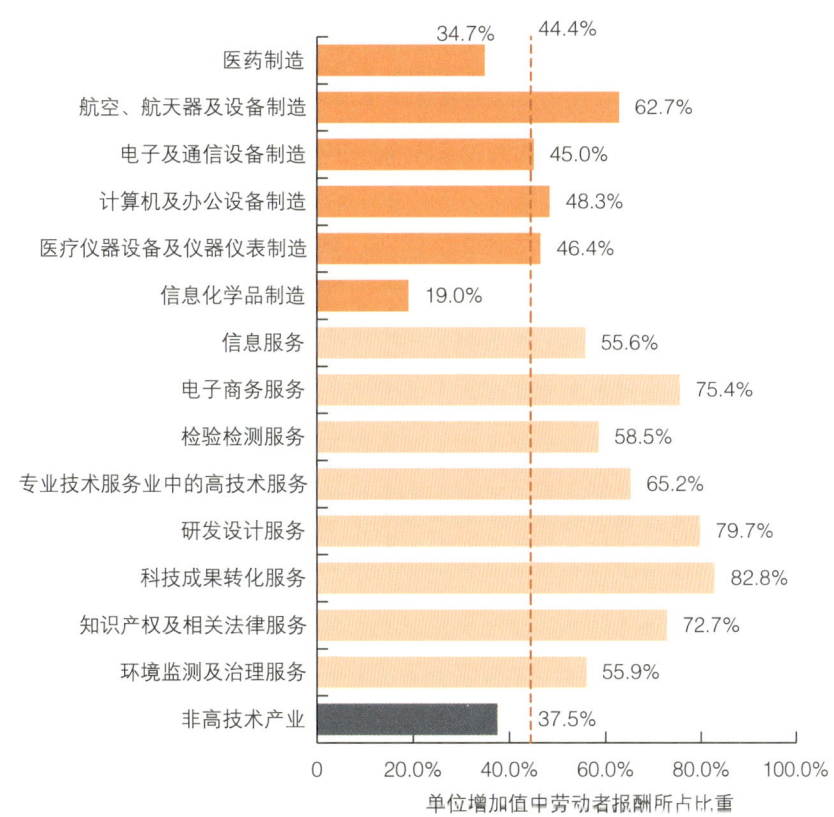

图7-18 2022年国家高新区高技术制造业和服务业企业单位增加值中劳动者报酬所占比重

三、区域经济辐射带动作用持续增强

国家高新区是所在城市和区域的重要发展板块，经过30多年的建设发展，绝大多数国家高新区已经成为所在区域的经济增长极,有力支撑和带动地方经济的发展。在国家高新区创新驱动发展评价中,体现辐射带动地方经济增长的指标为"园区生产总值占其所在城市GDP比例"。

(一)经济规模总量突破17万亿,东部地区头部效应显著

2022年,国家高新区全口径增加值(相当于GDP)为17.3万亿元,占全国GDP比重为14.3%,同比上升了0.9个百分点,国家高新区对国民经济的支撑力度持续增强(图7-19)。其中,企业工业增加值为70 345.2亿元,占全国工业增加值(401 644亿元)比重为17.5%,对全国工业经济发展支撑作用明显。

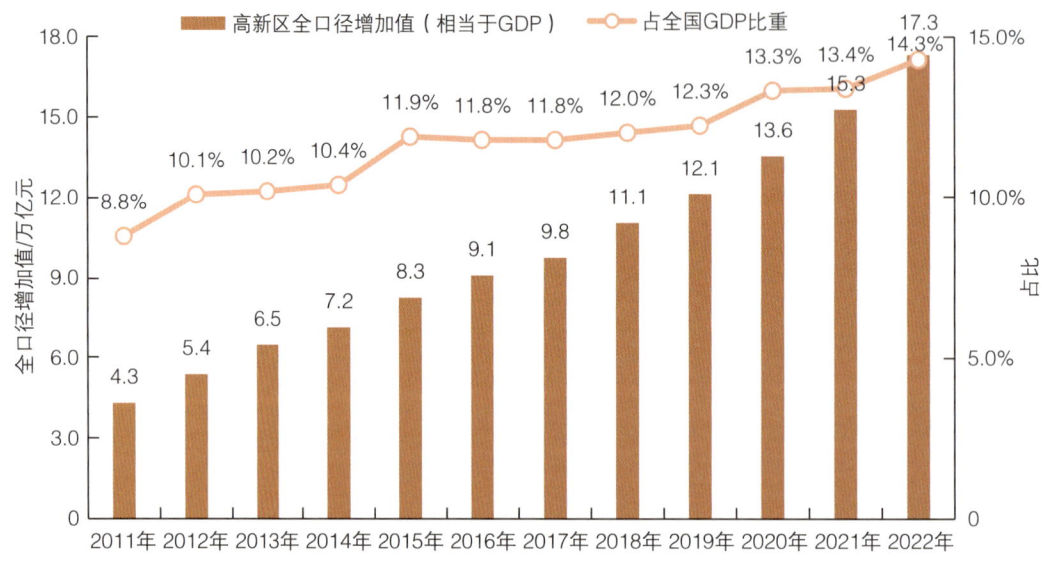

图7-19　2011—2022年国家高新区全口径增加值(相当于GDP)加总值及占全国比重

从不同地区来看,2022年,东北地区高新区全口径增加值(相当于GDP)合计为8356.2亿元,东部地区为104 019.3亿元,西部地区为26 569.2亿元,中部地区为34 411.5亿元,占国家高新区整体的比例分别为4.8%、60.0%、15.3%、19.9%(图7-20)。东部地区聚集了全国39.5%国家高新区,拥有企业数占国家高新区的63.5%,经济规模占国家高新区六成,在规模经济增长方面具有显著优势。

从不同类别国家高新区来看,2022年,10家世界一流高科技园区全口径增加值合计为58 459.6亿元,占国家高新区整体的比例为33.7%;18家创新型科技园区全口

径增加值合计为29 491.5亿元，占比为17.0%；28家创新型特色园区①合计30 402.4亿元，占比为17.5%；113家其他园区合计为55 002.7亿元，占比31.7%（图7-21）。可见，10家世界一流高科技园区对国家高新区整体经济的贡献，超出其他园区对高新区整体经济的贡献，具有显著的头部效应。

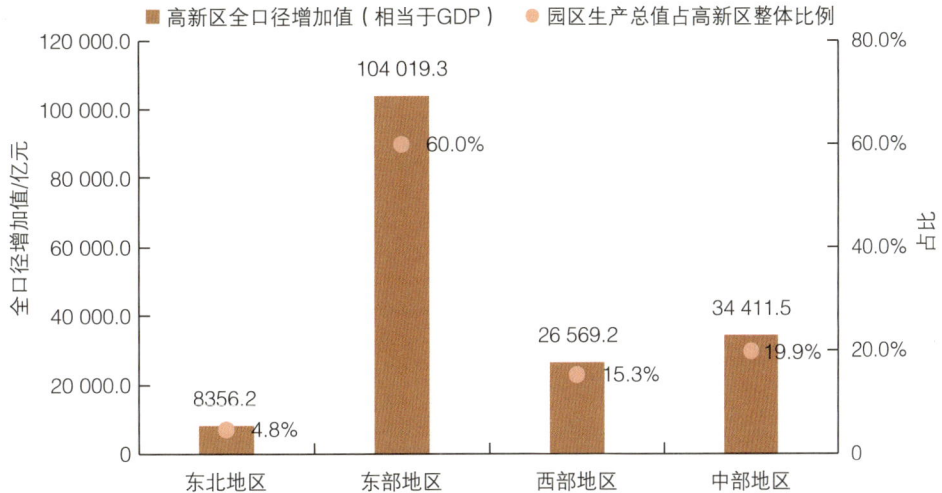

图7-20　2022年不同地区国家高新区全口径增加值及占高新区比例分布情况

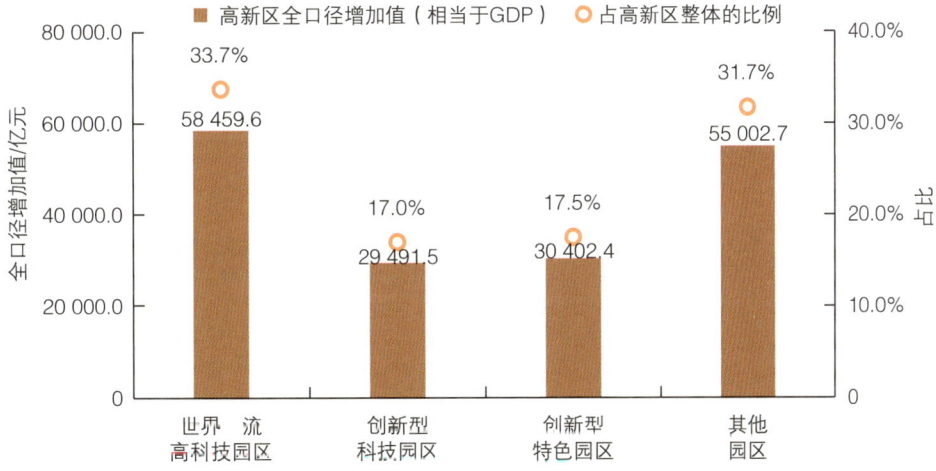

图7-21　2022年不同类别国家高新区全口径增加值及占高新区比例分布情况

---

① 报告中涉及创新型特色园区（本为29家园区）总量型指标，均使用了28家创新型特色园区的数据进行估算，不包括无锡宜兴环保园，但南京江宁开发区使用南京高新区数据代替；因为有两家创新型特色园区（南京江宁开发区、无锡宜兴环保园）分别为南京高新区、无锡高新区中的小园区，而无锡高新区本身又是创新型科技园区，如果单独考虑小园区会导致数据重复计算，故此处南京江宁开发区使用其所在南京高新区的数据，而无锡宜兴环保园的数据则不再单独考虑。

2022年，中关村科技园区全口径增加值（相当于GDP）为14 989.3亿元，远超其他国家高新区；园区全口径增加值（相当于GDP）超过千亿元的39家国家高新区中，包括全部的10家世界一流高科技园区、12家创新型科技园区、10家创新型特色园区和7家其他园区（图7-22）。

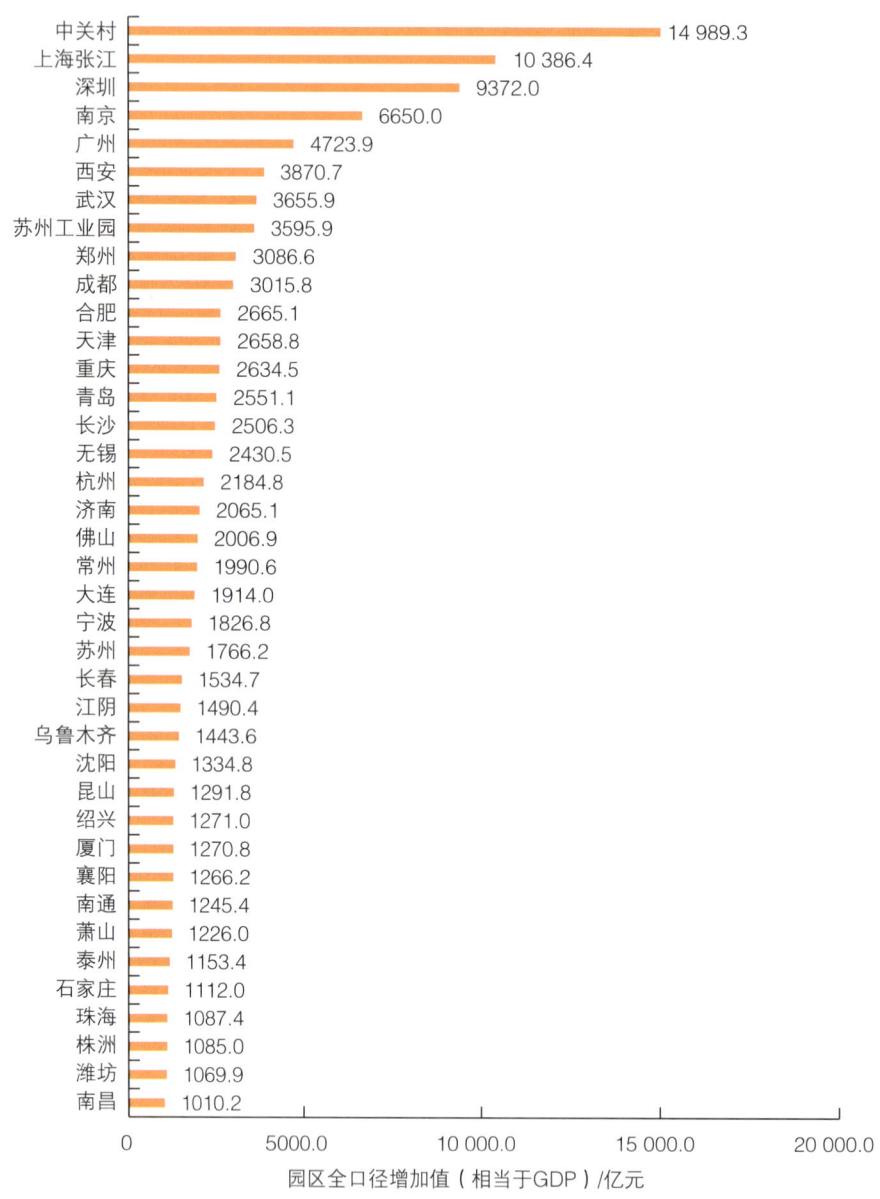

图7-22　2022年全口径增加值超过1000亿元的国家高新区

（二）城市经济贡献持续提升，支撑作用尤为明显

国家高新区经济占所在城市经济的比重不断增加，成为区域经济增长的重要引擎。2022年，177家高新区全口径增加值（相当于GDP）占其所在城市GDP比例均值为18.4%，其中，高新区全口径增加值（相当于GDP）占其所在城市GDP比例在20%以上的有65家，较2021年增加4家；30%以上的有38家，较2021年增加4家（图7-23）。

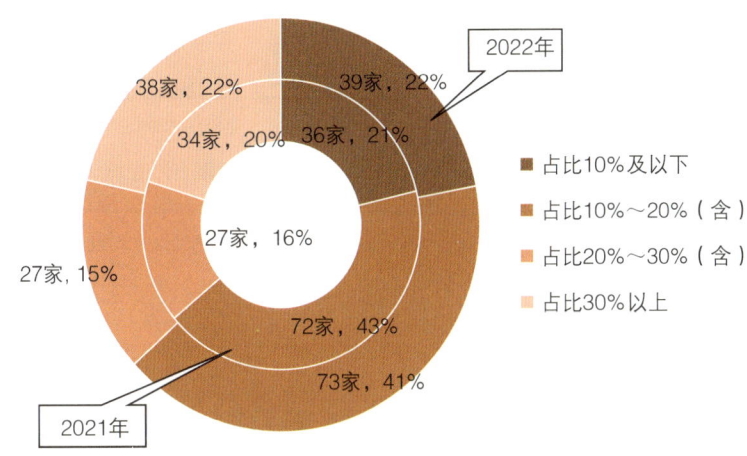

图7-23　2021—2022年国家高新区全口径增加值（相当于GDP）占所在城市GDP比例的园区数量分布情况

从重大战略区域国家高新区对所在城市的经济贡献来看，2022年，京津冀、粤港澳大湾区和黄河流域高新区全口径增加值（相当于GDP）占所在城市GDP比例高于高新区平均水平，其中京津冀高新区比例最高，达25.1%；粤港澳大湾区和黄河流域次之，长江经济带和长三角低于高新区均值（图7-24）。

从不同类别国家高新区对所在城市的经济贡献来看，2022年，世界一流高科技园区全口径增加值（相当于GDP）占所在城市GDP比例最高，达23.1%，高于创新型科技园区、创新型特色园区和其他园区；同时，稳定期园区高于新升级园区，自创区园区也高于非自创区园区（图7-25）。这反映出世界一流高科技园区在所在城市经济发展中辐射带动作用更为显著，发展相对较好的稳定期园区和自创区园区对所在城市经济的发展也起着重要的经济带动作用。

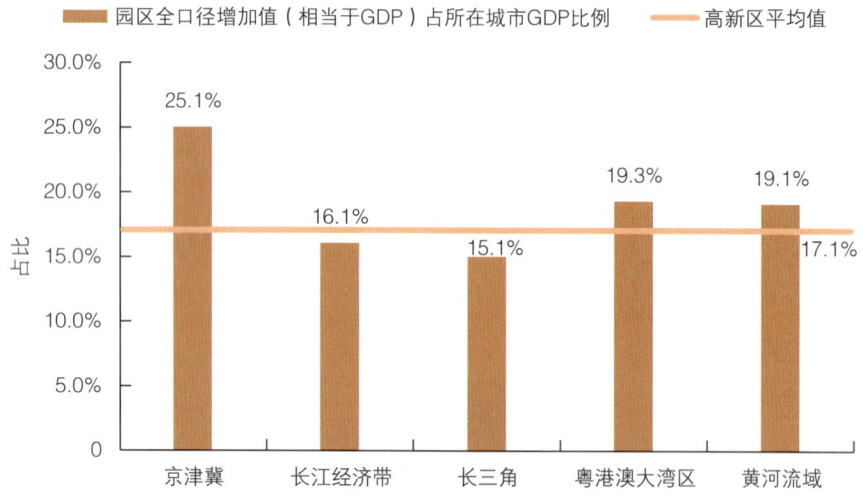

图7-24 2022年重大战略区域国家高新区的全口径增加值占所在城市GDP比例

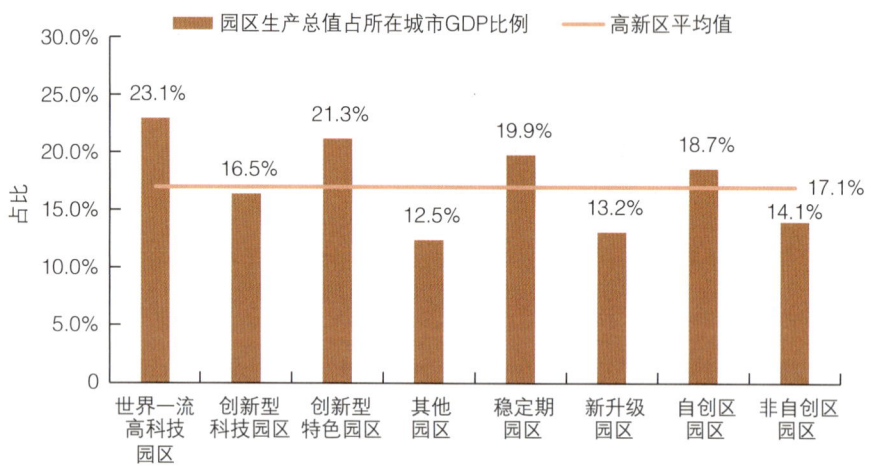

图7-25 2022年不同类别国家高新区的全口径增加值占所在城市GDP比例

四、绿色生产生活方式加快形成

绿色发展体现科技创新促进可持续发展的作用和程度,是实现资源节约和环境友好的重要理念。党的二十大报告提出推动绿色发展,促进人与自然和谐共生,推进生态优先、节约集约、绿色低碳发展,推动形成绿色低碳的生产方式和生活方式。国家高新区牢固树立绿色发展理念,以生态环境营造发展优势,以经济发展促进环境保护,加快构筑环境友好、资源节约的绿色生态。

（一）企业节能降耗效果突出，西部地区能耗下降幅度最大

在国家高新区创新驱动发展评价中，体现节能降耗情况的指标为"工业企业万元增加值综合能耗"。自2015年以来，国家高新区工业企业万元增加值综合能耗总体呈下降趋势，2022年，169家国家高新区工业企业万元增加值综合能耗为0.423吨标准煤（图7-26），是全国万元国内生产总值能耗[①]（0.447吨标准煤）的94.6%。

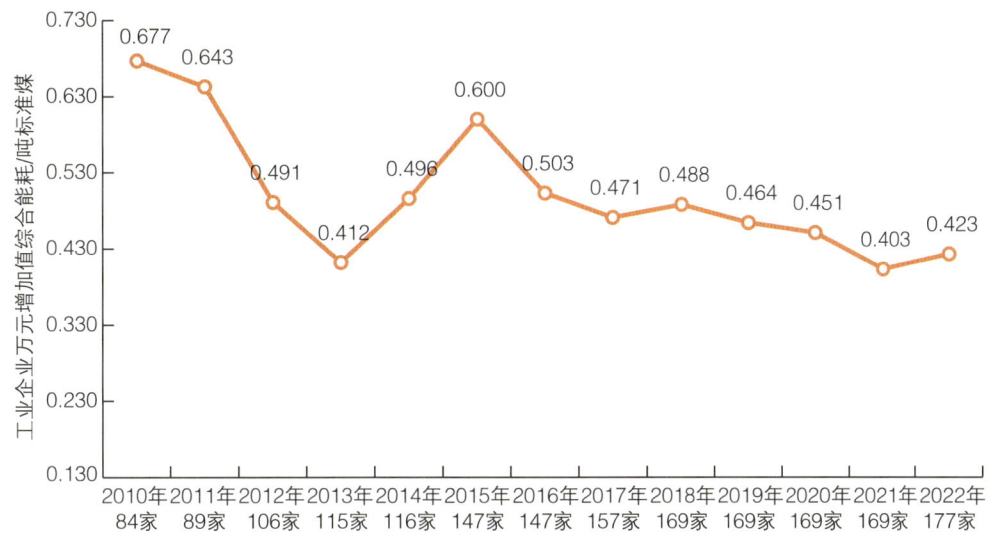

图7-26　2010—2022年国家高新区工业企业万元增加值综合能耗变化情况

分重大战略区域来看，不同区域国家高新区在节能降耗方面差异较大。其中粤港澳大湾区国家高新区工业企业万元增加值综合能耗最低，为0.131吨标准煤；黄河流域国家高新区能耗最高，为0.555吨标准煤，也高于全国平均水平。工业企业万元增加值综合能耗是反映企业能源经济效益高低的综合指标，与当地产业结构、产业所处的价值链环节紧密相关，需要持续监测和综合治理（图7-27）。

---

① 此处，全国万元国内生产总值能耗数值由"我国全年能源消费总量"与"全年国内生产总值"相除计算而来，计算结果仅用于与国家高新区的对比；2022年我国全年能源消费总量54.1亿吨标准煤，全年国内生产总值1 210 207亿元。

第七章　创新驱动经济社会高质量发展　195

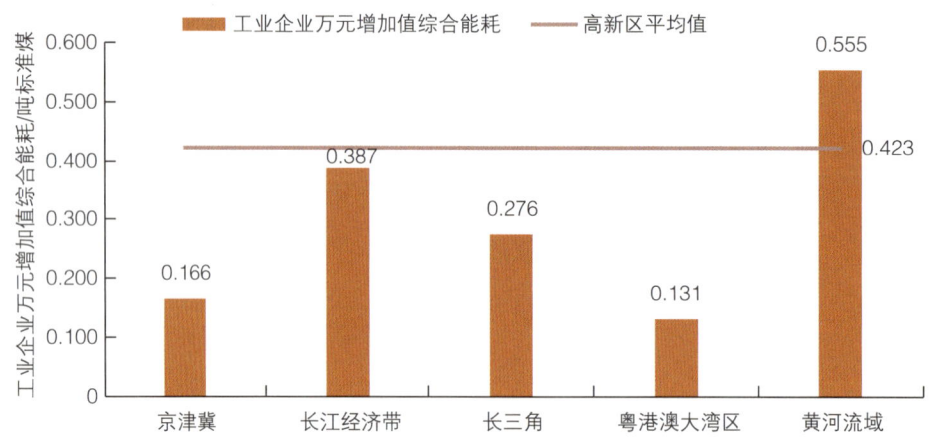

图7-27　2022年重大战略区域国家高新区工业企业万元增加值综合能耗分布情况

分地区来看，四大地区国家高新区在节能降耗方面差异较大。东部地区国家高新区工业企业万元增加值综合能耗最低，为0.303吨标准煤。同比来看，2022年，东北地区和中部地区国家高新区能耗均有所下降，其中东北地区能耗下降幅度最大（图7-28）。需要注意的是，东北地区国家高新区能耗水平仍然最高，为0.699吨标准煤，为东部地区的2.3倍，作为老工业基地，未来仍需加强节能降耗。

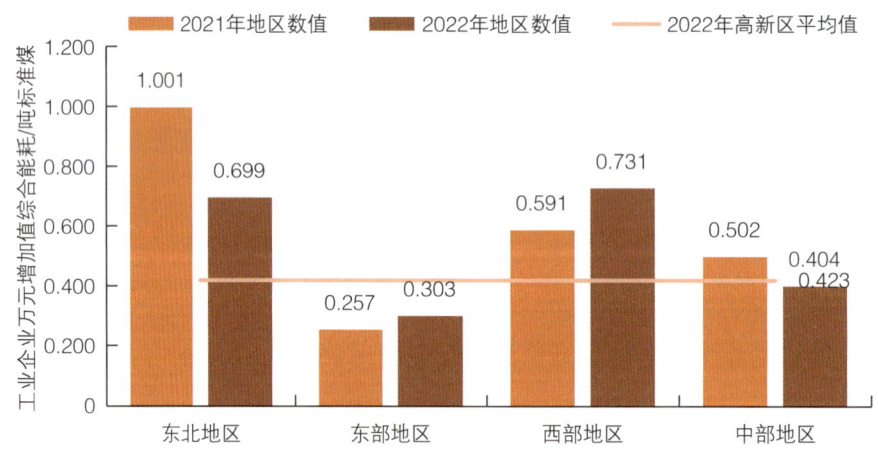

图7-28　2021—2022年国家高新区工业企业万元增加值综合能耗地区分布情况

从不同类别国家高新区来看，2022年，世界一流高科技园区的工业企业万元增加值综合能耗平均值为0.100吨标准煤，创新型科技园区为0.267吨标准煤，均明显低于创新型特色园区和其他园区；稳定期园区和自创区园区的工业企业万元增加值综合能耗也明显低于新升级高新区和非自创区园区（图7-29）。这与不同类别的国家高新区群体工业发展程度紧密相关，新升级园区、非自创区园区以及其他园区还存在传统重工业和高能耗产业比重偏大的情况。

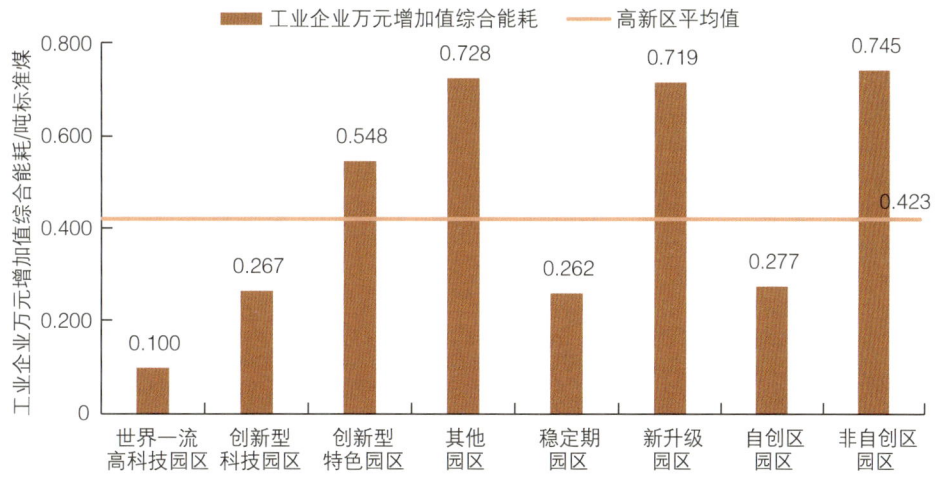

图7-29　2022年不同类别国家高新区工业企业万元增加值综合能耗情况

分省份来看，2022年，国家高新区工业企业万元增加值综合能耗海南最低，为0.090吨标准煤，其次是天津和北京，分别为0.091吨标准煤和0.103吨标准煤；能耗数值大于1的省份有6个，分别为黑龙江、贵州、重庆、甘肃、内蒙古和新疆。相比2021年，31个省份中有16个省份的国家高新区能耗有所下降，各省份需要进一步加强对国家高新区节能降耗工作的指导和管理（表7-3）。

表7-3　国家高新区工业企业万元增加值综合能耗的省份分布情况

省份	2022年高新区工业企业万元增加值综合能耗/吨标准煤	2021年高新区工业企业万元增加值综合能耗/吨标准煤	省份	2022年高新区工业企业万元增加值综合能耗/吨标准煤	2021年高新区工业企业万元增加值综合能耗/吨标准煤
海南	0.090	0.119	江西	0.396	0.407
天津	0.091	0.114	山东	0.407	0.392
北京	0.103	0.068	陕西	0.425	0.404
上海	0.134	0.136	湖北	0.428	0.445
西藏	0.207	—	四川	0.441	0.360

续表

省份	2022年高新区工业企业万元增加值综合能耗/吨标准煤	2021年高新区工业企业万元增加值综合能耗/吨标准煤	省份	2022年高新区工业企业万元增加值综合能耗/吨标准煤	2021年高新区工业企业万元增加值综合能耗/吨标准煤
山西	0.244	1.184	福建	0.527	0.341
江苏	0.281	0.232	湖南	0.615	0.658
云南	0.290	0.314	宁夏	0.743	1.079
安徽	0.295	0.285	辽宁	0.914	1.296
青海	0.304	0.144	黑龙江	1.113	1.912
吉林	0.322	0.366	贵州	1.130	0.642
广西	0.331	0.353	重庆	1.245	0.290
广东	0.336	0.288	甘肃	1.381	1.268
河南	0.358	0.792	内蒙古	1.395	1.383
河北	0.360	0.423	新疆	1.586	2.566
浙江	0.370	0.359			

（二）积极开展绿色发展行动，绿色生态园区群体不断壮大

和谐美好的生态环境是区域经济可持续发展的保障。国家高新区高度重视园区经济与生态环境的协调发展，自2021年科技部印发《国家高新区绿色发展专项行动实施方案》以来，多家国家高新区积极行动，坚定不移走创新、协调、绿色发展的新型工业化道路。调查结果显示，高新区平均绿化覆盖率达到40.8%，177家高新区中有74.0%的园区在绿色低碳、人工智能等重点领域开展应用示范和场景创新情况，有80.2%的园区出台了环境保护和绿色发展政策，有69.4%的园区采用数字技术赋能产业绿色低碳转型，有57家高新区建立了碳排放数据收集和核算系统。西安高新区掀起"建设美丽西安、打造绿色之城、花园之城"行动新高潮，着力打造"绿色高新、花园高新、生态高新"；绵阳高新区以改善环境质量为核心，实行最严格的环境保护制度，大力实施蓝天、碧水、绿地"三大行动"，加快推进生态环境治理体系和治理能力现代化。武汉东湖高新区充分发挥"中碳登"先发优势，参与设立总规模200亿元的武汉碳达峰和碳中和基金，建设中部地区首个"双碳"产业示范园，举办"双碳"国际峰会，申报国家绿色金融改革试点。截至目前，推动60家国家高新区获批国家绿

色工业园区，17家国家高新区获批国家生态工业示范园区，1家高新区入选首批数字化绿色化协同转型发展（双化协同）综合试点，4家国家高新区入选首批碳达峰试点园区，5家国家高新区入选首批减污降碳协同创新试点（表7-4、表7-5、表7-6）。

表7-4　获批国家级绿色工业园区的国家高新区（60家）

1	包头稀土高新区	21	徐州高新区	41	玉溪高新区
2	无锡国家高新区	22	盐城高新区	42	白银高新区
3	辽阳高新区	23	安庆高新区	43	河源高新区
4	安徽滁州高新区	24	抚州高新区	44	肇庆高新区
5	三明高新区金沙园	25	景德镇高新区	45	昆明高新区
6	宜春丰城高新区	26	淄博高新区	46	昌吉高新区
7	东营高新区	27	济宁高新区	47	吉安高新区
8	荆门高新化工循环产业园	28	平顶山高新区	48	新余高新区
9	长沙高新区	29	益阳高新区	49	湘潭高新区
10	仲恺高新区	30	株洲高新区	50	柳州高新区
11	四川内江高新区	31	衡阳高新区	51	自贡高新区
12	武进国家高新区	32	永川高新区	52	楚雄高新区
13	鹰潭高新区	33	兰州高新区	53	榆林高新区
14	莆田高新区	34	潍坊高新区	54	石嘴山高新区
15	咸宁高新区	35	洛阳高新区	55	乌鲁木齐高新区
16	常德高新区	36	贵阳国家高新区	56	长春高新区
17	宁乡高新区	37	扬州高新区环保科技产业园	57	苏州国家高新区
18	郴州高新区	38	常州国家高新区	58	聊城高新区
19	南宁高新区	39	南昌高新区	59	璧山高新区
20	石家庄高新区	40	泸州高新区	60	银川高新区

表7-5　获批国家生态工业示范园区的国家高新区（17家）

天津高新区	上海张江高新区	苏州工业园	苏州高新区	无锡高新区
江阴高新区	南京高新区	常州高新区	武进高新区	昆山高新区
宁波高新区	温州高新区	合肥高新区	青岛高新区	广州高新区
珠海高新区	西安高新区			

表7-6 国家高新区参与各类国家绿色园区试点建设情况

2022年五部门首批《数字化绿色化协同转型发展综合试点》				
重庆高新区				
2023年国家发展改革委《首批碳达峰试点》				
长治高新区	苏州工业园	合肥高新区	肇庆高新区	
2024年生态环境部《第一批城市和产业园区减污降碳协同创新试点》				
合肥高新区	蚌埠高新区	襄阳高新区	海口高新区	白银高新区

（三）园区功能不断完善，宜居宜业宜创发展环境不断优化

优质的创新发展环境具有"洼地效应"和"连锁效应"。一方面促使资金、技术、人才等生产要素不断流入汇集、相互促进、产生创新，从而推动新的经济增长点迅速发展壮大、形成规模；另一方面促进创业者利用优良的条件实现创新、不断发展，使市场主体通过创新的正反馈强化创新能力，本身也成为良好创新环境的创造者。调查问卷显示，177家国家高新区中91.5%配套了省级重点高中，83.6%配有五星级宾馆，70%以上的高新区建设有综合文化活动中心、体育场馆、公园、电影院、图书馆、歌舞剧院、酒吧、咖啡馆茶馆等文化体育设施，27%配套了国际医院，园区基础配套不断完善。

国家高新区持续践行产城融合发展理念，不断完善城市功能，探索城市更新，加快建设公园城市，布局创客小镇、产业社区、口袋公园等新型宜居宜业宜创园区形态，打造万物互联、生活便利、社交活跃、数据共享的城市新空间，成为实践产城融合理念的前沿阵地。杭州高新区建设"数字文化馆"，新建（改建）城市书房、智慧借阅点，创建省级"美丽河湖"片区；合肥高新区规划建设未来科技城，统筹安排与创新活动及城市公共功能高度契合、可达性高、人地和谐互动的公共空间体系；武汉东湖高新区加快建设5G基站、智慧电网等新基建，建成投用武汉超算中心，推动光谷数字经济产业园投用，在全国率先上线"星火·链网"超级节点（武汉）；广州高新区建成21个口袋公园，推动碧道建设；成都高新区完成瞪羚谷未来公园社区等城市设计，建成锦城大道西段等绿道30公里，智慧城市实现区、街两级城运平台实战运行；西安高新区高品质推动城市更新，重点实施丝路软件城、丝路科学城"双城"大开发、大建设。

国家高新区创新能力评价报告2023

评价指标体系 附录

及相关说明

一、指标体系

国家高新区创新能力评价指标体系的设计充分考虑我国国家高新区的发展阶段和现行统计制度设置，既具有一定的理论性，又具有较强的可操作性。结合相关创新理论和国家高新区创新发展的典型特征，借鉴国际和国内创新评价的实践经验，研究确定国家高新区创新能力评价指标体系的多层次指标模型，重点从产业创新绩效、科技创新生态、创新资源集聚、创新国际拓展和创新驱动发展五个方面进行国家高新区创新能力的测度描述和观察研究。每个方面的评价通过5个创新指标完成，创新指标的选取原则遵循系统性与独立性相协调、总量指标与相对指标相平衡、有效性与可操作性相适应、动态性与可扩展性相结合。创新指标为评价体系的基本单元，通过多层递阶综合评价方法形成对国家高新区创新能力发展状况的监测和评估。

国家高新区创新能力评价指标体系设计为5个一级指标，分别是：1.产业创新绩效；2.科技创新生态；3.创新资源集聚；4.创新国际拓展；5.创新驱动发展。这5个一级指标下各设5个二级指标，共计25个二级指标（参见附表1）。

附表1　国家高新区创新能力评价指标体系

一级指标	二级指标	
产业创新绩效 25%	1.1	高技术产业营业收入占营业收入比例
	1.2	企业100亿元增加值拥有知识产权数量和各类标准数量
	1.3	企业当年完成的技术合同成交额
	1.4	高技术服务业从业人员占从业人员比例
	1.5	企业营业收入利润率
科技创新生态 20%	2.1	当年新注册企业数占工商注册企业总数比例
	2.2	省级及以上各类创新服务机构数量
	2.3	企业开展产学研合作研发费用支出
	2.4	科技企业孵化器及加速器内企业数量
	2.5	创投机构当年对企业的风险投资总额
创新资源集聚 20%	3.1	企业R&D人员全时当量
	3.2	企业R&D投入占增加值比例
	3.3	财政科技支出占当年财政支出比例
	3.4	省级及以上各类研发机构数量
	3.5	当年认定的高新技术企业数量
创新国际拓展 10%	4.1	内资控股企业设立的境外研发机构数量
	4.2	内资控股企业万人拥有欧美日专利授权数量及境外注册商标数量
	4.3	技术服务出口占出口总额比例
	4.4	企业委托境外开展研发活动费用支出
	4.5	企业从业人员中海外留学归国人员和外籍常驻员工所占比重
创新驱动发展 25%	5.1	园区生产总值占其所在城市GDP比例
	5.2	企业单位增加值中劳动者报酬所占比重
	5.3	工业企业万元增加值综合能耗
	5.4	企业人均营业收入
	5.5	企业净资产利润率

二、指标解释及数据来源

评价对象选取截至2022年底全部177家国家高新区，评价指标体系测算涉及数据均来源于经国家统计局批准、火炬中心组织实施的火炬统计调查，主要包括：国家高新区企业和区外高新技术企业统计年报表（以下简称"企业报表"）、国家高新区综合统计年报表（以下简称"综合报表"）、科技企业孵化器情况统计报表（以下简称"孵化器报表"）、国家大学科技园情况统计报表（以下简称"大学科技园报表"）等。

（一）产业创新绩效

1.1 高技术产业营业收入占营业收入比例

对应国家高新区打造高新技术产业核心载体的发展定位，设计该指标反映国家高新区高新技术产业总体规模以及所占园区整体的份额。按照国家统计局以《国民经济行业分类》（GB/T 4754—2017）为基础的高技术产业（制造业）和高技术服务业分类进行统计分析，详细代码提取参考该分类标准。计算公式：[高技术产业（制造业）营业收入+高技术服务业营业收入]/营业收入；数据来源：企业报表。

1.2 企业100亿元增加值拥有知识产权数量和各类标准数量

该指标反映国家高新区相对于经济产出的知识含量。计算公式：企业拥有的有效知识产权数（包括：专利、软件著作权、集成电路布图、植物新品种、注册商标、国际标准、国家和行业标准、新药品种、中药保护品种）/增加值×100；数据来源：企业报表。

1.3 企业当年完成的技术合同成交额

该指标反映国家高新区企业技术引进与技术转让收入，直接反映国家高新区在科技成果产业化方面的成效。计算公式：技术合同成交总额；数据来源：企业报表。

1.4 高技术服务业从业人员占从业人员比例

该指标反映国家高新区高技术服务业的现状和发展高端产业的配套环境，映射出国家高新区转方式调结构以及产业优化升级的成效，用来判断园区由价值链曲线底端向两端攀升的情况。按照国家统计局高技术服务业分类进行统计分析，详细代码提取参考该分类标准。计算公式：高技术服务业从业人员数量/年末从业人员总数；数据来源：企业报表。

1.5 企业营业收入利润率

该指标反映国家高新区企业群体的单位营业收入获得税后利润的能力，用来衡量高新区企业全部预付资本的增值程度。因为创新能带来高额的利润，结合其他创新指标，该指标可以用来评判高新区创新的价值实现能力。计算公式：净利润/营业收入；数据来源：企业报表。

（二）科技创新生态

2.1 当年新注册企业数占工商注册企业总数比例（采用工商注册口径）

该指标反映国家高新区创业活力，特别是小微企业的创业氛围。计算公式：当年新注册企业数量/高新区工商注册企业总数；数据来源：综合报表。

2.2 省级及以上各类创新服务机构数量

该指标反映国家高新区服务创新和创新成果产业化的支撑条件。计算公式：省级和国家级的产业促进机构数（包括：生产力促进中心、技术转移机构、产业技术创新战略联盟、产品检验检测机构）；数据来源：综合报表。

2.3 企业开展产学研合作研发费用支出

该指标反映国家高新区企业开放创新合作的程度，直接反映国家高新区内的企业在开展产学研合作方面的成效。计算公式：园区内企业委托外单位开展科技活动的经费支出（包括：对国内研究机构支出，对国内高等学校支出、对国内企业支出）；数据来源：企业报表。

2.4 科技企业孵化器及加速器内企业数量

该指标反映国家高新区支撑科技创业的基础条件和服务能力。计算公式：科技企业孵化器、加速器和国家大学科技园内在孵企业数量；数据来源：综合报表、孵化器报表和大学科技园报表。

2.5 创投机构当年对企业的风险投资总额

该指标衡量园区的科技金融发展水平，反映国家高新区在聚集创投机构、吸纳风险投资以支持创新创业等方面的发展情况。计算公式：园区内企业当年获得创业风险投资机构的风险投资额；数据来源：企业报表。

（三）创新资源集聚

3.1 企业R&D人员全时当量

企业R&D人员全时当量由参加R&D项目人员直接花费在R&D活动上的工作时间折合为人员的全时当量，该指标反映企业创新人力资源的直接投入强度。计算公式：企业R&D人员折合全时当量；数据来源：企业报表及R&D核算。

3.2 企业R&D投入占增加值比例

该指标反映研发投入强度，是国际通用指标。计算公式：企业R&D投入总额/企业增加值；数据来源：企业报表及R&D核算。

3.3 财政科技支出占当年财政支出比例

该指标反映国家高新区管委会对科技活动的支持以及营造良好创新创业环境的情况。美国北卡罗来纳创新指数有"SBIR & STTR的资助"指标，麻省创新经济指数有"小企业获得的政府资助"指标。计算公式：高新区财政科技拨款/高新区财政总支出；数据来源：综合报表。

3.4 省级及以上各类研发机构数量

该指标反映国家高新区创新载体的集聚程度和以企业为主体的创新平台建设情况。计算公式：省级和国家级的研发机构数（包括：各类大学、研究院所、新型产业技术研发机构、企业技术中心、重点实验室、博士后科研工作站、国家工程研究中心、国家工程技术研究中心、国家工程实验室、国家和地方联合实验室、其他国家级研发机构）；数据来源：综合报表。

3.5 当年认定的高新技术企业数量

高新技术企业是符合国家重点支持的高新技术领域、持续进行研究开发与技术成果转化、并已形成核心自主知识产权的企业，是知识密集、技术密集的经济实体。该指标反映国家高新区在聚集和培养创新型企业方面的发展情况。计算公式：当年认定的高新技术企业数；数据来源：企业报表。

（四）创新国际拓展

4.1 内资控股企业设立的境外研发机构数量

该指标反映国家高新区内的本土企业"走出去"整合全球创新资源的能力和水平。计算公式：内资控股企业设立的境外技术研发机构数；数据来源：企业报表。

4.2 内资控股企业万人拥有欧美日专利授权数量及境外注册商标数量

该指标反映园区内本土企业的自主创新能力及其技术创新的国际竞争力，向产业价值链高端攀升以及打入国际市场的程度。计算公式：（内资控股企业拥有的有效欧美日专利授权数+有效的境外注册商标数）/内资控股企业年末从业人员总数×10 000；数据来源：企业报表。

4.3 技术服务出口占出口总额比例

该指标反映国家高新区产业向产业链高端延伸以及国际市场开拓和竞争能力，也是美国州创新经济指数关注的重要指标。计算公式：技术服务出口额/出口总额；数据来源：企业报表。

4.4 企业委托境外开展研发活动费用支出

该指标反映国家高新区企业开展国际创新合作的程度，直接反映国家高新区利用国际创新资源和要素开展创新活动的成效。计算公式：园区内企业委托境外开展科技活动的经费支出；数据来源：企业报表。

4.5 企业从业人员中海外留学归国人员和外籍常驻员工所占比重

国际化的核心是人员的国际化，该指标集中体现园区的国际化水平。国际化人才是新竹、班加罗尔、以色列等后发区域形成国际竞争力的重要支撑，而硅谷等发达国家区域则十分关注吸引全球人才迁徙落户的情况，外籍常住人口是一个城市或区域国际化最集中的标志。计算公式：（留学归国人员+外籍常驻人员）/年末从业人员数；数据来源：企业报表。

（五）创新驱动发展

5.1 园区生产总值占其所在城市GDP比例

该指标反映国家高新区经济发展对城市的引领带动作用。计算公式：本年度高新区园区生产总值（相当于全口径增加值）占所在城市生产总值（GDP）比重；数据来源：综合报表。

5.2 企业单位增加值中劳动者报酬所占比重

该指标又被称为"GDP含金量指数"，是直接衡量GDP质量的指标，由人力资本价值的实现间接反映出创新所带来的贡献以及由创新所助推实现的人的全面自由发展和整体经济社会的和谐发展。计算公式：劳动者报酬/增加值；数据来源：企业报表。

5.3 工业企业万元增加值综合能耗

全球度量产业能耗的重要指标，也是衡量园区低碳经济实现程度的重要参考。

计算公式：工业企业综合能源消费量（煤炭、石油、天然气、电等）／工业企业增加值；数据来源：企业报表。

5.4 企业人均营业收入

该指标直接反映国家高新区在知识经济下创造价值的效率，间接反映国家高新区持续创造价值的能力。计算公式：企业营业收入／年末从业人员总数；数据来源：企业报表。

5.5 企业净资产利润率

国际上公认的体现企业群体运行效率的指标，反映投资的获利能力，指标值越高说明投资带来的收益越高。计算公式：净利润／年末所有者权益；数据来源：企业报表。

三、测算过程

根据国家高新区创新能力评价的功能定位，指标体系需要完成两项功能：一是动态视角下国家高新区整体创新能力的变化指数；二是同期国家高新区内部创新能力的排名比较。当前国际上较为流行的评价方法是先对指标数据进行标准化或者是归一化处理，然后用加权求和的方法得出评价指标的效用总值。计算得出的效用总值既可以依据时间序列形成波动指数，又可以作为相互比较的依据。但是，自2010年开始，新一轮国家高新区升级工作再次启动后，国家高新区的基数发生变化，加之国家高新区自身区域范围的调整，使得国家高新区整体的物理空间不断扩充，传统的指数测算方法难以剔除规模扩张所带来的增长效应。

基于上述情况，我们在指数测算的时候进行了针对性的处理。首先考虑高新区不断升级的影响，本期纳入指数测算的国家高新区数量以上期为标准（比如，2022年创新能力指数测算时，是使用2022年169家高新区与原2021年169家高新区的数据计算而来，2022年当年新升级的8家高新区则未纳入指数测算范围）；其次考虑高新区自身不断调整区域范围的影响，先计算各个指标的对称变化率，即以本期和上期两者的平均数为基数求得相对增长率，然后分层级对各指标进行加权，由各指标的合成指数作为国家高新区创新能力指数（附图2）。

1.增长率的测算采用对称增长率，计算公式如下：

$$Y_{it} = \frac{X_{it} - X_{i(t-1)}}{\frac{X_{it} + X_{i(t-1)}}{2}} \times 100,$$

其中Y_{it}表示第i个指标在第t年的对称增长率，t为年份，t≥2011（以下同）。

对称增长率可以消除基数变化的影响，使各指标增速的范围可以控制在[-200, 200]，较一般增长率而言更为平稳，而且能有效防止因分母为0而造成的无法计算。

2.计算上层指标的加权增速，计算公式如下：

$$W_{jt} = \frac{\sum_{i=1}^{n} Y_{it} \times A_i}{\sum_{i=1}^{n} A_i},$$

其中W_{jt}表示第j个上层指标的加权对称增长率，A_i是第i个下层指标的权重。

3.合成分指数，计算公式如下：

$$S_{jt} = S_{j,t-1} \times (200 + W_{jt}) / (200 - W_{jt}),$$

其中S_{jt}表示第t年的合成分指数，$S_{j,t-1}$为基期，初始值设为100。

4.计算总指数，计算公式如下：

$$Z_t = \sum_{i=1}^{5} a_i S_{t-1},$$

其中Z_t表示创新能力总指数，a_i为各分指数对总指数的权重。

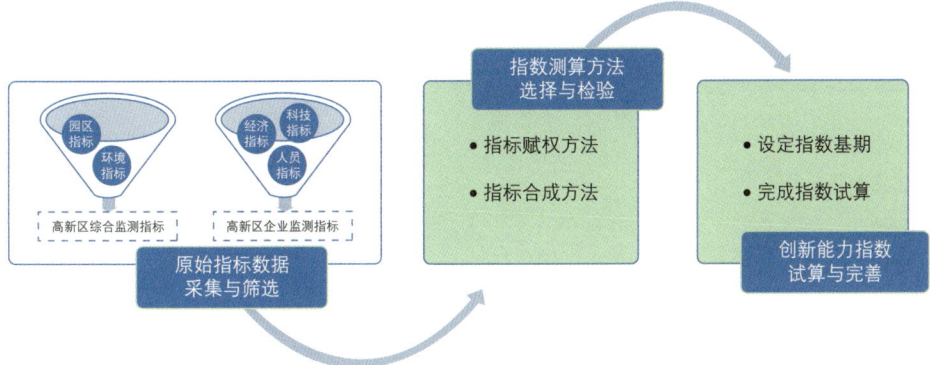

附图2　国家高新区创新指数测算过程

四、园区分类说明

为方便明晰文中所表达的国家高新区分类，按不同的分类标准将截至2022年底的177家国家高新区分成不同类别（参见附表2和其后注）。

附表2　各类国家高新区群体划分情况

区域	省份	高新区	类型	升级年份
东北地区（16家高新区）	辽宁（8家）	沈阳	其他园区	1991
		大连	创新型特色园区	1991
		鞍山	其他园区	1992
		本溪	其他园区	2012
		锦州	其他园区	2015
		营口	其他园区	2010
		阜新	其他园区	2013
		辽阳	其他园区	2010
	吉林（5家）	长春	创新型科技园区	1991
		长春净月	其他园区	2012
		吉林	其他园区	1992
		通化	其他园区	2013
		延吉	其他园区	2010

附　录　评价指标体系及相关说明

续表

区域	省份	高新区	类型	升级年份
东北地区 （16家高新区）	黑龙江（3家）	哈尔滨	其他园区	1991
		齐齐哈尔	其他园区	2010
		大庆	创新型科技园区	1992
东部地区 （70家高新区）	北京（1家）	中关村	世界一流高科技园区	1988
	天津（1家）	天津	创新型科技园区	1991
	河北（5家）	石家庄	创新型特色园区	1991
		唐山	其他园区	2010
		保定	创新型特色园区	1992
		承德	其他园区	2012
		燕郊	其他园区	2010
	上海（2家）	上海张江	世界一流高科技园区	1991
		上海紫竹	其他园区	2011
	江苏（18家）	南京	创新型特色园区	1991
		无锡	创新型科技园区	1992
		江阴	创新型特色园区	2011
		徐州	其他园区	2012
		常州	创新型科技园区	1992
		武进	创新型特色园区	2012
		苏州	创新型科技园区	1992
		昆山	创新型特色园区	2010
		苏州工业园	世界一流高科技园区	2006
		常熟	创新型特色园区	2015
		南通	其他园区	2013
		连云港	其他园区	2015
		淮安	其他园区	2017
		盐城	其他园区	2015
		扬州	其他园区	2015
		镇江	其他园区	2014
		泰州	创新型特色园区	2009
		宿迁	其他园区	2017

续表

区域	省份	高新区	类型	升级年份
东部地区（70家高新区）	浙江（8家）	杭州	世界一流高科技园区	1991
		萧山	其他园区	2015
		宁波	创新型科技园区	2007
		温州	其他园区	2012
		嘉兴	其他园区	2015
		湖州莫干山	其他园区	2015
		绍兴	其他园区	2010
		衢州	其他园区	2013
	福建（7家）	福州	其他园区	1991
		厦门	创新型科技园区	1991
		莆田	其他园区	2012
		三明	其他园区	2015
		泉州	其他园区	2010
		漳州	其他园区	2013
		龙岩	其他园区	2015
	山东（13家）	济南	创新型科技园区	1991
		青岛	创新型科技园区	1992
		淄博	创新型科技园区	1992
		枣庄	其他园区	2015
		黄河三角洲	其他园区	2015
		烟台	创新型特色园区	2010
		潍坊	创新型科技园区	1992
		济宁	其他园区	2010
		泰安	其他园区	2012
		威海	创新型科技园区	1991
		莱芜	其他园区	2015
		临沂	其他园区	2011
		德州	其他园区	2015
	广东（14家）	广州	世界一流高科技园区	1991
		深圳	世界一流高科技园区	1991

续表

区域	省份	高新区	类型	升级年份
东部地区（70家高新区）	广东（14家）	珠海	其他园区	1992
		汕头	其他园区	2017
		佛山	创新型特色园区	1992
		江门	创新型特色园区	2010
		湛江	其他园区	2018
		茂名	其他园区	2018
		肇庆	其他园区	2010
		惠州	创新型特色园区	1992
		源城	其他园区	2015
		清远	其他园区	2015
		东莞	其他园区	2010
		中山	创新型科技园区	1991
	海南（1家）	海口	其他园区	1991
西部地区（42家高新区）	内蒙古（3家）	呼和浩特	其他园区	2013
		包头	创新型特色园区	1992
		鄂尔多斯	其他园区	2017
	广西（4家）	南宁	创新型特色园区	1992
		柳州	创新型特色园区	2010
		桂林	创新型特色园区	1991
		北海	其他园区	2015
	重庆（4家）	重庆	其他园区	1991
		璧山	其他园区	2015
		荣昌	其他园区	2018
		永川	其他园区	2018
	四川（8家）	成都	世界一流高科技园区	1991
		自贡	其他园区	2011
		攀枝花	其他园区	2015
		泸州	创新型特色园区	2015
		德阳	其他园区	2015
		绵阳	其他园区	1992

续表

区域	省份	高新区	类型	升级年份
西部地区（42家高新区）	四川（8家）	内江	其他园区	2017
		乐山	其他园区	2012
	贵州（3家）	贵阳	其他园区	1992
		安顺	其他园区	2017
		遵义	其他园区	2022
	云南（3家）	昆明	创新型特色园区	1992
		玉溪	其他园区	2012
		楚雄	其他园区	2018
	陕西（7家）	西安	世界一流高科技园区	1991
		宝鸡	创新型科技园区	1992
		杨凌	其他园区	1997
		咸阳	其他园区	2012
		渭南	其他园区	2010
		榆林	其他园区	2012
		安康	创新型特色园区	2015
	甘肃（2家）	兰州	其他园区	1991
		白银	其他园区	2010
	青海（1家）	青海	其他园区	2010
	宁夏（2家）	银川	其他园区	2010
		石嘴山	其他园区	2013
	新疆（4家）	乌鲁木齐	创新型特色园区	1992
		昌吉	其他园区	2010
		石河子	其他园区	2013
		克拉玛依	其他园区	2022
	西藏（1家）	拉萨	其他园区	2022
中部地区（49家高新区）	山西（2家）	太原	其他园区	1992
		长治	其他园区	2015
	安徽（8家）	合肥	世界一流高科技园区	1991
		芜湖	其他园区	2010
		蚌埠	创新型特色园区	2010

续表

区域	省份	高新区	类型	升级年份
中部地区（49家高新区）	安徽（8家）	淮南	其他园区	2018
		马鞍山	其他园区	2012
		铜陵狮子山	其他园区	2017
		滁州	其他园区	2022
		安庆	其他园区	2022
	江西（9家）	南昌	其他园区	1992
		景德镇	其他园区	2010
		九江共青城	其他园区	2018
		新余	其他园区	2010
		鹰潭	其他园区	2012
		赣州	其他园区	2015
		吉安	其他园区	2015
		宜春丰城	其他园区	2018
		抚州	其他园区	2015
	河南（9家）	郑州	创新型科技园区	1991
		洛阳	创新型科技园区	1992
		平顶山	其他园区	2015
		安阳	创新型特色园区	2010
		新乡	其他园区	2012
		焦作	其他园区	2015
		南阳	其他园区	2010
		信阳	其他园区	2022
		许昌	其他园区	2022
	湖北（12家）	武汉	世界一流高科技园区	1991
		黄石大冶湖	其他园区	2018
		宜昌	创新型特色园区	2010
		襄阳	创新型特色园区	1992
		荆门	创新型特色园区	2013
		孝感	其他园区	2012
		荆州	其他园区	2018

续表

区域	省份	高新区	类型	升级年份
中部地区（49家高新区）	湖北（12家）	黄冈	其他园区	2017
		咸宁	其他园区	2017
		随州	其他园区	2015
		仙桃	其他园区	2015
		潜江	其他园区	2018
	湖南（9家）	长沙	创新型科技园区	1991
		株洲	创新型特色园区	1992
		湘潭	创新型特色园区	2009
		衡阳	其他园区	2012
		常德	其他园区	2017
		益阳	其他园区	2011
		郴州	其他园区	2015
		怀化	其他园区	2018
		宁乡	其他园区	2022

注：为方便查阅及对表格中内容进行补充解释，此处对文中涉及的各类别、各区域国家高新区群体的划分作统一说明。

1.三类园区和非三类园区（其他园区）

三类园区是指科技部分类指导的世界一流高科技园区、创新型科技园区和创新型特色园区：世界一流高科技园区（10家），包括中关村、成都、上海张江、深圳、武汉、西安、合肥、广州、杭州、苏州工业园；创新型科技园区（18家），包括：宝鸡、常州、大庆、济南、洛阳、宁波、青岛、厦门、苏州、天津、威海、潍坊、无锡、长春、长沙、郑州、中山、淄博；创新型特色园区（29家），包括石家庄、保定、包头、大连、南京江宁（位于南京高新区之内）、江阴、无锡宜兴环保园（位于无锡高新区之内）、武进、蚌埠、烟台、安阳、襄阳、宜昌、株洲、湘潭、惠州、江门、南宁、桂林、柳州、昆明、乌鲁木齐、荆门、泸州、佛山、昆山、常熟、泰州、安康。

非三类园区（其他园区）：是指除以上三类园区以外的其他国家高新区。

2.稳定期高新区和新升级高新区

稳定期高新区是指1988—2006年升级为国家高新区的园区，共计54家，包括：最早批准设立的中关村，1991年、1992年批复设立的51家高新区，在1997年批复设立的杨凌高新区，2006年纳入高新区管理序列的苏州工业园。

新升级高新区是指2007年及之后升级为国家高新区的园区，共计123家。

3.国家自主创新示范区园区和非国家自主创新示范区园区

国家自主创新示范区的园区（简称"自创区园区"）：是指2022年国家自主创新示范区（23家）涵盖国家高新区（66家），包括中关村、天津、沈阳、大连、上海张江、南京、无锡、江阴、常州、武进、苏州、昆山、镇江、杭州、萧山、合肥、芜湖、蚌埠、福州、厦门、泉州、济南、青岛、淄博、烟台、潍坊、威海、郑州、洛阳、新乡、武汉、长沙、株洲、湘潭、广州、深圳、珠海、佛山、江门、肇庆、惠州、东莞、中山、重庆、成都、西安、苏州工业园、宁波、温州、兰州、白银、乌鲁木齐、昌吉、石河子、南昌、景德镇、新余、鹰潭、赣州、吉安、抚州、长春、哈尔滨、大庆、长春净月、齐齐哈尔。

非国家自主创新示范区园区（简称"非自创区园区"）：是指2021年纳入国家自主创新示范区之外的国家高新区，共计108家。

4.重大战略区域国家高新区

京津冀（7家）：中关村、石家庄、天津、保定、唐山、承德、燕郊；

长江经济带（83家）：上海张江、武汉、苏州工业园、合肥、成都、杭州、长沙、上海紫竹、南京、宁波、常州、苏州、株洲、南昌、襄阳、无锡、重庆、武进、芜湖、昆山、蚌埠、昆明、贵阳、南通、徐州、绵阳、荆门、玉溪、江阴、宜昌、益阳、嘉兴、马鞍山、镇江、常熟、湖州莫干山、湘潭、泰州、盐城、连云港、扬州、新余、衡阳、景德镇、孝感、衢州、温州、自贡、抚州、璧山、绍兴、咸宁、乐山、黄冈、鹰潭、郴州、泸州、德阳、攀枝花、赣州、吉安、永川、淮安、宿迁、铜陵狮子山、安顺、常德、内江、荣昌、怀化、淮南、荆州、随州、仙桃、萧山、九江共青城、潜江、黄石大冶湖、宜春丰城、楚雄、滁州、遵义、安庆；

长三角（36家）：上海张江、苏州工业园、合肥、杭州、上海紫竹、南京、宁波、常州、苏州、无锡、武进、芜湖、昆山、蚌埠、南通、徐州、江阴、嘉兴、马鞍山、镇江、常熟、湖州莫干山、泰州、盐城、连云港、扬州、衢州、温州、绍兴、淮安、宿迁、铜陵狮子山、淮南、萧山、滁州、安庆；

粤港澳大湾区（9家）：深圳、广州、东莞、珠海、佛山、惠州、中山、江门、肇庆；

黄河流域（26家）：西安、济南、郑州、洛阳、淄博、宝鸡、兰州、新乡、咸阳、济宁、渭南、包头、泰安、太原、安阳、鄂尔多斯、榆林、德州、长治、白银、石嘴山、呼和浩特、焦作、杨凌、银川、黄河三角洲。

5.四大地区国家高新区

东北地区（16家）：沈阳、大连、鞍山、营口、辽阳、本溪、阜新、长春、吉林、延吉、长春净月、通化、哈尔滨、大庆、齐齐哈尔、锦州；

东部地区（70家）：中关村、天津、石家庄、保定、唐山、燕郊、承德、上海张江、上海紫竹、南京、常州、无锡、苏州、苏州工业园、泰州、昆山、江阴、武进、徐州、南通、镇江、杭州、宁波、绍兴、温州、衢州、福州、厦门、泉州、莆田、漳州、济南、青岛、淄博、潍坊、威海、济宁、烟台、临沂、泰安、广州、深圳、珠海、惠州、中山、佛山、肇庆、江门、东莞、海门、盐城、萧山、龙岩、三明、枣庄、源城、连云港、清远、嘉兴、常熟、莱芜、扬州、湖州莫干山、德州、黄河三角洲、淮安、宿迁、汕头、湛江、茂名；

西部地区（42家）：包头、呼和浩特、南宁、桂林、柳州、重庆、成都、绵阳、自贡、乐山、贵阳、昆明、玉溪、西安、宝鸡、杨凌、渭南、咸阳、榆林、兰州、白银、青海、银川、石嘴山、乌鲁木齐、昌吉、新疆石河子、北海、泸州、德阳、安康、璧山、攀枝花、鄂尔多斯、内江、安顺、荣昌、永川、楚雄、遵义、拉萨、克拉玛依；

中部地区（49家）：武汉、襄阳、宜昌、孝感、荆门、长沙、株洲、湘潭、益阳、衡阳、合肥、蚌埠、芜湖、马鞍山、郑州、洛阳、安阳、南阳、新乡、南昌、景德镇、新余、鹰潭、太原、抚州、平顶山、郴州、吉安、赣州、仙桃、随州、焦作、长治、铜陵狮子山、黄冈、咸宁、常德、淮南、九江共青城、宜春丰城、黄石大冶湖、荆州、潜江、怀化、滁州、安庆、信阳、许昌、宁乡。